Novos Paradigmas da Regularização Fundiária Urbana

Novos Paradigmas de Regularização
Fundiária Urbana

Novos Paradigmas da Regularização Fundiária Urbana

ESTUDOS SOBRE A LEI Nº 13.465/2017

2019

Coordenação:
**Felipe Chiarello
Lilian Regina Gabriel Moreira Pires**

NOVOS PARADIGMAS DA REGULARIZAÇÃO FUNDIÁRIA URBANA
ESTUDOS SOBRE A LEI Nº 13.465/2017
© Almedina, 2019

COORDENAÇÃO: Felipe Chiarello, Lilian Regina Gabriel Moreira Pires
DIAGRAMAÇÃO: Almedina
DESIGN DE CAPA: FBA
REVISÃO: Willian Calazans
ISBN: 9788584935314

Dados Internacionais de Catalogação na Publicação (CIP)
(Câmara Brasileira do Livro, SP, Brasil)

Novos paradigmas da regularização fundiária
urbana : estudos sobre a Lei nº 13.465/2017 /
coordenação Felipe Chiarello, Lilian Regina
Gabriel Moreira Pires. -- São Paulo :
Almedina, 2019.
Vários autores.

Bibliografia.
ISBN 978-85-8493-531-4

1. Direito à moradia – Brasil 2. Direito de
propriedade – Brasil 3. Direito urbanístico – Brasil
4. Política urbana 5. Regularização fundiária urbana
I. Chiarello, Felipe. II. Pires, Lilian Regina Gabriel Moreira.

19-30343

CDU-347.233(81)

Índices para catálogo sistemático:
1. Brasil : Regularização fundiária urbana :
Legislação : Direito 347.233(81)

Maria Paula C. Riyuzo – Bibliotecária – CRB-8/7639

Este livro segue as regras do novo Acordo Ortográfico da Língua Portuguesa (1990).

Todos os direitos reservados. Nenhuma parte deste livro, protegido por copyright, pode ser reproduzida, armazenada ou transmitida de alguma forma ou por algum meio, seja eletrônico ou mecânico, inclusive fotocópia, gravação ou qualquer sistema de armazenagem de informações, sem a permissão expressa e por escrito da editora.

Outubro, 2019

EDITORA: Almedina Brasil
Rua José Maria Lisboa, 860, Conj. 131 e 132, Jardim Paulista | 01423-001 São Paulo | Brasil
editora@almedina.com.br
www.almedina.com.br

SOBRE OS COORDENADORES

Felipe Chiarello

Doutor e Mestre em Direito pela PUC-SP. Bolsista Produtividade 2 do CNPq – Brasil. Foi membro do Conselho Técnico Científico, do Conselho Superior e do Comitê da Área do Direito da CAPES-MEC. Diretor da Faculdade de Direito da Universidade Presbiteriana Mackenzie. Professor do Programa de Mestrado e Doutorado em Direito Político e Econômico da mesma instituição. Membro do Comitê da Área do Direito no Programa SciELO/FAPESP. Membro Titular da Academia Paulista de Letras Jurídicas e da Academia Mackenzista de Letras.

Lilian Regina Gabriel Moreira Pires

Advogada e Assessora na Secretaria de Transportes Metropolitanos do Estado de São Paulo. Doutora e Mestre em Direito do Estado pela PUC-SP. Professora de Direito Administrativo da Universidade Presbiteriana Mackenzie. Coordenadora do *MackCidade*: direito e espaço urbano.

SOBRE OS AUTORES

Alexandra Fuchs de Araújo

Juíza de Direito em São Paulo. Doutoranda e Mestre em Direito do Estado. Integrante do Núcleo de Direito Urbanístico da Escola Paulista da Magistratura. Coordenadora da Célula de Soluções Estratégias do GEAL-CRASP. Professora do curso de especialização de Direito Processual Civil na Faculdade de Direito de São Bernardo do Campo. Professora da Escola Paulista da Magistratura.

Allan Ramalho Ferreira

Defensor Público. Doutorando e Mestre em Direito Urbanístico pela PUC-SP. Especialista em Direito Constitucional pela COGEAE-PUC--SP. Coordenador do Núcleo Especializado de Habitação e Urbanismo (NE-HABURB) da Defensoria Pública do Estado de São Paulo.

Ana Cláudia Pompeu Torezan Andreucci

Pós-Doutora em Direitos Humanos e Trabalho pelo Centro de Estudos Avançados da Universidade Nacional de Córdoba – Argentina. Pós--Doutora em Novas Narrativas pela Escola de Comunicações e Artes da USP. Pós-Doutora em Direitos Humanos e Democracia pelo Instituto *Ius Gentium* da Universidade de Coimbra – Portugal. Doutora e Mestre em Direito pela PUC-SP. Bacharel em Jornalismo pela Cásper Líbero e em Direito pela Universidade Presbiteriana Mackenzie. Professora da Universidade Presbiteriana Mackenzie. Professora do Curso de Pós-Graduação *Lato Sensu* da ECA-USP. Líder do Grupo de Pesquisa Emergente – CriaDirMack – Direitos da Criança do Adolescente no Século XXI da Faculdade de Direito da Universidade Presbiteriana Mackenzie.

Ana Flávia Messa

Doutora em Direito Público pela Universidade de Coimbra. Doutora em Direito do Estado pela USP. Bacharel em Direito pela PUC--SP. Professora da Faculdade de Direito da Universidade Presbiteriana Mackenzie. Membro da Academia Paulista de Letras Jurídicas. Membro do Conselho Científico da Academia Brasileira de Direito Tributário (ABDT).

Antonio Cecilio Moreira Pires

Advogado e consultor jurídico. Doutor e Mestre em Direito do Estado pela PUC-SP. Professor de Direito Administrativo e Chefe do Núcleo Temático de Direito do Estado da Universidade Presbiteriana Mackenzie.

SOBRE OS COORDENADORES

Celso Aparecido Sampaio
Arquiteto. Doutorando em Arquitetura e Urbanismo pela Universidade Presbiteriana Mackenzie. Professor da Universidade Presbiteriana Mackenzie.

Edson Ricardo Saleme
Advogado. Consultor do IBAMA e Ex-coordenador-geral do Ministério das Relações Exteriores. Doutor em Direito do Estado pela USP. Professor da Escola Superior da Magistratura e do Ministério Público de São Paulo. Professor do Curso *Stricto Sensu* (Mestrado e Doutorado) em Direito Ambiental Internacional na Universidade Católica de Santos.

Eduardo Stevanato Pereira de Souza
Advogado e consultor jurídico. Mestre em Direito do Estado pela PUC-SP. Especialista em Direito Tributário pela Universidade Presbiteriana Mackenzie. Professor de Direito Administrativo da Universidade Presbiteriana Mackenzie.

Lia Cristina de Campos Pierson
Mestre em Direito pela Universidade Presbiteriana Mackenzie. Bacharel em Psicologia pela Universidade São Marcos. Bacharel em Direito pela USP. Professora da Universidade Presbiteriana Mackenzie. Coordenadora do Grupo de Estudos *Família e Felicidade* na Universidade Presbiteriana Mackenzie.

Luis Felipe Tegon Cerqueira Leite
Promotor de Justiça em São Paulo. Doutorando em Direto pela USP. Mestre em Direito pela PUC-SP. Coordenador do Centro de Apoio Operacional das Promotorias de Justiça de Meio Ambiente e Urbanismo do Ministério Público (2016 a 2018).

Marcelo Bonilha Campos
Defensor Público. Mestrando em Direito pela Universidade Presbiteriana Mackenzie.

Maria de Fatima Monte Maltez

Advogada. Mestranda pela FADISP – Faculdade Autônoma de Direito de São Paulo. Especialista em Direito Empresarial pela Universidade Presbiteriana Mackenzie. Professora de Direito Processual Civil na Faculdade de Direito da Universidade Presbiteriana Mackenzie.

Marília Gabriel Moreira Pires

Advogada. Bacharel em Direito pela Universidade Presbiteriana Mackenzie.

Michelle Asato Junqueira

Doutora e Mestre em Direito pela Universidade Presbiteriana Mackenzie. Especialista em Direito Constitucional com extensão em Didática do Ensino Superior. Vice-líder dos grupos de pesquisa *Políticas Públicas como Instrumento de Efetivação da Cidadania* e *Direitos da Criança e do Adolescente no Século XXI*. Pesquisadora no grupo CNPq *Estado e Economia no Brasil*. Professora e coordenadora de pesquisa e TCC da Faculdade de Direito da Universidade Presbiteriana Mackenzie.

Paulo de Araújo Mendes Lima

Assistente judiciário do Tribunal de Justiça do Estado de São Paulo.

Renata Soares Bonavides

Advogada. Professora do Programa *Stricto Sensu* (Mestrado e Doutorado) em Direito Ambiental Internacional na Universidade Católica de Santos. Diretora da Faculdade de Direito da Universidade Católica de Santos. Doutora em Direito pela PUC-SP. Membro do Núcleo Docente Estruturante da Faculdade de Direito da Unisantos.

Rosane de Almeida Tierno

Advogada. Pós-Graduanda em Urbanismo pela Faculdade de Arquitetura e Urbanismo da USP. Coordenadora de Relações Institucionais do IBDU – Instituto Brasileiro de Direito Urbanístico.

NOTA DA COORDENAÇÃO

A cidade existe para as pessoas. A extraordinária complexidade e vivacidade dos centros urbanos jamais poderá ser integralmente apresentada na legislação de maneira objetiva. A política urbana plasmada de modo claro na Constituição Federal de 1988 e nas demais legislações apresenta o desafio diário de vivificar a compreensão da função social da propriedade; de fortalecer a aplicação dos instrumentos do Estatuto da Cidade; de descobrir e redescobrir o diálogo entre o poder público e a sociedade civil, com a promoção de políticas públicas efetivas garantidoras da cidadania e democratização das cidades.

O processo de urbanização no Brasil foi um dos principais fatores para o deslocamento da população da área rural em direção à área urbana, aconteceu de forma desordenada e com a atenção voltada a determinados interesses. A partir da intensificação desse processo, nota-se que as regiões urbanas cresceram com diretrizes antagônicas aos interesses de todos os cidadãos.

Raramente o cidadão comum foi considerado ou teve a oportunidade de participar do planejamento ou remodelação da sua cidade a fim de transformar o seu cotidiano e, como consequência, as grandes cidades são marcadas pela desigualdade, exclusão e sensação de não pertencimento. A falta de planejamento urbano somada a uma política econômica concentradora concretizou a desigualdade e materializou a cidadania dirigida a uma pequena parcela da população.

Nas cidades da América Latina, em especial as do Brasil, a marca é de exclusão. Há dissonância entre a cidade legal e a cidade real. Isto é, a cidade legal – que existe no plano jurídico – pressupõe habitação, dignidade, moradia, educação, segurança, integração, saúde, usufruto dos espaços públicos de maneira democrática e igualitária. Na cidade real temos a invisibilidade, a existência de parcelas do território esquecidas em detrimento daquelas onde há desejo e interesse puramente, a mobilidade é inexistente, os espaços públicos são confinados e não democráticos – seja pelo acesso, seja pela sua inexistência –, o acesso à moradia atende somente parcela seletiva e restrita da população. O resultado é a desigualdade, a inexistência de redistribuição de bens sociais, a concentração de poder e renda, violência e ausência de direitos humanos básicos.

A realidade, que traduz o nosso cotidiano na cidade, apresenta espaços esquecidos, marcados por uma série de ausências, materializada na dificuldade de deslocamentos, (i)mobilidade, poluição, ocupações irregulares, violência urbana e zonas periféricas sem acesso a direitos humanos básicos. A cidade para todos existe para poucos. A realidade dura e impiedosa não concretiza o cumprimento do pacto citadino e afasta a máxima de Hannah Arendt: cidadania é direito a ter direitos.

Esse é o pano de fundo que nutriu e incentivou a presente investigação diante da edição da controvertida Medida Provisória nº 759, de 23 de dezembro de 2016, convertida na Lei Federal nº 13.465, de 11 de julho de 2017. Tão controvertida que ensejou o ingresso de três Ações Diretas de Inconstitucionalidade[1] que tramitam em nossa Corte Suprema. A edição da lei e todas suas críticas apresentaram um desafio e propósito: investigar sua existência, apontar seus problemas e buscar um mínimo de efetividade, aplicação saudável e possível. Nesse contexto, no ano de 2018 as discussões relativas à segregação espacial, a questão da moradia, da desigualdade e a nova lei fundiária foram intensas na Faculdade de Direito da Universidade Presbiteriana Mackenzie, por meio do Grupo de Pesquisa Direito Administrativo Contemporâneo em conjunto com o Programa de Extensão Mackcidade: direito e espaço urbano. O início da jornada foi marcado pelo curso Cidades Irregulares[2], que apresentou provocações e discussões por parte de

---

[1] Ações Diretas de Inconstitucionalidade nº *5.771*, proposta pela Procuradoria-Geral da República (órgão máximo de representação do Ministério Público Federal), *5.787*, proposta pelo Partido dos Trabalhadores (PT), e *5.883*, proposta pelo Instituto dos Arquitetos do Brasil (IAB).

[2] Curso de Extensão: Cidades Irregulares – Regularização Fundiária Urbana (Abril, 2018). *Aula 1* – Histórico da urbanização no Brasil: desigualdade no acesso à terra urbanizada – O problema da moradia e a garantia constitucional – A proliferação dos assentamentos infor-

urbanistas, advogados, representantes do Ministério Público, Magistratura, Defensoria Públicos e coletivos.

O grupo de docentes e discentes envolvidos foi a campo e observou: algumas comunidades periféricas com muitas necessidades e cuja realidade fundiária é a irregularidade; alguns municípios que iniciavam as regularizações[3]; e trabalhou na elaboração de uma cartilha sobre legitimação de posse[4].

Esse foi o pano de fundo onde surgiu a presente obra, que não esgota o tema e nem possui tamanha pretensão, mas apresenta ponderações sobre sua aplicação, contornos para alguns entendimentos, reforça pontos relativos a determinadas inconstitucionalidades, chama a atenção para a participação e para a importância da governança nas atividades públicas, e traz a figura processual do *amicus curiae* como colaborador efetivo de tema multidisciplinar e tão sensível quanto a política urbana e seus instrumentos. Um

---

mais – Política de desenvolvimento urbano (artigos 182 e 183 da Constituição Federal – Estatuto da Cidade – Lei de Parcelamento do Solo – Lei nº 6.766/79). *Weber Sutti – IABSP*.

Aula 2 – Regularização fundiária e movimentos sociais – Apresentação da Lei nº 13.465/2017 – Aspectos gerais – Legitimação fundiária (novos instrumentos); a atuação da área técnica e a importância do saneamento básico junto com a regularização fundiária. *Luiza Lins Veloso – Defensora Pública do Estado de São Paulo. Coordenadora do Núcleo de Habitação e Urbanismo.*

Aula 3 – Modalidades de regularização fundiária e diferenças com a legislação anterior – Lei nº 11.977/2009 (Minha Casa, Minha Vida) – Licenciamento urbanístico – Novos instrumentos (direito de laje e usucapião extrajudicial). *Rosane Tierno – advogada.*

Aula 4 – As formas indiretas de regularização do solo urbano: usucapião, retificação de área, desapropriação – Aspectos registrais da regularização de área – Competência das Varas de Registros Públicos da capital. *Tânia Mara Ahuall – Juíza de Direito Titular da 1ª Vara de Registros Públicos da Comarca da Capital.*

Aula 5 – Lei nº 13.465/2017 e seus reflexos no meio ambiente – Importante papel do Ministério Público – Consolidação de ocupação em área de preservação permanente, área de proteção a mananciais e unidades de conservação – Termos de ajustamento de conduta – competência para o licenciamento. *Luis Felipe Tegon Cerqueira Leite – Promotor de Justiça. Coordenador do Centro de Apoio Operacional de Meio Ambiente, Habitação e Urbanismo.*

Aula 6 – Papel das ONGs na regularização fundiária: metodologia de trabalho do teto. *Rafaela Alcântara – Advogada responsável pelo Jurídico Social do TETO.*

[3] O acompanhamento dos municípios de Bertioga e Guarujá está em andamento no ano de 2019 e pretende-se avaliar os dados.

[4] Trabalho conjunto entre Mackcidade: direito e espaço urbano, Defensoria Pública do Estado de São Paulo e Instituto Brasileiro de Direito Urbanístico (IBDU).

conjunto de meditações que pretendem colaborar com a interpretação e utilidade socialmente adequada para a lei.

Lilian Regina Gabriel Moreira Pires

São Paulo.

PREFÁCIO

A Constituição Federal, considerada Constituição Cidadã, garantidora do bem-estar social, previu no seu artigo sexto que, além do trabalho, da educação, da saúde, a moradia consagra-se também um direito, um direito fundamental. A observação da realidade, no entanto, nos mostra outra coisa. A proliferação de assentamentos habitacionais informais, a política de urbanização deficitária em relação à população de baixa renda são fatores que levam ao crescimento dos aglomerados urbanos e das ocupações, muitas vezes de risco para aqueles que buscam abrigo.

Embora não seja fácil, a proposta de regularização fundiária, principalmente nos centros urbanos, pode ser um motor para o desenvolvimento sustentável e para a melhoria da qualidade de vida do cidadão, com a possibilidade de se garantir moradia àqueles que não a têm. Foi com isso em mente que a Professora Lilian Pires e o Professor Felipe Chiarello, coordenadores desta obra, uniram seus grupos de pesquisa "Políticas públicas como instrumento de efetivação da cidadania" e "Estado e Economia no Brasil", vinculados à Faculdade de Direito da Universidade Presbiteriana Mackenzie, e estenderam para fora dos muros da universidade suas pesquisas, propostas e soluções possíveis para regularização fundiária. A pesquisa coordenada foi tão bem recebida que obteve financiamento pelo Mackpesquisa.

O grupo foi a campo (visitas à Comunidade do Bairro Lapenna, São Miguel Paulista, onde está em andamento um Plano de Bairro); fez uma parceria com a Defensoria Pública de São Paulo para publicação de uma cartilha de regularização fundiária e organizou um curso (Cidades Irregulares), direcionado aos interessados e pesquisadores sobre o tema, que contou com representantes da Defensoria Pública, Ministério Público, Poder Judiciário, e profissionais ligados à temática. A presente obra coroa a pesquisa e as atividades até agora realizadas e apresenta aos leitores temas atuais e fundamentais para compreender a organização social, a ocupação e regularização fundiária e outros temas a esses correlatos.

Alexandra Fuchs de Araújo e Paulo de Araújo Mendes Lima nos apresentam a Lei nº 13.465/2017 e os novos caminhos ao direito da moradia, ao passo que Rosane de Almeida Tierno faz a análise da Lei nº 13.465/2017 com abordagem voltada ao processo de revisão dos planos diretores. A regularização fundiária urbana em áreas ambientalmente protegidas é o tema desenvolvido por Luis Felipe Tegon Cerqueira Leite, na sequência do debate sobre a regularização fundiária no espaço urbano, cujo tema é da competência de Edson Ricardo Saleme e de Renata Soares Bonavides. A discussão em torno da ocupação irregular e meio ambiente continua com Eduardo Stevanato Pereira de Souza e a coordenadora da obra, Lilian Regina Gabriel Moreira Pires, com o tema da regularização fundiária urbana (REURB) em área de proteção permanente. A discussão em torno da perspectiva do regime jurídico afeto a alienação de bem público quando objeto de regularização fundiária, com base no artigo 71 da Lei nº 13.465/2017 fica por conta de Antônio Cecílio Moreira Pires e Marília Gabriel Moreira Pires.

Nesse contexto do bem público, Celso Aparecido Sampaio e Marcelo Bonilha Campos dissertam sobre a aplicação da regularização fundiária urbana em edifícios públicos, especialmente no edifício 9 de julho, localizado no Centro de São Paulo. Allan Ramalho Ferreira traz um olhar sob a ótica das pessoas que se encontram como ocupantes e seu papel como sujeito da política fundiária, assim como o fazem Ana Cláudia Pompeu Torezan Andreucci, Lia Cristina de Campos Pierson e Michelle Asato Junqueira, ao escreverem sobre mulheres, crianças e a efetivação do direito à moradia, dentro do universo da regularização fundiária. Ana Flávia Messa apresenta a governança (ou sua ausência) no âmbito da regularização fundiária.

Por fim, o livro traz uma discussão processual sobre o papel do *amicus curiae* nas questões do direito urbanístico e regularização fundiária, que é feita pela coordenadora da obra, Lilian Regina Gabriel Moreira Pires e Maria de Fatima Monte Maltez. A organização dos temas nos convida para conhecer um pouco mais sobre um tema tão sensível quanto o é o da regu-

PREFÁCIO

larização fundiária. Além disso, a obra é um convite para o exercício da cidadania, como forma de concretizar a justiça social e para fazer prevalecer o fundamento constitucional do nosso Estado que são os valores da cidadania e da dignidade da pessoa humana.

Prof. Dr. Gianpaolo Poggio Smanio
Coordenador do Programa de Pós-Graduação Stricto Sensu da Universidade Presbiteriana Mackenzie.
Procurador-Geral de Justiça do Estado de São Paulo.

SUMÁRIO

1. A LEI Nº 13.465/2017 E O DIREITO À MORADIA: NOVOS CAMINHOS PARA A TUTELA DE ANTIGOS DIREITOS — 21

INTRODUÇÃO — 21

1. Direito à Moradia e Política Pública de Moradia: Duas Dimensões Distintas — 23
2. A Lei Federal nº 13.465/2017 e suas Principais Inovações no Mundo Jurídico — 28
3. Casos Práticos: Perspectivas para uma Judicialização Estratégica a partir da Nova Lei — 37

CONCLUSÕES — 41

REFERÊNCIAS — 42

2. DA REGULARIZAÇÃO FUNDIÁRIA NO ESPAÇO URBANO — 45

INTRODUÇÃO — 45

1. Institutos da Lei — 47
2. Precedentes Normativos — 49
3. Reurb-S e a Reurb-E — 51

CONCLUSÕES — 53

REFERÊNCIAS — 55

3. REGULARIZAÇÃO FUNDIÁRIA URBANA EM ÁREAS AMBIENTALMENTE PROTEGIDAS — 57

INTRODUÇÃO — 57

1. Áreas Especialmente Protegidas — 60
2. A Regularização Fundiária nas Unidades de Conservação — 61
3. A Regularização Fundiária nas Áreas de Preservação Permanente — 64
4. A Regularização Fundiária em Áreas de Proteção a Mananciais — 67

NOVOS PARADIGMAS DA REGULARIZAÇÃO FUNDIÁRIA URBANA

5. O Estudo Técnico Ambiental na Regularização Fundiária em Unidades de Conservação, Áreas de Preservação Permanente e Áreas de Proteção a Mananciais ... 69

    5.1. O Ente Responsável pela Análise do Estudo Técnico AMBIENTAL ... 73

    5.1.1. O Licenciamento Ambiental ... 73

    5.1.2. A Aprovação do Estudo Técnico Ambiental na Regularização Fundiária ... 77

CONCLUSÕES ... 79

REFERÊNCIAS ... 81

4. REGULARIZAÇÃO FUNDIÁRIA EM ÁREA DE PRESERVAÇÃO PERMANENTE – REURB ... 83

INTRODUÇÃO ... 83

1. Regularização Fundiária ... 84

2. A Regra da Reurb em Área de Preservação Permanente ... 88

3. Os Valores Protegidos pela Constituição Federal e a Reurb-E ... 92

CONCLUSÕES ... 96

REFERÊNCIAS ... 97

5. OS LIMITES DO RECONHECIMENTO DO OCUPANTE COMO SUJEITO DA POLÍTICA FUNDIÁRIA: UMA REFLEXÃO SOBRE OS CORPOS QUE NÃO IMPORTAM ... 99

INTRODUÇÃO ... 99

1. O Direito sobre os Corpos Urbanos ... 101

2. Os Corpos que Importam (ou: a Expansão da Informalidade Fundiária Urbana e sua Apropriação pelas Classes Hegemônicas) ... 105

CONCLUSÕES ... 108

REFERÊNCIAS ... 114

6. A INCIDÊNCIA DA LEI FEDERAL Nº 13.465/2017 NO PROCESSO DE REVISÃO DOS PLANOS DIRETORES ... 115

INTRODUÇÃO ... 115

1. Conteúdo dos Planos Diretores ... 117

2. Alguns Dados sobre a Irregularidade Fundiária no Brasil e Programas de Regularização Fundiária ... 122

3. Competência dos Entes Federativos em Matéria de Direito Urbanístico ... 125

4. Da Competência da União e dos Municípios em Direito Urbanístico ... 126

5. A Lei nº 13.465/2017 – Regularização Fundiária de Áreas Urbanas: Antecedentes ... 130

18

SUMÁRIO

6. Conceitos e Instrumentos Previstos na REURB da Lei nº 13.465/2017
e sua Incidência sobre a Competência Legislativa Municipal 136
   6.1. Da Alteração do Perímetro Urbano 136
   6.2. REURB-S 136
   6.3. REURB-E 137
      6.3.1. Núcleo Urbano 138
      6.3.2. Núcleo Urbano Informal 138
      6.3.3. Núcleo Urbano Informal Consolidado e Reflexos
na Legitimação Fundiária 141
      6.3.4. Núcleo Urbano Informal Consolidado para Fins
de Regularização Fundiária em Área de Preservação
Permanente (APP) 142
      6.3.5. Do Procedimento Administrativo 144
CONCLUSÕES 145
REFERÊNCIAS 146

7. O TRATAMENTO JURÍDICO DO BEM PÚBLICO
COMO OBJETO DE REGULARIZAÇÃO FUNDIÁRIA
URBANA: ANÁLISE DO ART. 71 DA
LEI FEDERAL 13.465/2017 149
INTRODUÇÃO 149
1. Bens Públicos 150
2. A Questão da Alienação do Bem Público 153
3. O Conceito de Normas Gerais 154
4. As Competências Legislativas Urbanísticas na Constituição Federal 159
5. A Regularização Fundiária Urbana como Matéria
de Direito Urbanístico 161
6. A Reforma Fundiária Urbana na Lei 13.465/17 162
CONCLUSÃO 165
REFERÊNCIAS 167

8. A APLICAÇÃO DE REURB-S EM EDIFÍCIOS PÚBLICOS:
EDIFÍCIO 9 DE JULHO LOCALIZADO NO CENTRO
DE SÃO PAULO 169
INTRODUÇÃO 169
1. O Direito à Moradia 170
2. A Disputa pelo Lugar 174
3. Regularização Fundiária, Reurb e Bens Públicos 180
CONCLUSÕES 183
REFERÊNCIAS 185

NOVOS PARADIGMAS DA REGULARIZAÇÃO FUNDIÁRIA URBANA

9. REGULARIZAÇÃO FUNDIÁRIA URBANA: MULHERES, CRIANÇAS E A EFETIVAÇÃO DO DIREITO À MORADIA ... 189
INTRODUÇÃO ... 189
1. Família, Novas Configurações e a Centralidade da Figura Feminina ... 190
2. Direito à Moradia como Mínimo Existencial para o Bem Viver Infantil ... 195
CONCLUSÕES ... 204
REFERÊNCIAS ... 206

10. O IMPACTO DA GOVERNANÇA NA REGULARIZAÇÃO FUNDIÁRIA URBANA ... 209
INTRODUÇÃO ... 209
1. Boa Administração ... 209
2. Dimensão Objetiva da Boa Administração ... 211
3. Governança como Paradigma do Agir Administrativo ... 213
4. Governança no Quadro das Reformas Administrativas: Alternativa ao Paradigma Gerencialista? ... 214
5. Características da Governança Pública (Modelo de Gestão) ... 217
6. Impacto da Governança na Regularização Fundiária ... 224
   6.1. Falta de Interatividade e Proximidade ... 224
   6.2. Falta de Controle sobre o Território Urbano (Ocupação Ilegal Fundiária) ... 225
CONCLUSÕES ... 228
REFERÊNCIAS ... 228

11. REGULARIZAÇÃO FUNDIÁRIA: QUESTÕES DE DIREITO URBANÍSTICO E O PAPEL DO AMICUS CURIAE ... 235
INTRODUÇÃO ... 235
1. O Amicus Curiae ... 237
   1.1. O Amicus Curiae e o Art. 138 da Lei nº 13.105/2015 ... 237
   1.2. O Amicus Curiae e o Art. 7º, § 2º, da Lei nº 9.868/1999 ... 243
2. Conflitos Urbanísticos ... 248
3. O Papel do Amicus Curiae ... 249
   3.1. Nas Ações Diretas de Inconstitucionalidade ... 249
   3.2. Em Casos Concretos ... 253
CONCLUSÕES ... 254
REFERÊNCIAS ... 255

1. A Lei nº 13.465/2017 e o Direito à Moradia: Novos Caminhos para a Tutela de Antigos Direitos

ALEXANDRA FUCHS DE ARAÚJO
PAULO DE ARAÚJO MENDES LIMA

Introdução

A Lei Federal nº 13.465, de 11 de julho de 2017, antiga Medida Provisória nº 759, alterou a disciplina da regularização fundiária urbana e rural no Brasil, e sua aplicabilidade trouxe intensa discussão a Estados e Municípios[1].

A nova lei, segundo Rosane Tierno[2], alterou aproximadamente 20 outras leis em vigor, entre elas o Estatuto da Cidade e a Lei de Registros Públicos, paralisando os processos de regularização fundiária em andamento. Uma alteração tão ampla traz, sem nenhuma dúvida, insegurança jurídica, além de não colaborar com a paz social.

O instituto da regularização fundiária, na verdade, tem se revelado um instrumento fundamental, como gênero de uma pluralidade de

---

[1] BRASIL. *Lei Federal nº 13.465, de 11 de julho de 2017.* Dispõe sobre a regularização fundiária rural e urbana, sobre a liquidação de créditos concedidos aos assentados da reforma agrária e sobre a regularização fundiária no âmbito da Amazônia Legal; institui mecanismos para aprimorar a eficiência dos procedimentos de alienação de imóveis da União; e dá outras providências. Disponível em: <http://www.planalto.gov.br/ccivil_03/_Ato2015-2018/2017/Lei/L13465.htm>. Acesso em: 13 dez. 2018.

[2] TIERNO, Rosane. *10 perguntas e respostas sobre a nova lei de regularização fundiária urbana.* Disponível em: <https://terradedireitos.org.br/noticias/noticias/10-perguntas-e-respostas--sobre-a-nova-lei-de-regularizacao-fundiaria-urbana/22705>. Acesso em: 4 dez. 2018.

medidas de saneamento ou de intervenções públicas perante os diversos aspectos irregulares (da falta de titulação às desordenadas formas de habitação, passando por inúmeros outros tipos de deficiências), quer de empreendimentos como de imóveis rurais e, portanto, acaba se relacionando, em certa medida, com o direito à moradia.

É difícil afirmar, *a priori*, se a aplicação da nova lei trará bons ou maus resultados para a efetivação do Direito. É um instrumento novo, aprovado sem a necessária discussão social, em inobservância ao pacto federativo, e abrange diversos temas. Seus dispositivos, ademais, não se inserem em nenhum programa específico de política pública.

A nova lei tampouco pode ser considerada uma política nacional de regularização fundiária, ou de aquisição de propriedade pelos ocupantes das áreas a serem regularizadas, pois não consiste em um

> [...] programa de ação governamental que resulta de um processo ou conjunto de processos juridicamente regulados – processo eleitoral, processo de planejamento, processo de governo, processo orçamentário, processo legislativo, processo administrativo, processo judicial – visando coordenar os meios à disposição do Estado e as atividades privadas, para a realização de objetivos socialmente relevantes e politicamente determinados[3].

É evidente, contudo, que a lei passou por um processo legislativo, mas que não decorre de nenhuma ação coordenada do Estado. Muito pelo contrário, é uma ação isolada do governo federal, e que não encontrou apoio em Estados e Municípios, ou na sociedade civil, pois foi elaborada sem o necessário diálogo. Transcorrido mais de um ano de sua promulgação, trouxe pouco resultado prático, tanto do ponto de vista econômico[4] quanto em relação à implementação do direito constitucional de moradia.

---

[3] BUCCI, Maria Paula Dallari. O conceito de política pública. In: BUCCI, Maria Paula Dallari (Org.). *Políticas públicas*: reflexões sobre o conceito jurídico. São Paulo: Saraiva: 2006, p. 39.

[4] Em suas razões para a edição da Medida Provisória nº 759, são relacionados como motivos de urgência a necessidade de preservação da ordem econômica e financeira do país e o crescimento muitas vezes desordenado dos grandes centros urbanos e a explosão demográfica brasileira, que em curto espaço de tempo vem causando diversos problemas estruturais por falta de regramento jurídico específico sobre determinados temas, ou mesmo por desconformidade entre as normas existentes e a realidade fática, com reflexos negativos em matéria de ordenamento territorial, mobilidade, meio ambiente e até mesmo saúde

1. A LEI Nº 13.465/2017 E O DIREITO À MORADIA

Na esfera propriamente urbana, os principais dispositivos de relevância da lei aqui discutidos referem-se à Regularização Fundiária Urbana, à qual se atribui a sigla "Reurb-S", e à legitimação fundiária, considerados instrumentos legais para assegurar o direito à moradia a partir de novos mecanismos legais que garantem a propriedade e a posse às pessoas em situação vulnerável.

Este artigo está dividido em três partes, além da introdução e da conclusão. Na primeira, reflete-se sobre as razões de não haver, no Brasil, uma política pública de moradia, e as consequências da sua falta para o Poder Judiciário. Na segunda parte, são analisados os dispositivos da nova lei – relevantes ao tema da judicialização da moradia – e suas consequências. E, por fim, na terceira parte são analisados casos práticos de aplicação da lei pelo Poder Judiciário, indicando as tendências de interpretação do novo diploma legal.

1. Direito à Moradia e Política Pública de Moradia: Duas Dimensões Distintas

O direito à moradia adequada é reconhecido por tratados internacionais como um direito universal, e embora vinculado ao mínimo existencial, raramente é citado por doutrinadores brasileiros como um direito integrante desse mínimo – como é de fato[5].

pública. BRASIL, *Medida Provisória nº 759, de 22 de dezembro de 2016*. Disponível em: <https://www2.camara.leg.br/legin/fed/medpro/2016/medidaprovisoria-759-22-dezembro-2016--784124-exposicaodemotivos-151740-pe.html>. Acesso em: 20 jan. 2019.

[5] Ingo Wolfgang Sarlet assevera que a noção de mínimo existencial não engloba apenas a de mínimo vital, que seria aquele a abranger tão somente as condições necessárias de sobrevivência do ser humano. Na noção de mínimo existencial estão presentes conceitos atinentes ao mínimo fisiológico, bem como a um mínimo sociocultural, ainda que esta definição seja subjetiva. Afirma o autor que, por tal motivo, o conceito de mínimo existencial "assume o significado de cláusula aberta, sendo ela própria, aliás, pelo menos na maioria das ordens jurídicas, enquadrada no elenco dos direitos fundamentais explícitos." A título de exemplo, Sarlet cita os seguintes direitos como pertencentes ao mínimo existencial: "[...] direitos à saúde, educação, moradia, assistência e previdência social, aspectos nucleares do direito ao trabalho e da proteção do trabalhador, o direito à alimentação, o direito ao fornecimento de serviços existenciais básicos como água e saneamento básico, transporte, energia elétrica (ainda que possam ser reportados a outros direitos fundamentais), bem como o direito a uma renda mínima garantida (que, por sua vez, desde que assegurada uma cobertura completa, pode ser substituído pelos direitos à assistência social, salário mínimo e

NOVOS PARADIGMAS DA REGULARIZAÇÃO FUNDIÁRIA URBANA

A Declaração Universal dos Direitos do Homem, promulgada pela Resolução 271-A (III) da Assembleia Geral das Nações Unidas, em 1948, e simultaneamente confirmada pelo Brasil, reconheceu que:

> Toda pessoa tem direito a um padrão de vida capaz de assegurar a si e a sua família saúde e bem-estar, inclusive alimentação, vestuário, habitação, cuidados médicos e os serviços sociais indispensáveis, o direito a segurança, em caso de desemprego, doença, invalidez, viuvez, velhice ou outros casos de perda dos meios de subsistência em circunstâncias fora de seu controle[6].

Ou seja, reconhece-se diretamente o direito a um padrão de vida capaz de assegurar a habitação, mas não o direito à habitação em si, independentemente do padrão de vida do indivíduo, e o direito à segurança, em caso de perda de meios de subsistência, mas não o direito a uma moradia digna, sob quaisquer circunstâncias.

Alguns anos depois, em 1966, no Pacto Internacional de Direitos Econômicos, Sociais e Culturais, seu art. 11 apresentou uma perspectiva de complementaridade aos direitos tidos como essenciais, destacando a moradia adequada como um dos pressupostos para um desenvolvimento saudável: "Os Estados signatários do presente pacto reconhecem o direito de toda pessoa a um nível de vida adequado para si próprio e para a sua família, inclusive alimentação, vestimenta e moradia adequadas, assim como a uma contínua melhoria de suas condições de vida"[7].

O direito à moradia é garantido de forma explícita, vinculado ao mínimo existencial, mas mesmo na Europa a implementação do direito é sempre cercada de muitas dificuldades práticas. No relatório de acompanhamento do DALO, lei francesa nº 2007-290, que estabeleceu um direito de moradia oponível à Administração, e, portanto, permitindo a tutela judicial do direito, o comitê de acompanhamento da implementa-

previdência)". (SARLET, Ingo Wolfgang. *A eficácia dos direitos funda*mentais: uma teoria geral dos direitos fundamentais na perspectiva constitucional. 10. ed. Porto Alegre: Livraria do Advogado, 2011, p. 322.)

[6] SOUZA, Sérgio Iglesias Nunes de. *Direito à moradia e habitação*: análise comparativa e suas implicações teóricas e práticas com os direitos da personalidade. São Paulo: Revista dos Tribunais, 2004, p. 81.

[7] PINHEIRO, Marcelo Rebello. *A eficácia dos direitos sociais de caráter prestacional*: em busca da superação de obstáculos. 2008. 195 f. Dissertação (Mestrado em Direito) – Universidade de Brasília – UnB, Brasília, 2008, p. 169.

1. A LEI Nº 13.465/2017 E O DIREITO À MORADIA

ção da lei verificou diversas decisões de comissões de mediação que não respeitam os próprios termos da lei garantidora do direito[8].

Já a proteção dos ocupantes de assentamentos humanos decorre principalmente do art. 17 do Pacto de Direitos Civis e Políticos, que dispõe que ninguém pode ser objeto de ingerências arbitrárias ou ilegais em sua vida privada, em sua família, em seu domicílio ou em sua correspondência, nem de ofensas ilegais à sua honra e reputação, e que toda pessoa terá direito à proteção da lei contra essas ingerências ou ofensas. Essa determinação foi introduzida no ordenamento jurídico brasileiro pelo Decreto nº 592, de 6 de julho de 1992.

A partir desses dois documentos, o direito à moradia vem sendo construído no Brasil, paulatinamente, com a inclusão da proteção dos moradores de assentamentos humanos informais, em especial a partir do desenvolvimento no cenário europeu e dos trabalhos realizados pela Comissão Brasileira para a Conferência das Nações Unidas sobre Assentamentos Humanos (Habitat II), realizada entre 3 a 14 de junho de 1996, em Istambul.

Os requisitos para uma moradia adequada decorrem da inclusão, em 1991, do item 11,1 no art. 11 do Pacto Internacional de Direitos Econômicos, Sociais e Culturais, estabelecendo seis requisitos para uma moradia adequada: segurança da posse, disponibilidade de serviços, infraestrutura e equipamentos públicos, custo acessível, habitabilidade, não discriminação ou priorização de grupos vulneráveis, e localização adequada/ adequação cultural.

Desde a Constituição Federal de 1988, a proteção do direito à moradia é uma consequência da interpretação sistemática das diretrizes da política urbana (função social da cidade, das terras públicas e proteção jurídica da posse), do princípio da função social da propriedade previsto expressamente no art. 5º, XXIII, combinados com o art. 6º que, após a entrada em vigor da Emenda Constitucional nº 26, incluiu a habitação no rol dos direitos sociais[9].

---

[8] BILAN CHIFRRÉ. Du droit au logement opposable. 2008-2016. In: *Droit de Logement Opposable*, nº 11. Comité de suivi de la Loi Dalo. 2017.

[9] BRASIL (Constituição, 1988). *Constituição da República Federativa do Brasil de 1988*. Disponível em: <http://www.planalto.gov.br/ccivil_03/constituicao/constituicaocompilado.htm>. Acesso em: 13 dez. 2018.

NOVOS PARADIGMAS DA REGULARIZAÇÃO FUNDIÁRIA URBANA

A questão que surge é: há diferença entre direito à moradia e direito à habitação? Em princípio não, mas também é fato que, tradicionalmente – em especial desde a criação do Sistema Financeiro de Habitação (SFH), pela Lei nº 4.380/64 – as políticas públicas brasileiras de habitação contemplam apenas a aquisição de casa própria a um custo baixo. Para o financiamento da aquisição e da construção de imóveis residenciais, o SFH utiliza recursos das contas de poupança ou repassados pelo FGTS.

O direito à habitação, no Brasil, portanto, está associado desde seus tempos iniciais à ideologia da casa própria[10], baseado na aquisição de uma propriedade e, portanto, um direito de natureza econômica. Não houve no país, desde a reforma constitucional, preocupação com a construção de uma política pública que contemple os demais aspectos do direito à moradia, como definidos pela Declaração Universal de Direitos Humanos, ou seja, segurança da posse, disponibilidade de serviços, infraestrutura e equipamentos públicos, habitabilidade, não discriminação e priorização de grupos vulneráveis, localização adequada e adequação cultural.

Uma consequência desse raciocínio é a conclusão de que o direito à moradia, tal como visto hoje no ordenamento jurídico brasileiro, tem duas dimensões diferentes. Uma, resultante da interpretação da incor-

---

[10] "No plano ideológico, a classe dominante dava início à produção e difusão de ideias, visando firmar a crença de que só a casa própria dava segurança econômica e social, representando uma espécie de seguro face às incertezas do futuro. [...] Seja como for, a ideia da associação entre casa própria e segurança social e econômica só representa uma relação imaginária ou é uma expressão ideal das relações dominantes, numa certa etapa do desenvolvimento da habitação no Brasil e que corresponde mais ou menos ao período 1920/50. Nesse período, a classe dominante transformou as relações reais de maneira a corresponderem à ideologia e esta deixou então de existir. Hoje, a importância da casa própria está longe de ser ideológica. Corresponde a relações reais. A posse de uma casa não só confere mais *status* como facilita as relações econômicas, abre as portas aos empréstimos e aos crediários e constitui não só uma forma bastante segura de investimento como uma eficaz defesa contra a inflação. É claro que pode ser falsa a ideia de que para se ter segurança social e econômica é necessário ter casa própria, mas o mundo real construído pela burguesia tornou verdadeira essa ideia." (VILLAÇA, Flávio. *O que todo cidadão precisa saber sobre habitação*. São Paulo: Global, 1986.)

1. A LEI Nº 13.465/2017 E O DIREITO À MORADIA

poração de tratados internacionais aos direitos fundamentais do país[11], que conduzem à interpretação de que o direito à habitação, tal como disposto no art. 6º da Carta Magna, contempla todas as dimensões do direito à moradia definido em tratados internacionais ratificados pelo Brasil.

Outra, bem mais restritiva, é aquela que emerge de grande parte da legislação urbanística, aprovada na esfera nacional antes (e após) 2006, e que busca garantir aspectos bem pontuais do direito à habitação, quais sejam a posse e a propriedade – como um sistema de financiamento para aquisição de moradias de baixa renda – e a regularização fundiária de áreas ocupadas no passado[12], sempre numa visão retrospectiva, que não garante a moradia para novos ocupantes informais, tampouco moradia definitiva em caso de remoções ou moradia como um serviço social[13]. Toda a proteção existente, portanto, ainda é baseada na ideia liberal de propriedade enquanto direito fundamental e na ideologia da casa própria.

É importante ressaltar que a Constituição Federal de 1988 em nenhum momento garantiu a criação de um sistema nacional de proteção à moradia. A Carta Magna citou apenas que os novos dispositivos constitucionais aumentaram os recursos para a busca de uma proteção jurídica àqueles que necessitam de uma moradia digna, viabilizando, dentro do Estado Democrático de Direito, a conversão de uma posse

---

[11] De acordo com o § 3º do art. 5º da Constituição Federal de 1988, com redação dada pela Emenda Constitucional nº 45, de 2004, os Tratados Internacionais sobre direitos humanos aprovados, em cada Casa do Congresso Nacional, em dois turnos, por três quintos dos votos, possuem *status* normativo de Emenda Constitucional.

[12] Arts. 1º, 2º e 9º da Medida Provisória nº 2.220, de 2001; art. 77 da Lei nº 13.465/2017, que alterou os arts. 1º, 2º e 9º da MP nº 2.220; art. 4º da Lei nº 13.977/2009.

[13] O IPEA tem defendido a interpretação do direito à moradia como um direito social, realizando estudos sobre a implantação do aluguel social em alguns municípios. Em estudo recente, as pesquisadoras Angela Santos, Mariana Medeiros e Rosângela Luft analisaram o uso do aluguel social no Estado e no Município do Rio de Janeiro como referência para avaliar o potencial desse instrumento na construção de políticas que deem efetividade ao direito à moradia, em comparação com o modelo francês. (Santos, Angela Moulin S.P.; Medeiros, Mariana G.P.; Luft, Rosangela Marina. *Direito à moradia*: um direito social em construção no Brasil – a experiência do aluguel social no Rio de Janeiro. Disponível em: <http://www.ipea.gov.br/ppp/index.php/PPP/article/view/548/390>. Acesso em: 4 dez. 2018.)

juridicamente ilegítima em uma nova posse totalmente legítima (algo impensável no período anterior a 1988). Os instrumentos jurídicos para a garantia dessa proteção, todavia, ainda estão em fase de construção.

São exemplos da falta de organicidade dessa legislação a sobrevivência do Decreto nº 3.365/41, editado na Era Vargas, que apenas admite o proprietário como réu na ação de desapropriação, sem questionar nenhuma outra circunstância daquela posse[14]. Essa lei, a rigor, está em contradição com a própria Lei Federal nº 13.465/2017[15] e com o disposto no art. 1.276 do Código Civil[16], que autoriza a apropriação, pelo Município, dos imóveis abandonados por seus proprietários, independentemente de indenização.

A questão que se coloca doravante é: a nova lei tem potencial para reduzir este estado de coisas?

2. A Lei Federal nº 13.465/2017 e suas Principais Inovações no Mundo Jurídico

A nova lei trouxe expressiva inovação ao mundo jurídico[17], ainda não totalmente compreendida. Não parece, contudo, coincidência que

[14] Essa questão, recentemente, se tornou objeto do "Tema Repetitivo nº 1004" pelo STJ, com a seguinte questão a ser decidida: análise acerca da sub-rogação do adquirente de imóvel em todos os direitos do proprietário original, inclusive quanto à eventual indenização devida pelo Estado, ainda que a alienação do bem tenha ocorrido após o apossamento administrativo. (BRASIL. STJ, Superior Tribunal de Justiça. Disponível em: <http://www.stj. jus.br/repetitivos/temas_repetitivos/pesquisa.jsp.>. Acesso em 20 Jan 2019.

[15] BRASIL. Op. cit., 2017.

[16] "Art. 1.276. O imóvel urbano que o proprietário abandonar, com a intenção de não mais o conservar em seu patrimônio, e que se não encontrar na posse de outrem, poderá ser arrecadado, como bem vago, e passar, três anos depois, à propriedade do Município ou à do Distrito Federal, se se achar nas respectivas circunscrições. § 1º. O imóvel situado na zona rural, abandonado nas mesmas circunstâncias, poderá ser arrecadado, como bem vago, e passar, três anos depois, à propriedade da União, onde quer que ele se localize. § 2º. Presumir-se-á de modo absoluto a intenção a que se refere este artigo, quando, cessados os atos de posse, deixar o proprietário de satisfazer os ônus fiscais." (BRASIL. *Lei Federal nº 10.406, de 10 de janeiro de 2002*. Institui o Código Civil. Disponível em: <http://www.planalto.gov.br/ccivil_03/leis/2002/l10406.htm>. Acesso em: 13 dez. 2018.)

[17] As inovações legislativas, no que se refere à interpretação jurídica da posse, no Brasil, não param, o que impossibilita a segurança jurídica. Ainda em 20 de dezembro de 2018, foi aprovada a Lei nº 13.777, que altera o código civil, criando o Capítulo VII-A, que trata da multipropriedade, definida no novo art. 1.358-C como "o regime de condomínio em que

1. A LEI Nº 13.465/2017 E O DIREITO À MORADIA

após a sua promulgação tenha sido editada a Súmula 619 pelo Superior Tribunal de Justiça (STJ), fixando que "a ocupação indevida de bem público configura mera detenção, de natureza precária, insuscetível de retenção ou indenização por acessões e benfeitorias"[18], cuja redação parece ser oposta à lei. Também não é coincidência a informação de que, após a sua entrada em vigor, tenha aumentado o número de reintegrações de posse em que o autor é ente público, Estado ou Município[19].

A Lei nº 13.645/2017 tenta estabilizar a posse e a propriedade urbanas por meio de diversos instrumentos de simplificação da transferência de propriedade ou de posse sobre determinados imóveis no espaço urbano, a fim de permitir melhor organização do espaço urbano. Ela reforça, também, o caráter de categoria jurídica da regularização fundiária, de onde emergem as diversas formas de regularização previstas pela Lei.

A nova lei também estabelece um procedimento específico para a sua regularização[20]; fato significativo, pois aumenta a transparência e a segurança jurídica do instituto. Ademais, ela amplia a aplicação da regulari-

cada um dos proprietários de um mesmo imóvel é titular de uma fração de tempo, à qual corresponde a faculdade de uso e gozo, com exclusividade, da totalidade do imóvel, a ser exercida pelos proprietários de forma alternada". (BRASIL. *Lei Federal nº 13.777, de 20 de dezembro de 2018*. Altera as Leis nº 10.406, de 10 de janeiro de 2002 (Código Civil), e 6.015, de 31 de dezembro de 1973 (Lei dos Registros Públicos), para dispor sobre o regime jurídico da multipropriedade e seu registro. Disponível em: <http://www.planalto.gov.br/ccivil_03/_Ato2015-2018/2018/Lei/L13777.htm>. Acesso em: 20 jan. 2019.)

[18] STJ. Superior Tribunal de Justiça. *Súmula 619*. Corte Especial, julgado em 24/10/2018, Dje 30/10/2018. Disponível em: <https://scon.stj.jus.br/SCON/sumanot/toc.jsp?livre=(sumula%20adj1%20%2761%19%27).sub.#TIT1TEMA0>. Acesso em: 4 dez. 2018.

[19] Informação fornecida pelo Observatório das Remoções, durante o Seminário Nacional Democracia – Conflitos fundiários e promoção dos direitos humanos. CNDH nº 10/2018, realizado em 13 de dezembro de 2018, no Auditório da Defensoria Pública da União, na Mesa III com o tema: "Divulgação do Relatório Internacional de Despejos".

[20] "Regularização fundiária é categoria jurídica: (i) diretiva, enquanto fim e direção da política de reengenharia rural e urbana, ou de saneamento dos males do campo e da cidade (v.g. art. 2º, XIV, EC); (ii) matriz, enquanto gênero de várias formas de regularizar, abarcando a multiplicidade dos aspectos de irregularidades prediais (da falta de titulação às graves desordens habitacionais, passando por deficiências de empreendimentos, de edificação, de parcelamento do solo, de uso e ocupação etc.); e (iii) procedimental, na medida em que abrange várias etapas, instrumentos e atos voltados à regularização singularmente considerada." (AMADEI, Vicente de Abreu; PEDROSO, Alberto Gentil de Almeida; MONTEIRO

zação de empreendimentos urbanos e imóveis públicos e privados, antes restrita praticamente ao imóvel urbano e ao Direito Agrário.

Com a nova lei, a regularização fundiária urbana hoje é um instituto nacional, e não uma escolha política de Estados e Municípios. A esses caberá formular e desenvolver "no espaço urbano as políticas de suas competências de acordo com os princípios de sustentabilidade econômica, social e ambiental e ordenação territorial, buscando a ocupação do solo de maneira eficiente, combinando seu uso de forma funcional"[21]. Não lhes compete, porém, opor-se ou resistir à regularização fundiária, tampouco estabelecer outros procedimentos, pois a lei assegura a todos os procedimentos previstos na lei.

A Lei nº 13.465/2017 trouxe, ainda, duas grandes classificações de regularização fundiária: a regularização fundiária rural (título I) ou urbana (título II); e a regularização fundiária de área pública ou de área privada[22].

A disciplina da Regularização Fundiária Urbana, denominada "Lei de Reurb", é definitivamente a mais densa e a com maior número de novidades normativas. Além da já existente legitimação de posse, se encontram também novos institutos, como a legitimação fundiária, a arrecadação de imóvel abandonado, o direito real de laje e novas figuras de condomínios (lotes urbanos simples).

A universalização de procedimentos para o território nacional, previstos no art. 9º da Lei nº 13.465/2017[23], cujo dispositivo é de difícil aceitação para Estados e Municípios, traz a necessária padronização de procedimento para controle judicial e garantia do princípio da isonomia de tratamento a todos os cidadãos brasileiros. Entre as duas espécies de Regularização Fundiária Urbana previstas – a Reurb de interesse social

---

FILHO, Ralpho Waldo de Barros. *Primeiras impressões sobre a Lei nº 13.465/2017*. São Paulo: ARISP, 2017, p. 12.)

[21] BRASIL. Op. cit., 2017, art. 9º, § 1º.

[22] AMADEI, Vicente de Abreu; PEDROSO, Alberto Gentil de Almeida; MONTEIRO FILHO, Ralpho Waldo de Barros. *Primeiras impressões sobre a Lei nº 13.465/2017*. São Paulo: ARISP, 2017, p. 13.

[23] "Art. 9º. Ficam instituídas no território nacional normas gerais e procedimentos aplicáveis à Regularização Fundiária Urbana (Reurb), a qual abrange medidas jurídicas, urbanísticas, ambientais e sociais destinadas à incorporação dos núcleos urbanos informais ao ordenamento territorial urbano e à titulação de seus ocupantes." (BRASIL. Op. cit., 2017).

("Reurb-S") e a Reurb de interesse específico ("Reurb-E") – apenas a primeira é objeto de interesse para este artigo.

A Reurb-S, disciplinada no art. 13, I, da Lei nº 13.645/2017, é dirigida aos núcleos urbanos informais ocupados predominantemente por população de baixa renda, assim declarados em ato do Poder Executivo Municipal.

Um dos grandes obstáculos históricos à regularização fundiária, contudo, sempre foi a diferença entre o regime jurídico de domínio público e aquele aplicável ao bem particular. O imóvel público possui tratamento peculiar constitucional, cuja principal característica é a impossibilidade de prescrição aquisitiva. Por esse motivo, a Lei nº 13.465/2017 criou mecanismos que possibilitam a transferência de posse, como a concessão de uso especial para fins de moradia[24], e viabilizou a transferência da propriedade dos bens para o particular de modo simplificado[25], criando mecanismos para superar a barreira constitucional[26].

A disciplina da Reurb-S de imóveis públicos e privados na mesma lei é um marco fundamental e não tem sido devidamente valorizado. Isso demonstra que, independentemente da vontade de Estados e Municípios, existe interesse público na regularização fundiária urbana tanto de áreas públicas como privadas. A observação do procedimento legal revela que esse direito pode ser defendido contra outros interesses em disputa.

Outra evidência de que tanto a Reurb de imóvel público quanto a de imóvel particular são de interesse público está disposta no art. 23, § 1º,

---

[24] Id., ibid., arts. 15, XII, e 77.

[25] Id., ibid., arts. 83 e s.

[26] Este ponto da norma é bastante polêmico. Afirma Victor Carvalho Pinto que: "No caso de áreas públicas, a legitimação fundiária viola, ainda, a vedação expressa da Constituição à usucapião de bens públicos. Em conjugação com dispositivos que dispensam a alienação de bens públicos em geral e da União em particular de desafetação, licitação, autorização legislativa e avaliação prévia, a Lei compromete a defesa do patrimônio público, as prerrogativas do Poder Legislativo, a transparência da gestão pública e a responsabilidade fiscal. (PINTO, Victor Carvalho. *A regularização fundiária urbana na Lei nº 13.465/2017*. Disponível em: <https://www.linkedin.com/pulse/regularização-fundiária-urbana-plv-122017-decorrente-carvalho-pinto/?trk=mp-reader-card>. Acesso em: 15 dez. 2018.)

da Lei nº 13.465/2017[27], que prevê o interesse público como pré-requisito para a concessão da legitimação fundiária.

Para imóveis particulares, todavia, a lei apresenta maior leque de instrumentos de Reurb, como a adjudicação compulsória administrativa em parcelamento de solo urbano, a arrecadação de imóvel urbano desocupado, a legitimação fundiária e o direito real de laje.

Duas determinações da lei permitem a interpretação de que a Reurb de imóveis públicos hoje seja prioritária para o Estado. A primeira se encontra nos §§ 4º, 5º e 6º do art. 23, os quais permitem reconhecer o direito de propriedade aos ocupantes do núcleo urbano informal regularizado por meio da legitimação fundiária, bem como dispensa aos entes públicos a apresentação de título individualizado e as cópias da documentação referentes à qualificação do beneficiário, o projeto de regularização fundiária aprovado, a listagem dos ocupantes e sua devida qualificação e identificação das áreas que ocupam. Permite, também, a atribuição do domínio adquirido a ocupantes que não tenham constado da listagem inicial, mediante cadastramento complementar, sem prejuízo dos direitos de quem haja constado na listagem inicial[28].

---

[27] "Art. 23. A legitimação fundiária constitui forma originária de aquisição do direito real de propriedade conferido por ato do poder público, exclusivamente no âmbito da Reurb, àquele que detiver em área pública ou possuir em área privada, como sua, unidade imobiliária com destinação urbana, integrante de núcleo urbano informal consolidado existente em 22 de dezembro de 2016. § 1º. Apenas na Reurb-S, a legitimação fundiária será concedida ao beneficiário, desde que atendidas as seguintes condições: [...] III – em caso de imóvel urbano com finalidade não residencial, seja reconhecido pelo poder público o interesse público de sua ocupação." (Brasil. Op. cit., 2017.)

[28] "Art. 23, § 4º. Na Reurb-S de imóveis públicos, a União, os Estados, o Distrito Federal e os Municípios, e as suas entidades vinculadas, quando titulares do domínio, ficam autorizados a reconhecer o direito de propriedade aos ocupantes do núcleo urbano informal regularizado por meio da legitimação fundiária. § 5º. Nos casos previstos neste artigo, o poder público encaminhará à CRF para registro imediato da aquisição de propriedade, dispensados a apresentação de título individualizado e as cópias da documentação referente à qualificação do beneficiário, o projeto de regularização fundiária aprovado, a listagem dos ocupantes e sua devida qualificação e a identificação das áreas que ocupam. § 6º. Poderá o poder público atribuir domínio adquirido por legitimação fundiária aos ocupantes que não tenham constado da listagem inicial, mediante cadastramento complementar, sem prejuízo dos direitos de quem haja constado na listagem inicial." (Id., ibid.)

1. A LEI Nº 13.465/2017 E O DIREITO À MORADIA

A segunda, e com significativo potencial para transformação do cenário urbano, é a dispensa expressa na lei de desafetação de imóvel público para fins da Reurb[29], previsão legal que vai na direção oposta da jurisprudência do STJ[30], impondo uma revisão doutrinária no que diz respeito ao regime jurídico dos bens públicos[31].

O art. 13, § 1º, da Lei nº 13.645/2017, prevê a isenção de custas e emolumentos na Reurb-S, outro ponto de difícil implementação da lei, pois o art. 151, III, da Constituição Federal de 1988 veda à União a instituição de isenção de tributos de competência dos demais membros da Federação em homenagem ao pacto federativo, estabelecendo uma clara limitação ao poder de tributar, questão já submetida ao STF em sede de controle abstrato de constitucionalidade[32].

---

[29] "Art. 71. Para fins da Reurb, ficam dispensadas a desafetação e as exigências previstas no inc. I do *caput* do art. 17 da Lei nº 8.666, de 21 de junho de 1993." (Id., ibid.)

[30] No ARESP 1071010/RS, foi decidido que, "tratando-se de área pública, mostra-se inadmissível a sua ocupação sem a devida autorização, permissão ou concessão da respectiva administração", e que "a alegação de inconstitucionalidade e inconvencionalidade material da reintegração de posse, face malferir tratados e convenções internacionais [...] ratificados pelo Brasil, não encontra substrato fático e jurídico [...] Da mesma forma, a situação de vulnerabilidade social não é exclusiva do grupo de pessoas que invadiu o prédio público, pois as carências sociais não são um problema exclusivo do Estado do Rio Grande do Sul [...] o prédio sequer tem destinação para moradia de pessoas, além de haver finalidade para uso da Secretaria de Cultura, em tese [...]". (STJ. Superior Tribunal de Justiça. Disponível em: <https://stj.jusbrasil.com.br/jurisprudencia/459874981/agravo-em-recurso-especial--aresp-1071010-rs-2017-0059793-9>. Acesso em: 19 dez. 2018).

[31] Apesar do dispositivo legal, não são todas as áreas que podem ser desafetadas ou dispensar a desafetação para fins de Reurb. Vicente Amadei, Alberto Pedroso e Ralpho Monteiro Filho citam como exemplo de impossibilidade de desafetação o caso de áreas verdes institucionais definidas em projetos de loteamentos, segundo consta no art. 180, VII, da Constituição do Estado de São Paulo. (AMADEI, Vicente de Abreu; PEDROSO, Alberto Gentil de Almeida; MONTEIRO FILHO, Ralpho Waldo de Barros. Op. cit., 2017, p. 18.)

[32] "[...] À União, ao Estado-membro e ao Distrito Federal é conferida competência para legislar concorrentemente sobre custas dos serviços forenses, restringindo-se à competência da União, no âmbito dessa legislação concorrente, ao estabelecimento de normas gerais, certo que, inexistindo tais normas gerais, os Estados exercerão a competência legislativa plena para atender a suas peculiaridades (CF/88, art. 24, IV, §§ 1º e 3º); III. Constitucionalidade da Lei nº 12.461/97, do Estado de Minas Gerais, que isenta entidades beneficentes de assistência social do pagamento de emolumentos; IV. Ação direta de inconstitucionalidade julgada improcedente." (STF. Supremo Tribunal Federal. *ADI 1624*. Relator(a): Min. CARLOS VELLOSO, Tribunal Pleno, julgado em 08/05/2003, *DJ* 13-06-2003. Disponível em:

NOVOS PARADIGMAS DA REGULARIZAÇÃO FUNDIÁRIA URBANA

Nesse contexto, a solução legal de imposição do custo da regularização a Estados e Municípios não é uma boa alternativa devido às limitações orçamentárias do gestor público estadual ou municipal. Ademais, a lei prevê, em seu art. 19, como principal instrumento de regularização fundiária urbana, a demarcação urbanística que, por sua vez, exige a planta e o memorial descritivo da área[33].

Ora, as plantas e os laudos exigidos pela lei são ordinariamente realizados por meio de georreferenciamento[34], técnica que exige a presença de profissional especializado, o que onera o procedimento para os entes públicos.

A gratuidade, mesmo quando prevista em lei, é sempre ilusória: tudo tem um custo, seja para o cidadão, seja para o ente público. Isso quer dizer que, sem que esteja prevista uma fonte de custeio, a lei não produzirá efeitos. Conceder direitos gratuitos sem fonte de custeio equivale a não conceder direitos.

Apesar de o § 3º do art. 19 explicitar que a demarcação urbanística não é condição para o processamento da regularização e da efetivação da Reurb-S, fica clara a necessidade de delimitar o perímetro da área para abertura de matrícula, para o que são exigidos planta e memorial descritivo. Não solucionada a questão da responsabilidade econômica do custo da gratuidade, os procedimentos permanecerão paralisados.

Outro ponto polêmico da lei diz respeito à legitimidade para requerer a Reurb-S, em especial o que se refere à possibilidade de os beneficiários, individualmente, formularem o pedido[35]. A lei adotou como

<http://www.stf.jus.br/portal/jurisprudencia/listarJurisprudencia.asp?s1=%281624%2EN UME%2E+OU+1624%2EACMS%2E%29&base=baseAcordaos&url=http://tinyurl.com/ zdah6fc>. Acesso em: 15 dez. 2018.)

[33] BRASIL. Op. cit., 2017, art. 19.

[34] A Lei prevê em seu art. 12, § 2º, que: "Os estudos referidos no art. 11 deverão ser elaborados por profissional legalmente habilitado, compatibilizar-se com o projeto de regularização fundiária e conter, conforme o caso, os elementos constantes dos arts. 64 ou 65 da Lei nº 12.651, de 25 de maio de 2012". Está claro, portanto, a necessidade de estudos técnicos para o procedimento, o que envolve custos, sem recursos previstos na lei. (Id., ibid.)

[35] "Art. 14. Poderão requerer a Reurb: I – a União, os Estados, o Distrito Federal e os Municípios, diretamente ou por meio de entidades da administração pública indireta; II – os seus beneficiários, individual ou coletivamente, diretamente ou por meio de cooperativas habitacionais, associações de moradores, fundações, organizações sociais, organizações da sociedade civil de interesse público ou outras associações civis que tenham por finalidade

1. A LEI Nº 13.465/2017 E O DIREITO À MORADIA

critério a maximização do número de legitimados, de modo que praticamente toda e qualquer pessoa que possui ou já possuiu algum vínculo com o imóvel poderá requerer a Reurb-S. Apesar da possibilidade de pedido individual, este deve se referir a toda área regularizada, caso contrário, pode não haver solução viável tecnicamente para o caso.

O procedimento da Reurb encontra-se resumido no art. 28 da Lei nº 13.465/2017[36] e deve ser iniciado com o requerimento de algum dos legitimados, seguido da notificação dos interessados e dos confrontantes. Havendo impugnação, é realizada uma etapa conciliatória, visando à negociação e, caso não seja possível o consenso, a Reurb não terá seguimento.

Caso seja possível a conciliação, é elaborado um projeto de Regularização Fundiária, cujo prazo legal para finalização é de 60 dias, prorrogável por igual período. O prazo, porém, parece inviável, tendo em vista a falta de recursos públicos destinados à Reurb-S. O legislador, nesse caso, não considerou o tempo necessário para contatar com interessados pelo imóvel, tampouco as negociações, as análises periciais e o provável tempo para o Município aprovar tais projetos e autorizar as movimentações financeiras envolvidas (já que é de sua responsabilidade arcar com as custas do projeto de Regularização Fundiária).

A existência de prazo legal, entretanto, abre a via indenizatória contra o ente público que não cumprir o determinado, deixando de providenciar os recursos necessários. Afinal, a Administração está sujeita a princípios constitucionais, como o princípio da cidadania, da juridicidade e da eficiência. O descumprimento de prazos que envolvam o

---

atividades nas áreas de desenvolvimento urbano ou regularização fundiária urbana; III – os proprietários de imóveis ou de terrenos, loteadores ou incorporadores; IV – a Defensoria Pública, em nome dos beneficiários hipossuficientes; e V – o Ministério Público." (Id., ibid.)

[36] "Art. 28. A Reurb obedecerá às seguintes fases: I – requerimento dos legitimados; II – processamento administrativo do requerimento, no qual será conferido prazo para manifestação dos titulares de direitos reais sobre o imóvel e dos confrontantes; III – elaboração do projeto de regularização fundiária; IV – saneamento do processo administrativo; V – decisão da autoridade competente, mediante ato formal, ao qual se dará publicidade; VI – expedição da CRF pelo Município; e VII – registro da CRF e do projeto de regularização fundiária aprovado perante o oficial do Cartório de Registro de Imóveis em que se situe a unidade imobiliária com destinação urbana regularizada." (Id., ibid.)

NOVOS PARADIGMAS DA REGULARIZAÇÃO FUNDIÁRIA URBANA

atendimento a direitos fundamentais pode, assim, gerar o direito à indenização para os prejudicados.

O art. 31 da referida lei também merece destaque, pois garante aos ocupantes de áreas públicas a permanência no local caso já tenha sido instaurado o procedimento de Reurb[37].

A Constituição Federal de 1988 abriga princípios fundamentais de direitos humanos, como a dignidade da pessoa humana. Ora, considerando-se que o respeito à casa, à intimidade e à família integram a ideia de dignidade da pessoa humana, não se pode entender como constitucional a exigência de que, para a permanência em área pública ocupada há longa data, o procedimento de Reurb tenha sido protocolado.

Desse modo, para a permanência no local, parece lícita a exigência da prova da permanência, entre as quais o requerimento da Reurb é uma prova *juris et de juris*, que pode ser substituída por outros meios de prova. Entre as finalidades do instituto estão justamente a prestação de serviços públicos aos ocupantes, de modo a melhorar as condições urbanísticas e ambientais em relação à situação de ocupação informal anterior; a ampliação do acesso à terra urbanizada pela população de baixa renda, de modo a priorizar a permanência dos ocupantes nos próprios núcleos urbanos informais regularizados; a promoção da integração social e a geração de emprego e renda; o estímulo à resolução extrajudicial de conflitos, em reforço à consensualidade e à cooperação entre Estado e sociedade; a garantia do direito social à moradia digna e às condições de vida adequadas; e a garantia da efetivação da função social da propriedade[38].

Não adotar essa interpretação faz com que a lei não cumpra a sua finalidade e que não haja a redução da judicialização dos conflitos fundiários, nem o estímulo à solução extrajudicial dos conflitos entre Estado e sociedade, tampouco a preservação do princípio constitucional da dignidade humana que a lei, em seu art. 10, procura assegurar.

---

[37] "Art. 31, § 8º. O requerimento de instauração da Reurb ou, na forma de regulamento, a manifestação de interesse nesse sentido por parte de qualquer dos legitimados, garante perante o Poder Público aos ocupantes dos núcleos urbanos informais situados em áreas públicas a serem regularizados, a permanência em suas respectivas unidades imobiliárias, preservando-se as situações de fato já existentes até o eventual arquivamento definitivo do procedimento." (Id., ibid.)

[38] Id., ibid., art. 10.

3. Casos Práticos: Perspectivas para uma Judicialização Estratégica a partir da Nova Lei

Apesar das limitações da nova lei, sua entrada em vigor já trouxe bons frutos como matéria de defesa em ações que envolvem o direito à moradia e à defesa da posse, e pode trazer um novo perfil de judicialização às ações que envolvem a posse urbana estabilizada em áreas públicas ou privadas.

Após a promulgação, a nova lei passou a ser submetida ao controle judicial, e já existem algumas respostas a este procedimento.

A Lei Federal nº 13.465/2017 foi mencionada expressamente em Acórdão de Apelação no Processo nº 1040468-68.2016.8.26.0053[39], referente à reintegração de posse, ação movida pelo Estado de São Paulo em face de ocupantes de imóvel situado no Butantã, na cidade de São Paulo. O pedido de reintegração de posse do Estado veio formulado com a alegação de que a área se tratava de propriedade pública. Em sua defesa, o Poder Público apresentou cópia de transcrição antiga, de 1899 (como muitas ainda utilizadas para prova de domínio).

Em que pese a alegação de domínio público, ficou decidido que o Estado, para requerer a reintegração, deveria fazer a prova do efetivo domínio, pois a antiga transcrição apresentada não era documento hábil. Firmou-se, ainda, que levando em conta o disposto nos arts. 26, 27 e 31 da Lei Federal nº 13.465/2017, mesmo em se tratando eventualmente de área pública, a existência de ocupação consolidada em imóvel há mais de

---

[39] "AÇÃO POSSESSÓRIA – SENTENÇA – Nulidade – Não ocorrência – Decisão bem motivada – CERCEAMENTO DE DEFESA – Questões controvertidas que demandavam a produção da prova pericial – Ônus da prova a cargo do autor, que se recusou a adiantar a remuneração do perito – Indicação da prova na petição inicial – Art. 95, *caput* e § 1º, do CPC – Preclusão – CONVERSÃO DO JULGAMENTO EM DILIGÊNCIA – Impossibilidade – Matéria sob o manto da preclusão – REINTEGRAÇÃO DE POSSE – BEM PÚBLICO – Incerteza quanto ao afirmado esbulho – Hipótese, ademais, em que a permanência dos réus em imóvel considerado área pública, consolidada de 50 anos, confere direito aos seus ocupantes à manutenção na posse – Inteligência dos artigos 26, 27 e 31 da LF 13.465/2017 – Preliminares rejeitadas e recurso não provido. (TJSP. Tribunal de Justiça de São Paulo. Apelação 1040468-68.2016.8.26.0053. Rel. Reinaldo Miluzzi; Órgão Julgador: 6ª Câmara de Direito Público; Foro Central – Fazenda Pública/Acidentes – 6ª Vara de Fazenda Pública; julgado em 14/09/2018; registrado em 14/09/2018. Disponível em: <https://esaj.tjsp.jus.br/cjsg/getArquivo.do?conversati onId=&cdAcordao=11811209&cdForo=0&uuidCaptcha=sajcaptcha_37f1e9be6f3741368de c7af7ded97385&vlCaptcha=dae&novoVlCaptcha=>. Acesso em: 6 dez. 2018).

NOVOS PARADIGMAS DA REGULARIZAÇÃO FUNDIÁRIA URBANA

50 anos confere o direito aos seus ocupantes de manutenção da posse, não podendo o Estado requerer sua reintegração em afronta ao princípio da legalidade.

A existência da posse antiga, ao menos neste caso, inviabilizou ao Poder Público a utilizar os mecanismos tradicionais de defesa judicial da posse pública, tendo sido adotada, de forma tácita, o entendimento de que a antiguidade da posse para fins do disposto no art. 31, § 8º, da referida lei, não é comprovada apenas com o início do procedimento administrativo de Reurb.

Já no processo nº 2055833-42.2018.8.26.0000[40], em sede de Agravo de Instrumento, foi deferida a suspensão da medida liminar de reintegração de posse com fundamento na regra do art. 31, § 8º, da Lei nº 13.465/2017, que trata de Regularização Fundiária. Entendeu-se que, pelo fato de existir pedido de regularização fundiária em curso, a regra do § 8º do art. 31 dessa lei garante situação de fato existente no imóvel urbano público, sendo indeferida, portanto, a imissão na posse da área pelo Poder Público.

Na mesma ocasião, o Poder Judiciário também definiu que "a natureza pública do bem imóvel ocupado e objeto do litígio não é óbice à aplicação do Reurb, pois a Lei nº 13.465/2017 o admite expressamente, havendo tão somente que considerá-la para a eleição dos instrumentos de regularização fundiária previstos no seu art. 15 que sejam compatíveis". E, também, que "a situação do imóvel em área de preservação não constitui óbice à regularização fundiária, conforme se verifica das disposições do art. 11, § 2º, da Lei nº 13.465/17 e dos arts. 64 e 65 da Lei nº 12.651/12".

---

[40] "AGRAVO DE INSTRUMENTO. Reintegração de posse. Bem público suscetível de regularização fundiária nos termos da Lei nº 13.465/17. Possibilidade de regularização de ocupação em área de preservação permanente. Art. 11, § 2º, da Lei nº 13.465/17 e arts. 64 e 65 da Lei nº 12.651/12. Eficácia cautelar do pedido administrativo de REURB. Art. 31, § 8º, da Lei nº 13.465/17. Demonstração dos requisitos do art. 300 do CPC. Suspensão da execução ora determinada. Recurso provido. Agravo interno prejudicado." (TJSP. Tribunal de Justiça de São Paulo. Agravo de Instrumento nº 2055833-42.2018.8.26.0000. Rel. Luis Fernando Camargo de Barros Vidal; Órgão Julgador: 4ª Câmara de Direito Público; Foro Regional II – Santo Amaro – 5ª Vara Cível; julgado em 25/06/2018; registrado em 27/06/2018. Disponível em: <https://esaj.tjsp.jus.br/cjsg/getArquivo.do?cdAcordao=11581147&cdForo=0>. Acesso em: 5 dez. 2018.)

1. A LEI Nº 13.465/2017 E O DIREITO À MORADIA

Na verdade, como se trata de tema novo, a jurisprudência ainda está em formação. Em outro caso, envolvendo regularização fundiária em área de preservação ambiental, entendeu-se que o fato de determinada edificação se inserir em núcleo de regularização fundiária não autoriza a realização de construção ilegal no seu perímetro (Lei Municipal nº 927/2011, art. 29; cf. fls. 152/163). O fato segue os preceitos do Código Civil (arts. 1.299 e 1.312) e também os ditames do Plano Diretor Municipal, sob risco não só à ordem urbanística, mas também ao meio ambiente, além do fomento à ocupação desordenada do solo. Ademais, a edificação inserida em núcleo de regularização fundiária de interesse social começou a ser erigida apenas no ano de 2012, quando a legislação municipal só permitia a regularização de edificações erigidas até 19/12/2011, data em que foi promulgada a Lei Municipal nº 927/2011[41].

Na mesma decisão, em que pese a possibilidade de regularização nos termos da Lei nº 11.977/2009, parcialmente revogada pela Lei nº 13.465/2017, os requisitos da Lei Municipal também tinham que ser atendidos, assim como todas e demais exigências previstas nas posturas municipais (ordem urbanística) e nas restrições ambientais aplicáveis à disciplina do direito de construir no Município de Ilhabela, São Paulo.

A nova lei, além das ações individuais, também abriu caminho para soluções negociadas que, combinadas com os novos instrumentos jurídicos previstos no Código de Processo Civil, trouxeram bons resultados para as ações coletivas em curso. Uma das alternativas é a possibilidade de reunião de processos relativos a um mesmo território com um mesmo juiz, por intermédio do instituto dos juízes cooperantes, previsto no art. 68 do CPC[42].

---

[41] TJSP. Tribunal de Justiça do Estado de São Paulo. Apelação/Remessa Necessária 0004942-91.2015.8.26.0247. Rel. Carlos von Adamek; Órgão Julgador: 2ª Câmara de Direito Público; Foro de Ilhabela – Vara Única; julgado em 14/11/2018; registrado em 14/11/2018. Disponível em: < https://tj-sp.jusbrasil.com.br/jurisprudencia/648411506/apelacao--apl-49429120158260247-sp-0004942-9120158260247/inteiro-teor-648411526?ref=serp>. Acesso em: 20 dez. 2018.

[42] "Art. 68. Os juízos poderão formular entre si pedido de cooperação para prática de qualquer ato processual." (BRASIL. *Lei nº 13.105, de 13 de março de 2015*. Institui o Código de Processo Civil. Disponível em: <http://www.planalto.gov.br/ccivil_03/_Ato2015-2018/2015/Lei/L13105.htm>. Acesso em: 22 nov. 2018.)

A cooperação entre juízes pode ocorrer mediante atos concertados e compartilhamento de competências. Para melhor gerir processos e alcançar maior eficiência no desempenho de suas funções, os juízes podem estabelecer procedimento comum para a prática de diversos atos, tal como prevê o § 2º do art. 69 do CPC[43]. Assim, é viável reunir diferentes ações, de Varas Cíveis, de Registros Públicos e da Fazenda Pública, tendo como parâmetro para a reunião um território urbano em conflito fundiário, nas mãos de um único juiz, e buscar uma única solução, negociada, que seja capaz de pacificar o território em conflito.

Experiência dessa natureza foi adotada em Porto Alegre, com a criação de um CEJUSC para solucionar conflitos fundiários e resolver, de forma consensual, as questões relativas a dois bairros da cidade. A prática foi tão bem-sucedida que deu origem ao Comitê Interinstitucional sobre Conflitos Fundiários Urbanos[44].

Outro instrumento doutrinário importante para a solução de lides complexas, como são as decisões que envolvem regularização fundiária e moradia, são as decisões estruturais que visam a "estabelecer um tipo de diálogo com a administração pública para avançar progressivamente no cumprimento da decisão, toda vez que sejam necessárias reformas profundas que dificilmente podem ser levadas a cabo pelo condenado sem sua própria colaboração"[45]. De forma combinada com audiências públicas entre os entes federativos e as partes, tais decisões estruturais podem ser empregadas para reduzir o conflito que envolve diversos entes públicos e pessoas em situação de vulnerabilidade a alcançar soluções negociadas.

---

[43] "Art. 69, § 2º. Os atos concertados entre os juízes cooperantes poderão consistir, além de outros, no estabelecimento de procedimento para: I – a prática de citação, intimação ou notificação de ato; II – a obtenção e apresentação de provas e a coleta de depoimentos; III – a efetivação de tutela provisória; IV – a efetivação de medidas e providências para recuperação e preservação de empresas; V – a facilitação de habilitação de créditos na falência e na recuperação judicial; VI – a centralização de processos repetitivos; VII – a execução de decisão jurisdicional." (Id., ibid.)

[44] CNJ. Conselho Nacional de Justiça. *Comitê gaúcho estuda usar conciliação em conflitos fundiários urbanos*. Disponível em: <http://www.cnj.jus.br/noticias/judiciario/82230-comite-gaucho-estuda-usar-conciliacao-em-conflitos-fundiarios-urbanos>. Acesso em: 15 dez. 2018.

[45] VERBIC, Francisco. Ejecución de sentencias en litigios de reforma estructural en la República Argentina dificultades políticas y procedimentales que inciden sobre la eficacia de estas decisiones. In: *Procesos estruturais*. Salvador: Juspodivm, 2017, p. 67.

1. A LEI Nº 13.465/2017 E O DIREITO À MORADIA

Todos esses instrumentos podem permitir às partes processuais apresentarem ao juiz o fato tal como ele se apresenta ao mundo concreto, bem como as dificuldades para a concretização do direito envolvido. A partir do fato concreto, o juiz poderá definir a melhor técnica a ser empregada para a solução do litígio, decidindo com base no conjunto de problemas e processos que envolvem um território, e possibilitando uma efetiva prestação jurisdicional.

Conclusões

Como se vê, a ausência de um consenso federativo pode ser um óbice à efetividade da norma. Uma lei promulgada sem o necessário diálogo dificilmente traz a paz social ou a garantia da estabilidade da posse e da propriedade às famílias em situação de vulnerabilidade.

Mesmo que a lei promulgada venha integrar uma política pública específica, de moradia ou de Regularização Fundiária (o que não acontece), o diálogo interfederativo é um pré-requisito para a possibilidade de implementação dessa política.

Caso contrário, as questões decorrentes da lei, ou da falta de diálogo na elaboração da lei, serão submetidas ao Poder Judiciário, e a resposta judicial pode conturbar ainda mais um ambiente já pouco propenso ao diálogo. Em especial porque, não havendo apenas uma legislação incidente, tampouco apenas um juiz competente para as questões envolvidas, há uma grande probabilidade de fragmentação dos títulos formados e decisões contraditórias, impossibilitando o cumprimento das decisões judiciais pela administração.

Nesse contexto, em que pesem as dificuldades de diálogo entre os entes, e entre esses e a sociedade civil, as soluções negociadas podem ser a melhor opção.

A Lei Federal nº 13.465/2017, assim como qualquer outro diploma legal, é apenas um instrumento jurídico produzido pelo Poder Legislativo, uma ferramenta à disposição para ser utilizada pelo gestor e pelo aplicador do Direito nas finalidades pretendidas.

Uma das principais funções do Poder Judiciário é a pacificação social por intermédio do processo e da aplicação da lei. A partir das novas alternativas legais, a judicialização envolvendo áreas em potencial situação de Reurb pode adquirir novas características, decorrentes da forma como for utilizada pelos atores sociais envolvidos, com ênfase na tutela coletiva, nas decisões judiciais estruturais, nos atos cooperados entre juízes e na solução mediada de conflitos, resultando num avanço na implementação do direito à moradia no país, e numa possível estruturação de uma efetiva política pública de moradia.

Referências

AMADEI, Vicente de Abreu, PEDROSO, Alberto Gentil de Almeida, MONTEIRO FILHO, Ralpho Waldo de Barros, *Primeiras impressões sobre a Lei nº 13.465/2017*, São Paulo, ARISP, 2017.

BILAN CHIFRRÉ, "Du droit au logement opposable", 2008-2016, in *Droit de Logement Opposable*, nº 11, Comité de suivi de la Loi Dalo, 2017.

BRASIL (Constituição, 1988), *Constituição da República Federativa do Brasil de 1988.* Disponível em: <http://www.planalto.gov.br/ccivil_03/constituicao/constituicaocompilado.htm>. Acesso em: 13 dez. 2018.

–. *Medida Provisória nº 2.220, de 4 de setembro de 2001.* Disponível em: <http://www.planalto.gov.br/ccivil_03/MPV/2220.htm>. Acesso em: 20 dez. 2018.

–. *Medida Provisória nº 759, de 22 de dezembro de 2016.* Disponível em: https://www2.camara.leg.br/legin/fed/medpro/2016/medidaprovisoria-759-22-dezembro-2016-784124-exposicaodemotivos-151740-pe.html. Acesso em 20 Jan 2019.

–. *Lei Federal nº 10.406, de 10 de janeiro de 2002.* Disponível em: <http://www.planalto.gov.br/ccivil_03/leis/2002/l10406.htm>. Acesso em: 13 dez. 2018.

–. *Lei nº 13.105, de 13 de março de 2015.* Disponível em: <http://www.planalto.gov.br/ccivil_03/_Ato2015-2018/2015/Lei/L13105.htm>. Acesso em: 22 nov. 2018.

–. *Lei Federal nº 13.465, de 11 de julho de 2017.* Disponível em: <http://www.planalto.gov.br/ccivil_03/_Ato2015-2018/2017/Lei/L13465.htm>. Acesso em: 13 dez. 2018.

–. *Lei Federal nº 13.777, de 20 de dezembro de 2018.* Disponível em: <http://www.planalto.gov.br/ccivil_03/_Ato2015-2018/2018/Lei/L13777.htm>. Acesso em: 20 jan. 2019.

–. *Superior Tribunal de Justiça.* Disponível em: <http://www.stj.jus.br/repetitivos/temas_repetitivos/pesquisa.jsp.>. Acesso em 20 jan. 2019.

BUCCI, Maria Paula Dallari, O conceito de política pública, in BUCCI, Maria Paula Dallari (Org.), *Políticas públicas:* reflexões sobre o conceito jurídico, São Paulo, Saraiva, 2006.

CONSELHO NACIONAL DE JUSTIÇA, *Comitê gaúcho estuda usar conciliação em conflitos fundiários urbanos.* Disponível em: <http://www.cnj.jus.br/noticias/judiciario/82230-comite-gaucho-estuda-usar-conciliacao-em-conflitos-fundiarios-urbanos>. Acesso em: 15 dez. 2018.

1. A LEI Nº 13.465/2017 E O DIREITO À MORADIA

PINHEIRO, Marcelo Rebello, *A eficácia dos direitos sociais de caráter prestacional*: em busca da superação de obstáculos, 2008, 195 f., Dissertação (Mestrado em Direito), Universidade de Brasília, UnB, Brasília, 2008.

PINTO, Victor Carvalho, *A regularização fundiária urbana na Lei nº 13.465/2017.* Disponível em: <https://www.linkedin.com/pulse/regulariza%C3%A7% C3%A3o-fundi%C3%A1ria-urbana-plv-122017-decorrente-carva- lho-pinto?trk=mp-reader-card>. Acesso em: 15 dez. 2018.

SANTOS, Angela Moulin S.P., MEDEIROS, Mariana G.P., LUFT, Rosangela Marina, *Direito à moradia*: um direito social em construção no brasil – a experiência do aluguel social no Rio de Janeiro. Disponível em: < http://www.ipea.gov. br/ppp/index.php/PPP/article/view/ 548/390>. Acesso em: 4 dez. 2018.

SARLET, Ingo Wolfgang, *A eficácia dos direitos fundamentais*: uma teoria geral dos direitos fundamentais na perspectiva constitucional, 10. ed., Porto Alegre, Livraria do Advogado, 2011.

SOUZA, Sérgio Iglesias Nunes de, *Direito à moradia e habitação*: análise comparativa e suas implicações teóricas e práticas com os direitos da personalidade, São Paulo, Revista dos Tribunais, 2004.

SUPREMO TRIBUNAL FEDERAL, *ADI 1624.* Disponível em: < http://www.stf.jus. br/portal/jurisprudencia/listarJurisprudencia.asp?s1=%281624%2ENUME% 2E+OU+1624%2EACMS%2E%29&base=baseAcordaos&url=http://tinyurl. com/zdah6fc>. Acesso em: 15 dez. 2018.

SUPERIOR TRIBUNAL DE JUSTIÇA. Disponível em: <https://ww2.stj.jus.br/pro- cesso/pesquisa/?tipoPesquisa=tipoPesquisaNumeroOrigem&termo=00111 501924401&totalRegistrosPorPagina=40&aplicacao=processos.ea>. Acesso em: 19 dez. 2018

–. *Súmula 619.* Disponível em: < https://scon.stj.jus.br/SCON/sumanot/toc. jsp?livre=(sumula%20adj1%20%27619%27).sub.#TIT1TEMA0>. Acesso em: 4 dez. 2018.

TIERNO, Rosane, *10 perguntas e respostas sobre a nova lei de regularização fundiária urbana.* Disponível em: <https://terradedireitos.org.br/noticias/noticias/10- -perguntas-e-respostas-sobre-a-nova-lei-de-regularizacao-fundiaria- -urbana/22705>. Acesso em: 4 dez. 2018.

TRIBUNAL DE JUSTIÇA DE SÃO PAULO, Agravo de Instrumento 2055833- 42.2018.8.26.0000. Disponível em: <https://esaj.tjsp.jus.br/cjsg/getArquivo. do?cdAcordao=11581147&cdForo=0>. Acesso em: 5 dez. 2018.

–, *Apelação 1040468-68.2016.8.26.0053.* Disponível em: <https://esaj.tjsp. jus.br/cjsg/getArquivo.do?conversationId=&cdAcordao=11811209&cdForo= 0&uuidCaptcha=sajcaptcha_37f1e9be6f3741368dec7af7ded97385&vlCaptc ha=dae&novoVlCaptcha=>. Acesso em: 06 dez. 2018.

–, *Apelação/Remessa Necessária 0004942-91.2015.8.26.0247.* Disponível em: <https://esaj.tjsp.jus.br/cjsg/getArquivo.do?conversationId=&cdAcordao=1

NOVOS PARADIGMAS DA REGULARIZAÇÃO FUNDIÁRIA URBANA

2007135&cdForo=0&uuidCaptcha=sajcaptcha_e763026a05874e46b7d199
64ea4977c1&vlCaptcha=uYe&novoVlCaptcha=>. Acesso em: 20 dez. 2018.

Tribunal de Justiça do Estado do Rio Grande do Sul. *ARESP 1071010/ RS*. Disponível em: <https://stj.jusbrasil.com.br/jurisprudencia/459874981/ agravo-em-recurso-especial-aresp-1071010-rs-2017-0059793-9>. Acesso em: 19 dez. 2018.

Verbic, Francisco, Ejecución de sentencias en litigios de reforma estructural en la República Argentina dificultades políticas y procedimentales que inciden sobre la eficacia de estas decisiones, *Processos estruturais*, Salvador, Juspodivm, 2017.

Villaça, Flávio, O que todo cidadão precisa saber sobre habitação, São Paulo, Global, 1986.

2. Da Regularização Fundiária no Espaço Urbano

EDSON RICARDO SALEME
RENATA SOARES BONAVIDES

Introdução

Os diversos marcos regulatórios trazidos pelos governos que passaram pela Presidência da República editaram leis acerca do tema regularização fundiária, que consiste, segundo o conceito, que se extrai dessas próprias normas, no procedimento que tende a viabilizar a titulação de uma ocupação irregular e proceder a ajustes em termos sociais, urbanísticos e ambientais. Diante do previsto no art. 182 da Constituição Federal, o poder público municipal deve viabilizar o pleno desenvolvimento das funções sociais da cidade e garantir o bem-estar de seus habitantes. Essa é uma forma de garantir a moradia adequada de forma a propiciar padrões dignos para todos, sobretudo os que não alcançaram adquirir locais para moradia.

A integração de diversos grupos e pessoas à cidade inclui a observância de elementos fundamentais para uma boa qualidade de vida comunitária. Além disso, quando se trata de pessoas de baixa renda, deve-se também contemplar medidas sociais para a proteção das famílias e também garantir a inserção delas na comunidade.

Nesse sentido, a Lei nº 11.977, de 2009, já estabelecia uma série de princípios e regras. Essa norma é considerada fundamental pelo fato de reconhecer nos assentamentos urbanos uma parte da cidade que deve ser regularizada e integrada à cidade formal, de maneira a revestir a ocupação de elementos essenciais à vida na cidade. Sua principal característica é flexibilizar padrões determinados por normas anteriores que impediam a regularização de assentamentos informais. Na verdade sua versatilidade se limitava a loteamentos consolidados antes da publicação da lei. Entre seus dispositivos havia a previsão de regularização por interesse social e por interesse específico, com grande favorecimento do primeiro, por ser o empregado para regularização de núcleos urbanos de populações de baixa renda. Também a demarcação urbanística ganhou notoriedade entre as formas de regularização ao lado da legitimação de posse com o usucapião administrativo. Todas essas formas passaram a ser amplamente empregadas antes da surpreendente MP.

No que tange ao marco regulatório ainda vigente e efetivamente à norma que deveria reger os loteamentos e parcelamentos, a Lei nº 6.766, de 1979, criticada pelo alto padrão imposto a loteamentos e parcelamentos, mantinha rígidos limites para a regularização de assentos informais, contém meios de regularização de áreas loteadas que não atenderam especificações normativas.

A Medida Provisória nº 759, encaminhada no dia 22 de dezembro de 2016, trouxe verdadeira celeuma em diversos setores, pois revogou parcela considerável da Lei nº 11.977, de 2009, sobretudo seu Capítulo III, que cuidava dos institutos mencionados e que estavam sendo aplicados com mais frequência no meio jurídico nacional. Sua redação pouco técnica e diante do desaparecimento de institutos valiosos como as zonas especiais de interesse social e a demarcação urbanística, grande número de juristas uniram-se para inviabilizar sua permanência como norma jurídica com eficácia imediata, tal como são todas as medidas provisórias. Várias ações diretas de inconstitucionalidade foram propostas com o objetivo de obstaculizar a aplicação imediata da Medida Provisória e evitar que se convertesse em uma lei que iria de encontro a normas constitucionais.

O art. 8º da MP nº 759, de 2016, tratou da regularização fundiária urbana, que posteriormente se converteu na Lei nº 13.459, de 2017. Aqui, buscar-se-á responder se a Lei nº 13.465, de 2017, atualmente vigente, é considerada de fato uma "transformação" da MP nº 759, de 2016, ou se se trata de norma inovadora. Como funcionam os atuais dispositivos resgatados da Medida Provisória e que atualmente servem para a regularização fundiária de núcleos urbanos informais? Há novos instrumentos capazes de viabilizar a regularização fundiária?

2. DA REGULARIZAÇÃO FUNDIÁRIA NO ESPAÇO URBANO

A Lei nº 13.465, de 2017, tem sido vista como útil aos propósitos da regularização fundiária. Da antiga Medida Provisória nº 759, de 2016, que a gerou, pouco restou. Essa foi transformada na norma vigente após as discussões incessantes com setores interessados e com a sociedade civil, que incluíram suas propostas. As omissões e as ausências de institutos constatadas em um primeiro momento, que tratavam de verdadeira ruptura com tudo o que se praticava em termos de regularização fundiária nacional, passaram a ser paulatinamente contemplados, em sua maioria, ao longo do processo legislativo que resultou na Lei nº 13.465, em 12 de julho de 2017.

Outra discussão resultante desta polêmica Medida Provisória foi também autorização para a alienação do patrimônio fundiário público, por meio do instituto da legitimação fundiária. É claro, também, que muitas das medidas de urbanização e adequação ambiental, bem como readequação social passaram despercebidos dos que a redigiram, corrigidas de alguma forma na redação final da Lei. A norma tem grande chance de permanecer vigente com algumas alterações pontuais, já que os bons institutos existentes foram mantidos e o programa não tem qualquer designação que o conecte a governos ou governantes.

Este trabalho empregará a metodologia bibliográfica e o método hipotético dedutivo para seu desenvolvimento, remarcando também alguns registros da realidade vertente em termos de regularização fundiária urbana. Aqui não se fará comentários acerca de outros assuntos que a lei remete, tal como a regularização fundiária na Amazônia ou, ainda, a regularização fundiária no meio rural.

1. Institutos da Lei

Um dos aspectos que vale a pena remarcar e que sofreu alterações a partir da Medida Provisória foi a ausência de um conceito do que seria a regularização fundiária. Para os moradores de imóveis irregulares, a indicação precisa do que é efetivamente a regularização fundiária é fundamental. A revogação expressa desse importante conceito além da omissão, proposital ou não, da Medida Provisória nº 759, de 2016, relativamente ao que seja efetivamente a regularização trata-se, sem dúvidas, de um pilar em que se pode consolidar a ocupação e dar garantia ao ocupante.

O conceito de regularização fundiária estabelecido por Betânia Alfonsin consiste no somatório de medidas jurídicas, ambientais e urbanísticas voltadas à integração do imóvel na cidade e estava consignado no art. 46 da Lei nº 11.977, de 2009, nos seguintes termos: "a propriedade urbana cumpre sua função social quando atende às exigências fundamentais de ordenação da cidade expressas no Plano Diretor, assegurando o atendimento das necessidades dos cidadãos quanto à qualidade de vida, justiça social e ao desenvolvimento das atividades econômicas"[1].

A autora segue em seu raciocínio inicialmente afirmando que, em princípio, no Brasil, adota-se uma perspectiva que estreita o instituto da regularização fundiária, pois lhe imprime um papel de mera regularização de lotes em nome dos moradores. Desta forma, o Poder Público teria o simples papel de garantir juridicamente o exercício da moradia. O processo jurídico se voltaria simplesmente para a forma a ser adotada a fim de regularizar a posse dos ocupantes, seja em propriedade ou em direito de uso, por meio do instrumento do usucapião urbano ou ainda do contrato de concessão do direito real de uso[2].

A regularização, como bem remarca o nome, é um mecanismo pelo qual se transforma a posse irregular em uma forma adequada de se manter a propriedade, de forma que seu titular se sinta como tal. Isso, nas palavras de Venício Antonio de Paula, ainda requer a conquista de outros atributos legais inerentes ao seu melhor uso e também à fruição. Aí também se inclui a urbanização com apropriada utilização social e financeira. Na opinião do autor, os mecanismos postos à disposição como prática instrumental apresentam entraves burocráticos e processuais que dificultam a obtenção de soluções[3].

Relativamente a esse processo, Benacchio e Cassetari afirmam que o reconhecimento do direito de propriedade a essas pessoas que care-

---

[1] BRASIL. Estatuto da Cidade. Lei nº 10.257, de 2001.

[2] ALFONSIN, Betânia. *O significado do Estatuto da Cidade para os processos de regularização fundiária no Brasil.* In: Regularização fundiária plena: referências conceituais, p. 68-98. Disponível em: <http://www.urbanismo.mppr.mp.br/arquivos/File/Livro_Regularizacao_Fundiaria_Plena_Referencias_Conceituais.pdf>. Acesso em: 10 set. 2018.

[3] SALLES, Venício de Paula. *Regularização fundiária: questões enfrentadas pelos grandes centros urbanos e dificuldades procedimentais na implementação de metas para a melhor organização das cidades.* In: Regularização fundiária plena: referências conceituais, p. 130-188. Disponível em: <http://www.urbanismo.mppr.mp.br/arquivos/File/Livro_Regularizacao_Fundiaria_Plena_Referencias_Conceituais.pdf>. Acesso em: 10 set. 2018.

2. DA REGULARIZAÇÃO FUNDIÁRIA NO ESPAÇO URBANO

cem do título do local que ocupam de forma irregular é uma importante medida e que materializa a necessidade de se ter a moradia adequada para muitas pessoas que por isso aguardavam. Indicam que esse passo deve ser tomado por toda a sociedade e que o Estado, sozinho, não seria capaz de viabilizar essa providência. Nesse sentido, a sociedade tem função cardeal no processo de regularização fundiária após a flexibilização jurídica capaz de reduzir o número de entraves para a concretização da propriedade nas mãos do ocupante[4].

Efetivamente, a regularização fundiária afigura-se como um conjunto de políticas do Poder Público destinadas a assentamentos em estado irregular, que confere aos seus ocupantes os títulos de propriedade, a fim de atingir a função social determinada constitucionalmente, em prol da dignidade humana[5].

No debate intenso articulado entre ativistas urbanistas e de outros setores na aprovação final de uma norma aceitável em termos fundiários, incluiu-se o art. 9º na Lei nº 13.465/2017, que lhe conferiu um conceito simplificado do que seria a regularização fundiária. Já se pode deduzir que o conceito não incorporou todos os elementos contidos na lei anterior, não obstante sua inserção tenha sido motivo de satisfação em vista do que se tinha publicado em termos de Medida Provisória.

2. Precedentes Normativos

A Constituição Federal vigente, em seus arts. 182 e 183, referiu-se as funções sociais da cidade e já indicava alguns institutos fundamentais relacionados à realização dessa função. Entre elas pode-se destacar a necessidade em se elaborar plano diretor municipal, questões relacionadas ao Parcelamento, Edificação e Utilização Compulsória (PEUC) e ao IPTU progressivo no tempo, à desapropriação com pagamento em títulos da dívida pública, à redução de tempo para a usucapião de área urbana de até $250m^2$, entre outros.

Posteriormente, com avanço considerável, o Estatuto da Cidade, Lei nº 10.257, de 2001, em seus diversos dispositivos, municiou as cidades

---

[4] BENACCHIO, Marcelo; CASSETARI, Denis. *Regularização fundiária urbana como efetivação do direito humano à moradia adequada.* Rio de Janeiro: Grupo Gen, 2014, p. 49-71.

[5] MAIA, Taciana Mara Corrêa; GONÇALVES, Vinicius de Almeida. *A usucapião administrativa como instrumento de efetivação da regularização fundiária.* Revista Jurídica, p. 35, 2013.

NOVOS PARADIGMAS DA REGULARIZAÇÃO FUNDIÁRIA URBANA

com institutos jurídicos para minorar problemas urbanos, proporcionar fórmulas capazes de solucionar a questão da habitabilidade local e desenvolvimento local e regional. Mais uma vez se destaca o avanço da regulamentação por meio dessa imprescindível norma aliada à Medida Provisória nº 2.220, de 2001, e à Lei nº 11.977, de 2009, buscando-se estabelecer a regulamentação fundiária. Além delas, devem-se considerar outros diplomas fundamentais: o Estatuto da Metrópole (Lei nº 13.089, de 2015), o que instituiu a Política Nacional de Proteção e Defesa Civil (Lei nº 12.608, de 2012) e, ainda, o que instituiu a Política Nacional de Mobilidade Urbana (Lei nº 12.587, de 2012)[6].

Outro objetivo que o Estatuto da Cidade , também, menciona, além da regularização fundiária, é a urbanização das áreas ocupadas por populações de baixa renda. Ambas as medidas estariam interligadas, pois se uma área é regularizada em termos de ocupação, deve ser também urbanizada, no sentido de que deve conter equipamentos urbanos adequados para o uso, por exemplo, saneamento básico, água, gás canalizado, entre outros[7].

Importante experiência a expor relacionada à reurbanização de áreas ocupadas por população de baixa renda pode ser dada no plano de urbanização da vila autódromo. Esse plano não contou apenas com a participação da municipalidade, mas também com a participação efetiva da coletividade envolvida. O plano inicialmente estabelecia a remoção da população para que, em um segundo momento, esta fosse novamente lá estabelecida. Esse caso é emblemático por se tratar de algo inovador e que contém a participação popular e qualificação do debate público--urbanístico. Segundo Allan Ramalho Ferreira, que expôs o trabalho em equipe de qualificação da cidade, os moradores dessa cidade são símbolos de força, competência e criatividade na proposição de uma cidade alternativa e plural[8].

Outra norma a ser considerada é a Lei nº 11.124, de 2005, que instituiu o Sistema Nacional de Habitação de Interesse Social (SNHIS), esta-

---

[6] SALEME, Edson Ricardo. *Comentários ao Estatuto da Cidade*. São Paulo: Arraes, 2018.

[7] CARVALHO FILHO, José dos Santos. *Comentários ao Estatuto da Cidade*. São Paulo: Atlas, 2014, p. 71-72.

[8] FERREIRA. Allan Ramalho. *O contraplanejamento popular a partir de uma construção freireana – o plano de urbanização da vila autódromo*. In: VIEIRA, Bruno Soeiro (Org.). Instrumentos urbanísticos e sua (in)efetividade. Rio de Janeiro: Lumen Juris, 2017, p. 1-22.

2. DA REGULARIZAÇÃO FUNDIÁRIA NO ESPAÇO URBANO

beleceu o Fundo Nacional de Habitação de Interesse Social (FNHIS) e instituiu o Conselho Gestor do FNHIS. O SNHIS centralizou todos os programas e projetos destinados à habitação de interesse social. Esse fundo teria por missão centralizar e gerenciar recursos orçamentários para seus respectivos programas com vistas à implementação de políticas habitacionais direcionadas à população de menor renda.

Essa norma é de importância cardeal, pois, além de ser o primeiro projeto de lei de iniciativa popular apresentado após a Constituinte, trata-se de um sistema nacional, descentralizado e democrático unificado de políticas de habitação social. Entre seus objetivos está, também, o fomento e a produção de habitação de qualidade para população de baixa renda por meio da ação combinada de seus diversos agentes promotores[9].

Seus objetivos são claros e definidos e um dos mais importantes é o apoio às cidades no que tange ao fomento e ao cumprimento da função social da cidade e da propriedade, definidas nos planos diretores municipais, ou normas municipais equivalentes.

3. Reurb-S e a Reurb-E

Doravante será analisado o novo marco legal, a Lei nº 13.465, de 2017, que substituiu conceitos existentes na política urbana. Aqui se pode mencionar a substituição do conceito de "assentamentos irregulares" por "núcleos urbanos" e a nova denominação de regularização fundiária de interesse social, que passa a ser Reurb-S, e a de interesse específico, que passa a ser chamada de Reurb-E. A Lei nº 13.465 também já nasce velha: ao tratar dos aspectos do Licenciamento Ambiental, a legislação cita um artigo do antigo Código Florestal, que já foi revogado.

O que se expõe na justificativa é que a Regularização Fundiária Urbana, consubstanciada na Reurb, é uma forma de ampliar o catálogo de ações do Governo Federal. Isso, além de viabilizar condições de segurança de moradia, também asseguraria condições de moradia com dignidade. Inicialmente, conceituou-se o que seriam núcleos urbanos, que poderiam situar-se não somente em áreas urbanas, mas também rurais.

---

[9] Polis, Instituto. Subsídios para a implementação do sistema nacional de Habitação de interesse social pelos Estados e Municípios visando a promoção do direito à moradia. Disponível em: <http://www.polis.org.br/uploads/955/955.pdf>. Acesso em: 10 out. 2018.

Nos termos indicados na mesma justificativa, a Lei nº 11.977, de 2009, autodenominada "Programa Minha Casa Minha Vida", no âmbito habitacional, indica que as demandas por políticas públicas do Governo Federal há muito concentraram-se na correção do déficit habitacional quantitativo, alcançado pelo programa Minha Casa Minha Vida. Outro programa mencionado foi o "Cartão Reforma" que também seria destinado à correção do déficit habitacional quantitativo[10].

Assim, de maneira a tornar viável a ocorrência do terceiro suporte do tripé em que se apoia a questão urbana fundamental, o reconhecimento pelo Poder Público das ocupações clandestinas e irregulares é fundamental. Assim, a Lei nº 11.977, de 2009, que teria nos arts. 46 a 71-A já tratado do tema, deveria ser substituída pelo outro modelo de Reurb introduzido pela nova norma. Outra justificativa oferecida para a proposição da norma seria de que os direitos reais titularizados permitiriam que os imóveis servissem de base para investimento do capital produtivo, pois assim poderiam ser oferecidos como garantia de operações de crédito. Além disso, trouxe justificativas inusitadas como o de que a identificação de núcleos urbanos informais inseriria o núcleo urbano no radar dos investimentos, de que aumentaria o patrimônio imobiliário do país com a arrecadação de tributos imobiliários, que ali se desenvolveria a moradia, a indústria e o comércio. Nesse sentido, o imóvel não registrado mitigaria direitos que garantiriam a cidadania aos ocupantes. Assim, a regularização fundiária dinamizaria a economia nacional e traria segurança e dignidade de moradia às cidades.

As ocupações podem ter diversas denominações: subnormais, irregulares, informais, ilegais ou mesmo precárias. Essas ocupações humanas, independentemente da designação que tenham, destinam-se à moradia de pessoas de baixa renda nas cidades. Elas podem ser provenientes de origens diversas ou mesmo abarcar situações peculiares, configurando-se de maneiras distintas pelas cidades do país: favelas, loteamentos irregulares ou clandestinos e cortiços.

Antes de fazer a distinção entre os tipos mais comuns dessas situações encontradas no Brasil, cabe esclarecer que aqui se optou pela ter-

---

[10] CONGRESSO NACIONAL. *Justificativa da MP 759, de 2016*. Mensagem nº 690 aos Senhores Membros do Congresso Nacional. Disponível em: <https://www.congressonacional.leg.br/materias/medidas-provisorias/-/mpv/127879>. Acesso em: 9 out. 2018.

2. DA REGULARIZAÇÃO FUNDIÁRIA NO ESPAÇO URBANO

minologia "assentamentos precários" para aglutinar essas espécies de irregularidades, em vez de "ocupações irregulares, ocupações informais, assentamentos ilegais ou assentamentos subnormais", conforme algumas reflexões apresentadas a seguir. Em que pese haver alguns questionamentos quanto ao uso da palavra "assentamento" para designar as várias espécies de ocupações urbanas com fins de moradia, por ser o termo "assentamento" mais apropriado às áreas já regulamentadas e regularizadas onde a população tem suas ocupações regularizadas pelas respectivas administrações que tem poder para tanto, observa-se que, na verdade, todos são sinônimos de áreas ocupadas pela população de baixa renda para fins de moradia e que não possuem o título aquisitivo, não obstante haja a respectiva posse.

A nova legislação é muito inovadora, conquanto queira colocar imóveis habitacionais no mercado imobiliário, tem um caráter que busca regularizar o que antes seria efetivamente improvável, pois propicia uma estabilidade jurídica para situações que sempre existiram e traz solução para grande parte dos casos pendentes. É possível afirmar que a Lei evoluiu e se tornou mais flexível, corrigindo distorções do passado. Os novos institutos devem gerar ajustes a serem estabelecidos para que situações antes consideradas incontornáveis, sob o ponto de vista aquisitivo, transformem-se em situações que a norma possa dar uma solução adequada e outorgar ao ocupante o título aquisitivo.

Conclusões

O processo de regularização fundiária no Brasil passou por diversas etapas e continua crescente em termos de adaptabilidade e modernização, inclusive com a participação popular em alguns processos de regularização. A Constituição Federal trouxe de forma inovadora capítulo sobre o ambiente urbano, nos arts. 182 e 183, com a indicação de que as cidades deveriam ter sua função social atrelada ao respectivo plano diretor. Importantes conceitos também são consignados nesses artigos a exemplo do PEUC, IPTU progressivo e desapropriação com pagamento por meio de TDP.

Nesse ambiente, surge o Estatuto da Cidade, Lei nº 10.257, de 2001, norma com conceitos inovadores e muitos institutos extremamente úteis às cidades em termos de busca pela sustentabilidade e adequação aos novos padrões existentes. Essa norma já indicou mecanismos de regularização fundiária e a regularização fundiária, introduzida pela Lei nº 11.977/2009 e que agora avança com a Lei nº 13.465/2017 e o Decreto nº 9.310/2018, deve contribuir para minimizar parte do problema existente em termos de regularização de ocupações e outorga de títulos aos ocupantes. Os problemas se iniciaram com o êxodo rural e seguiram na falta de fiscalização e repreensão necessárias pelos órgãos públicos que permitiram a multiplicação da informalidade ora existente. O que se observa é que o tema tem estado na pauta de governo após governo e nenhum deles buscou solução adequada ao tema. O marco regulatório estabelecido por meio da Lei nº 11.977/2009, sobretudo por meio dos institutos da demarcação urbanística e da legitimação de posse, que recentemente receberam novas estruturas pela Lei nº 13.465/2017, deu maior segurança para que se proceda à regularização possível.

A Medida Provisória nº 759, de 2016, não se transformou na nova lei. O que ocorreu com o advento da Lei nº 13.465, de 2017, foi a implementação de um novo marco regulatório com capacidade muito mais avançada que a norma anterior, Lei nº 11.977, de 2011. Os institutos resgatados da Medida Provisória e que ela revogou foram, na verdade, retomados. Pode-se afirmar que houve a repristinação, por exemplo, do fundamental instituto da demarcação urbanística, excluído do texto original da MP.

Diante do quadro que se apresente em termos de governos que se sucedem, é possível afirmar que os marcos regulatórios se transformaram em normas temporais, que estabelecem a regularização de determinadas situações que se apresentam mais frequentes. O que fica claro é que não se pode entender a regularização fundiária como uma norma a ser aplicada a fatos futuros, pois estes certamente devem ser tratados com ilícitos e corrigidos pela autoridade existente.

Deve-se, portanto, evitar a informalidade de todas as formas. Porém, as autoridades investidas não podem se olvidar das pessoas de baixa renda, que não possuem formas de acessar moradias e estariam impedidas de gozar da dignidade existencial estabelecida constitucionalmente. Talvez políticas públicas acertadas e uma melhor estrutura educacional possam reduzir a situação que grassa com a continuidade e o aumento das classes de baixa renda.

O que se deve deixar claro é que a regularização fundiária existe e deve ser aplicada em casos concretos. A Lei nº 13.465, de 2017, permite a regularização de quase todas as formas de ocupação. Por meio dela é possível que o ocupante regularize o imóvel pelo registro daquele que ocupa no registro imobiliário e os municípios devem ficar atentos ao possível aumento de ocupações, evitando irregularidades e mantendo sua atenção no cumprimento das normas ambientais e urbanísticas.

Referências

ALFONSIN, Betânia, "O significado do Estatuto da Cidade para os processos de regularização fundiária no Brasil", in *Regularização fundiária plena*: referências conceituais. Disponível em <http://www.urbanismo.mppr.mp.br/arquivos/File/Livro_Regularizacao_Fundiaria_Plena_Referencias_Conceituais.pdf>. Acesso em: 10 set. 2018.

BENACCHIO, Marcelo, CASSETARI, Denis, *Regularização fundiária urbana como efetivação do direito humano à moradia adequada*, Rio de Janeiro, Grupo Gen, 2014, p. 49-71.

BRASIL, Lei nº 11.773, de 2009, Programa Minha Casa Minha Vida.

CARVALHO FILHO, José dos Santos, *Comentários ao Estatuto da Cidade*, São Paulo, Atlas, 2014.

FERREIRA, Allan Ramalho, "O contraplanejamento popular a partir de uma construção freireana – o plano de urbanização da vila autódromo", in VIEIRA, Bruno Soeiro (Org.), *Instrumentos urbanísticos e sua (in)efetividade*, Rio de Janeiro, Lumen Juris, 2017, p. 1-22.

MAIA, Taciana Mara Corrêa, GONÇALVES, Vinicius de Almeida, "A usucapião administrativa como instrumento de efetivação da regularização fundiária", *Revista Jurídica*, Dourados (MS), v. 15, nº 29, 2013, p. 35.

POLIS, Instituto, Subsídios para a implementação do sistema nacional de Habitação de interesse social pelos Estados e Municípios visando a promoção do direito à moradia. Disponível em: <http://www.polis.org.br/uploads/955/955.pdf>. Acesso em: 10 out. 2018.

SALEME, Edson Ricardo, *Comentários ao Estatuto da Cidade*, Belo Horizonte, Arraes, 2018.

SALLES, Venício de Paula, "Regularização fundiária: questões enfrentadas pelo grandes centros urbanos e dificuldades procedimentais na implementação de metas para a melhor organização das cidades", in *Regularização fundiária plena*: referências conceituais. Disponível em: <http://www.urbanismo.mppr.mp.br/arquivos/File/Livro_Regularizacao_Fundiaria_Plena_Referencias_Conceituais.pdf>. Acesso em: 10 set. 2018.

3. Regularização Fundiária Urbana em Áreas Ambientalmente Protegidas

LUIS FELIPE TEGON CERQUEIRA LEITE

Introdução

As características da ocupação do solo no Brasil, desde o início de nossa história, repercutiram na produção do espaço urbano, marcado pela dificuldade de acesso da população em geral à moradia regularizada.

Com o processo inexorável de urbanização, ocorreu a proliferação dos assentamentos informais no solo urbano (loteamentos clandestinos e irregulares, ocupações espontâneas, favelas, cortiços), levando à contraposição entre "cidade formal" e "cidade informal" – aquela, habitada por pequena parcela da população com recursos para pagar pelo alto valor da terra urbanizada; esta, habitada por um enorme contingente de desfavorecidos.

Enquanto o problema ficava circunscrito às grandes cidades e a porções muito específicas do território, não houve grande preocupação política em dar uma solução. Ao contrário, a postura do poder público foi de simplesmente ignorar tais ocupações. No entanto, com o crescimento da população desses assentamentos, o maior grau de mobilização política e os novos ares institucionais trazidos pela Constituição de 1988, aos poucos os olhos do poder público foram se abrindo para a construção de políticas públicas voltadas à regularização dessas ocupações.

De início, a regularização era parcial, mais voltada à realização de obras de urbanização, no sentido de conferir maior bem-estar aos moradores, levando infraestrutura urbana e alguns serviços públicos. Não havia, contudo, a incorporação dessas ações numa política de Estado. Com isso, não se garantia a continuidade das intervenções.

O amadurecimento se deu a partir do momento em que se firmou uma política de Estado que entendesse a regularização fundiária como direito, indo além das meras obras de urbanização, para conferir moradia verdadeiramente digna.

Nesse sentido, o Estatuto da Cidade (Lei nº 10.257/2001) previu a regularização fundiária tanto como uma diretriz da política urbana (art. 2º, XIV) quanto como um de seus instrumentos (art. 4º, V, "q").

A Lei nº 11.977/2009 – conhecida pela criação do Programa Minha Casa Minha Vida, que financia a aquisição, a produção ou a reforma de imóveis urbanos ou rurais por população de baixa renda – é um marco fundamental e paradigmático para a nova fase, segundo a qual esses assentamentos informais são aceitos como parte indissociável da cidade e, por isso, a esta precisam estar integrados, conferindo concretude aos objetivos constitucionais de reduzir as desigualdades sociais e promover o bem de todos.

Assim, se antes da referida lei a regularização dos assentamentos informais era analisada apenas com base na Lei nº 6.766/79[1], a partir de então são introduzidos novos parâmetros para permitir o reconhecimento jurídico dessas formas de ocupação do solo, chancelando situações de fato consolidadas, sem olvidar da necessidade de o Município atuar eficazmente em seu território para evitar o surgimento de novas ocupações informais.

A regularização fundiária, portanto, passou a ser entendida no contexto maior de respeito aos direitos humanos, na medida em que importa na concretização do direito à moradia adequada[2]. Ou seja, não

---

[1] A regularização de parcelamentos do solo clandestinos ou irregulares era mencionada brevemente nos arts. 38, 40 e 41 da Lei nº 6.766/79, sem, contudo, estabelecer parâmetros urbanísticos diferenciados para a regularização. Ou seja, a regularização nada mais era que o cumprimento, *a posteriori*, de todas as regras para o parcelamento do solo. Por óbvio, pouquíssima efetividade teve esse tipo de regularização.

[2] Sobre moradia adequada, *vide* o Comentário Geral nº 4, do Comitê de Direitos Econômicos, Sociais e Culturais (Disponível em: <http://tbinternet.ohchr.org/_layouts/treatybodyexternal/TBSearch.aspx?Lang=en&TreatyID=9&DocTypeID=11>. Acesso em: 24 out. 2018). O Comitê tem por escopo a verificação do cumprimento do Pacto Internacional Sobre os Direitos Econômicos, Sociais e Culturais (integrado ao ordenamento jurídico bra-

3. REGULARIZAÇÃO FUNDIÁRIA URBANA EM ÁREAS AMBIENTALMENTE PROTEGIDAS

se trata simplesmente de uma questão técnica de atendimento a padrões urbanísticos e ambientais, mas do reconhecimento de que pessoas precisam ter um lugar adequado para morar e, bem por isso, há necessidade de flexibilização das normas jurídicas para a integração dos núcleos habitacionais à legalidade, conferindo segurança jurídica aos seus moradores.

Assim, diante de ocupações em áreas ambientalmente protegidas, é preciso compreender que o equilíbrio entre o direito ao meio ambiente e o direito à moradia leva à adoção de regras diferenciadas que, se de um lado exigem alguma contrapartida ambiental, de outro reconhecem a ocupação daquele espaço como um dado inexorável à dinâmica do desenvolvimento das cidades. Não se trata, pois, de se privilegiar um ou outro direito – até porque, enquanto direitos fundamentais, devem ser igualmente respeitados –, mas de se buscar sua harmonização.

Após alguns anos de exitosas experiências com a Lei nº 11.977/2009, em 2016 sobreveio significativa mudança legislativa, com a edição da Medida Provisória nº 759, de 22 de dezembro de 2016, que revogou toda a disciplina da regularização fundiária prevista na Lei nº 11.977/2009. Com algumas alterações, a Medida Provisória foi convertida na Lei nº 13.465/2017, que, atualmente, é o marco normativo da regularização fundiária[3].

Conforme definido no art. 9º da Lei nº 13.465/2017[4], a regularização fundiária tem quatro dimensões: jurídica, urbanística, ambiental e social. Diz-se, portanto, que se trata de regularização fundiária integral: abrange a dotação de toda a infraestrutura urbana correlata (como água,

---

sileiro pelo Decreto nº 591, de 6 de julho de 1992) pelos Estados-parte. Além disso, por seus Comentários Gerais, explicita o conteúdo das cláusulas, em atividade interpretativa, que pode nortear a ação dos Estados.

[3] Segundo a ementa, a lei dispõe sobre a regularização fundiária rural e urbana, sobre a liquidação de créditos concedidos aos assentados da reforma agrária e sobre a regularização fundiária no âmbito da Amazônia Legal, institui mecanismos para aprimorar a eficiência dos procedimentos de alienação de imóveis da União, e dá outras providências. O foco deste estudo é a regularização fundiária *urbana*.

[4] "Ficam instituídas no território nacional normas gerais e procedimentos aplicáveis à Regularização Fundiária Urbana (Reurb), a qual abrange medidas jurídicas, urbanísticas, ambientais e sociais destinadas à incorporação dos núcleos urbanos informais ao ordenamento territorial urbano e à titulação de seus ocupantes".

esgoto, iluminação pública, drenagem das águas pluviais e vias de circulação) e dos serviços públicos essenciais (como saúde, educação e transporte); o respeito ao meio ambiente; medidas de natureza social para superação da pobreza e da desigualdade social; e, finalmente, a titulação dos ocupantes.

Veja-se que tal definição atende plenamente ao disposto no art. 182, *caput*, da Constituição Federal, que estabelece os vetores para a política de desenvolvimento urbano: atendimento às funções sociais da cidade e garantia do bem-estar de seus habitantes.

Com foco nas questões ambientais que a regularização fundiária urbana suscita, podemos afirmar que a nova disciplina legal não trouxe grandes modificações, esclarecendo alguns pontos que antes eram objeto de controvérsia. Assim, se houve ampliação dos assentamentos passíveis de regularização, mantiveram-se as disposições sobre a necessidade de estudos técnicos ambientais criteriosos a demonstrar a vantagem da regularização sobre a situação de irregularidade anterior, deixando expresso que a disciplina respectiva se aplica a Unidades de Conservação, Áreas de Preservação Permanente e Áreas de Proteção a Mananciais. Ainda, aclarou-se a competência do Município para análise e aprovação do estudo técnico ambiental.

O art. 12, § 2º, da Lei nº 13.465/2017 permite a regularização fundiária de assentamentos urbanos informais situados, total ou parcialmente, em Unidades de Conservação de Uso Sustentável, Áreas de Preservação Permanente e Áreas de Proteção a Mananciais definidas pela União, pelos Estados ou pelos Municípios. A seguir, analisaremos os aspectos comuns e específicos da regularização fundiária urbana nessas categorias de áreas especialmente protegidas.

1. Áreas Especialmente Protegidas

Dispõe o art. 225, § 1º, III, da Constituição Federal que incumbe ao Poder Público "definir, em todas as unidades da Federação, espaços territoriais e seus componentes a serem especialmente protegidos, sendo a alteração e a supressão permitidas somente através de lei, vedada qualquer utilização que comprometa a integridade dos atributos que justifiquem sua proteção".

A proteção especial a determinadas áreas se justifica pela necessidade de preservação dos meios e recursos necessários à reprodução dos proces-

3. REGULARIZAÇÃO FUNDIÁRIA URBANA EM ÁREAS AMBIENTALMENTE PROTEGIDAS

sos ecológicos essenciais nesses espaços. A vegetação tem especial proteção porque ela é fundamental para a manutenção de todas as demais funções ecológicas ali: os recursos hídricos, a fauna, o solo. A proteção especial é conferida segundo uma visão do todo: o espaço é protegido não somente em razão da particularidade de um espécime, mas também em razão do processo ecológico que aquele todo representa.

No entanto, é importante frisar que a instituição de área especialmente protegida não significa que, para as demais, é permitido degradar o meio ambiente. A proteção ao meio ambiente é um dever do Estado e da coletividade, conforme preceitua o art. 225, *caput*, da Constituição Federal, havendo uma responsabilidade intergeracional (presentes e futuras gerações) nesse sentido, como condição de sobrevivência da própria espécie humana.

A utilização dos espaços especialmente protegidos não é necessariamente vedada pela Constituição. Deve haver compatibilidade dos usos possíveis à manutenção dos atributos que justificaram a proteção. As leis, ao especificarem o regime jurídico desses espaços, cuidarão de disciplinar os usos possíveis ou mesmo de proibir qualquer forma de utilização.

Dentre os regimes jurídicos de áreas especialmente protegidas, destacaremos as Unidades de Conservação (UC), as Áreas de Preservação Permanente (APP) e as Áreas de Proteção a Mananciais (APM), que foram expressamente referidas no âmbito da regularização fundiária urbana.

2. A Regularização Fundiária nas Unidades de Conservação

A Lei nº 9.985/2000 criou o Sistema Nacional de Unidades de Conservação, atendendo a uma necessidade de planejamento ao sistematizar todas as modalidades de Unidades de Conservação, seus objetivos e possibilidades de uso. O Sistema é composto por todas as Unidades de Conservação existentes nas três esferas da federação.

A Unidade de Conservação é definida como: "espaço territorial e seus recursos ambientais, incluindo as águas jurisdicionais, com características naturais relevantes, legalmente instituído pelo Poder Público, com objetivos de conservação e limites definidos, sob regime especial de administração, ao qual se aplicam garantias adequadas de proteção" (art. 2º, I, da Lei nº 9.985/2000).

NOVOS PARADIGMAS DA REGULARIZAÇÃO FUNDIÁRIA URBANA

Como o próprio nome indica, o objetivo maior das Unidades de Conservação é a preservação do espaço, havendo a classificação dessas unidades em função de menor ou maior possibilidade de sua utilização – que sempre deve garantir a manutenção dos seus atributos naturais que determinaram a proteção especial.

Assim, nas Unidades de Conservação de Proteção Integral, procura--se basicamente proteger a natureza, por isso as possibilidades de atividades humanas são muito restritas. Já nas Unidades de Conservação de Uso Sustentável, há maiores possibilidades para o desenvolvimento de atividades, até mesmo econômicas, buscando-se uma compatibilização com a proteção dos recursos naturais.

Bem por isso, a regularização fundiária – que implica uma atividade humana perene, na medida em que há gente morando no local – somente é possível nas Unidades de Conservação de Uso Sustentável (art. 12, § 1º, da Lei nº 13.465/2017). A lei anterior dispunha da mesma maneira (art. 53, § 3º, da Lei nº 11.977/2009).

A permanência da ocupação dessas áreas deve, necessariamente, se compatibilizar aos objetivos de instituição da Unidade de Conservação. Trata-se de mandamento constitucional e não poderia a lei dispor de modo diverso. Caso, entretanto, a ocupação tenha um grau de consolidação tamanho que desnature por completo a proteção especial, será caso de supressão dessa área ocupada dos limites da Unidade de Conservação, o que somente pode ser feito por lei em sentido estrito, emanada do ente instituidor da unidade.

Um grande avanço da Lei nº 13.465/2017 foi explicitar que, para a regularização fundiária nas Unidades de Conservação, deve ser elaborado estudo técnico que comprove "que essas intervenções de regularização fundiária implicam a melhoria das condições ambientais em relação à situação de ocupação informal anterior" (art. 12, § 3º), fazendo remissão à disciplina existente na lei ambiental (Lei nº 12.651/2012) para a regularização fundiária em Áreas de Preservação Permanente. A lei anterior era omissa; embora permitisse a regularização fundiária, não apresentava parâmetros mínimos para sua efetivação, o que ficava exclusivamente submetido à disciplina do Plano de Manejo[5] ou, even-

---

[5] Trata-se de "documento técnico mediante o qual, com fundamento nos objetivos gerais de uma unidade de conservação, se estabelece o seu zoneamento e as normas que devem

62

3. REGULARIZAÇÃO FUNDIÁRIA URBANA EM ÁREAS AMBIENTALMENTE PROTEGIDAS

tualmente, de normas do Conselho Nacional do Meio Ambiente ou dos Conselhos Estaduais do Meio Ambiente.

De qualquer forma, a regularização fundiária deve estar prevista no Plano de Manejo da Unidade, estabelecendo hipóteses e procedimentos adicionais. Além disso, a própria Lei nº 13.465/2017 exige a anuência do órgão gestor (art. 12, § 3º), que deve ter, portanto, extrema responsabilidade nessa decisão, cabendo-lhe zelar pela manutenção dos atributos naturais que justificam a especial proteção.

Lembremos que a regularização fundiária tem por objeto ocupações com características urbanas[6]. A depender da fisionomia do local, não identificaremos essas características, o que será motivo para que a regularização não ocorra.

No tocante à ocupação por populações tradicionais, é preciso fazer uma observação. Como a Lei nº 9.985/2000 admite sua permanência em Unidades de Conservação de Uso Sustentável[7], não necessariamente haverá regularização fundiária integral (que implica urbanização). Em outras palavras, o modo de vida da população tradicional pode fazer com que a permanência no local ocorra de modo diverso daquele existente no meio urbano, o que demandará o adequado tratamento pelo Plano de

---

presidir o uso da área e o manejo dos recursos naturais, inclusive a implantação das estruturas físicas necessárias à gestão da unidade" (art. 2º, XVII, da Lei nº 9.985/2000). O Plano de Manejo deve ser elaborado pelo poder público responsável pela instituição da Unidade de Conservação, no prazo de até 5 anos, contados de sua criação (art. 27, § 3º, da Lei nº 9.985/2000).

[6] A definição legal do instituto se refere a núcleo urbano, isto é, assentamento humano, com uso e características urbanas (art. 11, I e II, da Lei nº 13.465/2017).

[7] "As populações tradicionais residentes em unidades de conservação nas quais sua permanência não seja permitida serão indenizadas ou compensadas pelas benfeitorias existentes e devidamente realocadas pelo Poder Público, em local e condições acordados entre as partes" (art. 42, *caput*). Assim, garante-se o direito à moradia de tais populações, que gozam de prioridade em programas governamentais (art. 42, § 1º). Até que seja feita essa realocação, a Lei nº 9.985/2000 garante a permanência, devendo ser "estabelecidas normas e ações específicas destinadas a compatibilizar a presença das populações tradicionais residentes com os objetivos da unidade, sem prejuízo dos modos de vida, das fontes de subsistência e dos locais de moradia destas populações, assegurando-se a sua participação na elaboração das referidas normas e ações" (art. 42, § 2º). Tais dispositivos são bastante curiosos. Ora, se se trata de população tradicional, que tem seu modo de vida integrado harmonicamente ao espaço natural, qual seria o sentido em alijá-la dali?

NOVOS PARADIGMAS DA REGULARIZAÇÃO FUNDIÁRIA URBANA

Manejo, aproveitando-se apenas alguns institutos da Lei nº 13.465/2017 que não levem à perda de identidade do espaço que é tradicionalmente ocupado.

De qualquer forma, se cabível a regularização fundiária de população tradicional residente em Unidades de Conservação, deve-se observar a disciplina geral da Lei nº 13.465/2017, isto é, somente pode ocorrer em Unidades de Conservação de Uso Sustentável, mediante estudo técnico que indique a pertinência dessa ocupação com a proteção ambiental – o que, naturalmente, tende a ocorrer, na medida em que tais populações têm seu modo de vida integrado harmonicamente com a natureza. Justamente por isso, nas unidades em que se identificar população tradicional, o Plano de Manejo deve ser muito minudente para que a regularização não seja uma forma de alterar seu modo de vida.

3. A Regularização Fundiária nas Áreas de Preservação Permanente

A Área de Preservação Permanente (APP) é assim definida pelo art. 3º, II, da Lei nº 12.651/2012[8]: "área protegida, coberta ou não por vegetação nativa, com a função ambiental de preservar os recursos hídricos, a paisagem, a estabilidade geológica e a biodiversidade, facilitar o fluxo gênico de fauna e flora, proteger o solo e assegurar o bem-estar das populações humanas". Existe tanto em área rural quanto em área urbana (art. 4º, *caput*, da Lei nº 12.651/2012)[9].

Como regra, a APP existe para ser protegida e conservada, não para utilização (art. 7º, § 1º, da Lei nº 12.651/2012)[10]. Excepcionalmente, é permitido o uso econômico (art. 8º da mesma lei) nos casos de: utilidade pública, interesse social e baixo impacto ambiental (as hipóteses são tratadas, respectivamente, nos incisos VIII, IX e X do art. 3º da Lei nº

---

[8] A Lei nº 12.651/2012, segundo sua ementa, dispõe sobre a proteção da vegetação nativa, por isso é normalmente referida como Código Florestal. O diploma substituiu a Lei nº 4.771/65, que era expressamente denominada de "Código Florestal".

[9] Sob a vigência do Código Florestal de 1965, havia controvérsia quanto à aplicação do regime da APP em área urbana. A lei de 2012 espancou as dúvidas.

[10] Se houver degradação, surge a obrigação de reparar o dano. Essa responsabilidade é: (i) objetiva (independe de prova da culpa, basta o nexo causal); (ii) *propter rem* (acompanha a coisa; quem adquire uma propriedade com passivo ambiental passa a responder pela obrigação); (iii) compete tanto ao proprietário quanto ao possuidor ou ocupante a qualquer título; (iv) solidária.

3. REGULARIZAÇÃO FUNDIÁRIA URBANA EM ÁREAS AMBIENTALMENTE PROTEGIDAS

12.651/2012). Essas situações devem ser demonstradas ao órgão licenciador, que definirá, em cada caso, as medidas reparatórias mais adequadas.

A Lei nº 12.651/2012 se refere à regularização fundiária de assentamentos humanos ocupados predominantemente por população de baixa renda em áreas urbanas consolidadas como hipótese de interesse social a autorizar intervenção em APP (art. 3º, IX, "d").

Embora não se tratasse, necessariamente, de nova intervenção[11], a Lei nº 12.651/2012 equiparou a regularização fundiária ao regime de autorização de intervenções em APP, ou seja, somente seria possível a ocupação de APP na regularização fundiária em área urbana consolidada e tendo por beneficiária a população de baixa renda ali residente.

Deve-se lembrar que, à época em que veio a lume a Lei nº 12.651/2012, a regularização fundiária urbana era regida pela Lei nº 11.977/2009 (revogada nesse ponto pela Lei nº 13.651/2017). O conceito de área urbana consolidada referido na Lei nº 12.651/2012 era dado, pois, pela Lei nº 11.977/2009[12].

Com relação à população de baixa renda, o requisito limitava a incidência da regularização fundiária de interesse específico, eis que, na maior parte dos casos, havendo população de baixa renda, seria hipótese de regularização por interesse social[13].

---

[11] A existência de assentamento urbano informal em APP é um dado fático. Portanto, há uma diferença substancial em relação às atividades que, mediante prévio licenciamento, implicam supressão de APP. A disciplina de autorizações de intervenção em APP é estruturada num modelo de atuação estatal preventiva.

[12] "Área urbana consolidada: parcela da área urbana com densidade demográfica superior a 50 (cinquenta) habitantes por hectare e malha viária implantada e que tenha, no mínimo, 2 (dois) dos seguintes equipamentos de infraestrutura urbana implantados: a) drenagem de águas pluviais urbanas; b) esgotamento sanitário; c) abastecimento de água potável; d) distribuição de energia elétrica; ou e) limpeza urbana, coleta e manejo de resíduos sólidos" (art. 47, II, da Lei nº 11.977/2009).

[13] A Lei nº 11.977/2009 fazia a distinção entre regularização fundiária de interesse social e de interesse específico. Aquela, se aplicava aos assentamentos ocupados predominantemente por população de baixa renda, nos casos de área ocupada, de forma mansa e pacífica, há, pelo menos, 5 (cinco) anos, ou de imóveis situados em ZEIS, ou de áreas da União, dos Estados, do Distrito Federal e dos Municípios declaradas de interesse para implantação de projetos de regularização fundiária de interesse social (art. 47, VII); esta se aplicava aos demais casos.

Isso levava a uma situação bastante peculiar. Embora a Lei nº 12.651/2012 permitisse a regularização fundiária de interesse específico, somente entendia possível a regularização em APP dos assentamentos ocupados por *população de baixa renda*, o que justamente caracterizava a regularização por interesse social. Isso autorizava duas conclusões: ou a regularização de interesse específico somente poderia abranger os núcleos de baixa renda que não fossem caracterizados como de interesse social (em razão da ausência de outros requisitos que então eram previstos na Lei nº 11.977/2009), ou a regularização de interesse específico escaparia do regime de autorização de intervenção de APP, que sempre teria que ser restaurada. Parecia ser a primeira opção, uma vez que o art. 65, § 1º, VII, da Lei nº 12.651/2012 (tratando da regularização fundiária de interesse específico) mencionava APP "não passível de regularização", indicando que haveria APP, no interesse específico, em que a ocupação se revelaria "passível de regularização". A Lei nº 11.977/2009 não resolvia a questão pela especialidade, pois remetia a disciplina da ocupação de APP, na hipótese de regularização por interesse específico, à legislação ambiental (art. 61, § 1º, da Lei nº 11.977/2009).

Com o advento da Lei nº 13.465/2017, embora não tenha havido a revogação expressa do dispositivo da Lei nº 12.651/2012 que conceitua a regularização fundiária dentro das hipóteses de interesse social, promoveu-se a sua revogação tácita, na medida em que a regularização fundiária em geral passou a ser admitida em APP, sem aquelas condicionantes de ser beneficiária população de baixa renda e de estar a ocupação em área urbana consolidada, nos termos amplos do art. 11, § 2º, da Lei nº 13.465/2017, que também alterou os arts. 64 e 65 do Código Florestal para adequação à nova proposta de regularização fundiária. Ocorreu, portanto, um "deslize" legislativo ao não se alterar o dispositivo que tratava do conceito de regularização fundiária (art. 3º, IX, "d", da Lei nº 12.651/2012).

Portanto, a disciplina atual é clara quanto a ampla possibilidade de regularização fundiária em APP tanto no caso de interesse social quanto no caso de interesse específico, de sorte que não somente os assentamentos ocupados por população de baixa renda serão passíveis de regularização em APP.

Da mesma forma como nas Unidades de Conservação, a regularização fundiária em APP somente será possível mediante estudos técnicos

3. REGULARIZAÇÃO FUNDIÁRIA URBANA EM ÁREAS AMBIENTALMENTE PROTEGIDAS

"que justifiquem as melhorias ambientais em relação à situação de ocupação informal anterior, inclusive por meio de compensações ambientais, quando for o caso" (art. 11, § 2º, da Lei nº 13.465/2017).

4. A Regularização Fundiária em Áreas de Proteção a Mananciais

As Áreas de Proteção a Mananciais (APM) têm a razão para especial proteção em função da segurança hídrica. Sem prejuízo das APP que eventualmente existam ao redor de nascentes e cursos d'água, as APM têm um campo de atuação mais amplo, pois regulam o uso e a ocupação do solo na região, com parâmetros urbanísticos específicos e interdição a determinadas atividades.

Normalmente, tais áreas são estabelecidas pelos Estados-membros, havendo o aspecto regional ligado aos recursos hídricos de acordo com a situação existente no Estado[14]. Nada impede que os outros entes federativos instituam tais áreas, observando-se, no caso municipal, a existência de interesse predominantemente local.

No Estado de São Paulo, por exemplo, essas leis fazem menção a requisitos específicos para a regularização fundiária, que, por isso, tem procedimento mais complexo que aquele delineado pela Lei nº 13.465/2017.

Não há conflito, nesse ponto, das leis estaduais com a lei federal, lembrando que tanto a União como os Estados possuem competência constitucional para legislar sobre proteção ao meio ambiente (art. 24, VI) e para desempenhar ações no tocante à proteção ao meio ambiente (art. 23, VI)[15]. Competindo à lei federal o estabelecimento de normas gerais

---

[14] No Estado de São Paulo, podemos citar o seguinte arcabouço legislativo básico das Áreas de Proteção a Mananciais: Leis nº 898/75, 1.172/76, 9.866/97, 12.233/2006, 13.579/2009, 15.790/2015, 15.913/2015 e 16.568/2017.

[15] O estabelecimento de uma federação impõe a repartição de competências entre os entes. No modelo adotado no Brasil, chamado de federalismo de cooperação, há relevância das matérias que, em diferentes extensões, podem ser tratadas por todos os entes, que devem se pautar pela harmonia no exercício dessas competências. Sem prejuízo, há enumeração de matérias próprias da União e dos Municípios, remanescendo aos Estados competências residuais, isto é, não contempladas expressamente para os outros entes. No tocante à *elaboração das leis*, a Constituição Federal, em seu art. 24, prevê a competência concorrente da União, dos Estados e do Distrito Federal em matéria urbanística e ambiental. Nesses casos, compete à União estabelecer normas gerais e aos Estados e ao Distrito Federal suplementá-las em função das peculiaridades regionais. Não havendo legislação federal, a competência

NOVOS PARADIGMAS DA REGULARIZAÇÃO FUNDIÁRIA URBANA

(padrão mínimo de proteção), os Estados-membros podem estabelecer parâmetros ambientais mais rígidos[16], desde que haja espaço normativo para a suplementação[17]. Assim, nenhum problema há quanto ao procedimento ser mais complexo quando a regularização fundiária envolver ocupação de APM.

Com relação aos requisitos para a regularização, também são estabelecidos na legislação própria que criou cada APM. Tais leis normalmente exigem a compensação ambiental, a ser objeto de análise pelo órgão ambiental competente. O parâmetro para as compensações é semelhante ao mencionado na Lei nº 13.465/2017: haver ganhos ambientais, em especial para a segurança hídrica, com a regularização em relação à situação anterior de irregularidade.

Frise-se que, enquanto norma geral, a Lei nº 13.465/2017 estabelece os requisitos mínimos de proteção, não podendo ser diminuídos pela eventual legislação do Estado-membro. Assim, na ausência de disciplina específica para a regularização fundiária em APM, deve-se aplicar a Lei nº 13.465/2017 e, eventualmente, a legislação de uso e ocupação do solo do ente municipal.

legislativa é plena (diz-se competência supletiva). A superveniência da lei federal suspende a eficácia da lei estadual no que lhe for contrária. No tocante aos Municípios, o critério adotado pela Constituição Federal para o estabelecimento de competências é o interesse predominantemente local (art. 30, I), destacando-se a menção expressa à competência de promover, no que couber, adequado ordenamento territorial, mediante planejamento e controle do uso, do parcelamento e da ocupação do solo urbano (art. 30, VIII). Ainda, a Constituição Federal faz o elenco de determinadas *atividades* que podem ser executadas em comum pelos entes da Federação, destacando-se a proteção ao meio ambiente e o combate à poluição e preservar as florestas, a fauna e a flora (art. 23, VI e VII).

[16] Em matéria ambiental e urbanística, é muito comum que Estados e Municípios legislem impondo parâmetros mais rígidos de proteção. Por exemplo: pela legislação federal, o parâmetro para se medir poluição é (x); o Estado legisla e estabelece esse parâmetro como (x+1). Embora a Lei fosse suficiente, por si, para regular totalmente a situação, é legítima a disposição da norma estadual, para atender ao interesse regional. Assim, diz-se que a norma federal estabelece os parâmetros mínimos de proteção, podendo a legislação suplementar estabelecer padrões mais rígidos, desde que não importe em inviabilização do exercício de atividade.

[17] Evidentemente, se a norma geral regular inteiramente a matéria, não deixando nenhum espaço para suplementação, não haverá competência a desempenhar pelos Estados-membros, havendo que se analisar com muita cautela o advento de legislação estadual com a finalidade de atender a peculiaridades regionais.

3. REGULARIZAÇÃO FUNDIÁRIA URBANA EM ÁREAS AMBIENTALMENTE PROTEGIDAS

5. O Estudo Técnico Ambiental na Regularização Fundiária em Unidades de Conservação, Áreas de Preservação Permanente e Áreas de Proteção a Mananciais

O art. 11, § 2º, da Lei nº 13.465/2017 prevê a possibilidade de regularização fundiária em UC, APP e APM, mediante a elaboração de estudos técnicos. Vale mencionar que a legislação atual é expressa quanto à aplicação da disciplina do estudo técnico ambiental tanto para Unidades de Conservação quanto para Áreas de Preservação Permanente e Áreas de Proteção a Mananciais. A Lei nº 11.977/2009, embora admitisse a regularização fundiária em Unidades de Conservação, a esta não se referia na disciplina dos estudos ambientais.

A diretriz para que seja permitida a regularização dessas ocupações é técnica: os estudos devem comprovar "que essas intervenções de regularização fundiária implicam a melhoria das condições ambientais em relação à situação de ocupação informal anterior" (art. 11, § 2º, da Lei nº 13.465/2017).

A legislação anterior, ao admitir a possibilidade de consolidação de ocupação em APP na regularização fundiária de interesse social, trazia o requisito da consolidação do assentamento[18]. Ainda, no tocante à regularização fundiária de interesse específico, a Lei nº 11.977/2009 remetia à legislação ambiental – no caso, a Lei nº 12.651/2012, que, como visto, somente admitia a regularização fundiária em APP nos assentamentos ocupados predominantemente por população de baixa renda em área urbana consolidada.

A atual disciplina retirou a exigência da consolidação. No entanto, entendemos que algum grau de estabilidade haverá de ter a ocupação, caso contrário, não se poderá afirmar que as funções ambientais da área foram desnaturadas com a ocupação. Assim, por exemplo, uma ocupação recente de APP, em que a reversibilidade do dano ambiental é evidente com a restauração ambiental, não atenderá ao critério técnico exigido na lei e na própria Constituição, que, lembremos, proíbe a uti-

---

[18] Art. 54, § 1º: "O Município poderá, por decisão motivada, admitir a regularização fundiária de interesse social em Áreas de Preservação Permanente, ocupadas até 31 de dezembro de 2007 e inseridas em área urbana consolidada, desde que estudo técnico comprove que esta intervenção implica a melhoria das condições ambientais em relação à situação de ocupação irregular anterior".

NOVOS PARADIGMAS DA REGULARIZAÇÃO FUNDIÁRIA URBANA

lização de áreas especialmente protegidas quando houver comprometimento dos atributos que justificaram a proteção.

O estudo técnico deve ser elaborado por profissional legalmente habilitado (art. 12, § 1º, da Lei nº 13.465/2017).

Quanto aos elementos do estudo técnico, a Lei nº 13.465/2017 faz remissão aos arts. 64 e 65 da Lei nº 12.651/2012 (que foram alterados por aquele diploma legal), que trazem disciplina distinta em se tratando de regularização fundiária de interesse social ou de interesse específico[19].

Assim, na regularização fundiária de *interesse social*, o estudo técnico deve, necessariamente, conter os seguintes elementos:

- caracterização da situação ambiental da área a ser regularizada;
- especificação dos sistemas de saneamento básico;
- proposição de intervenções para a prevenção e o controle de riscos geotécnicos e de inundações;
- recuperação de áreas degradadas e daquelas não passíveis de regularização;
- comprovação da melhoria das condições de sustentabilidade urbano-ambiental, considerados o uso adequado dos recursos hídricos, a não ocupação das áreas de risco e a proteção das unidades de conservação, quando for o caso;
- comprovação da melhoria da habitabilidade dos moradores propiciada pela regularização proposta; e
- garantia de acesso público às praias e aos corpos d'água.

Evidentemente, outros aspectos podem ser abordados pelo estudo, a depender da situação concreta.

Caberá ao órgão ambiental a avaliação do estudo e, conforme o caso, impor medidas de recuperação ou de compensação ambiental. É possível imaginar uma ocupação tão consolidada que não restaria mais

---

[19] Segundo a Lei nº 13.465/2017, a regularização fundiária de interesse social (Reurb-S) é aplicável aos núcleos urbanos informais ocupados predominantemente por população de baixa renda, segundo definido pelo Poder Executivo municipal (art. 13, I). Já a regularização fundiária de interesse específico (Reurb-E) é aplicável para todas as demais situações (art. 13, II). Como já assinalado, tanto em uma quanto em outra modalidade é possível que a regularização se dê em UC, APP e APM.

70

3. REGULARIZAÇÃO FUNDIÁRIA URBANA EM ÁREAS AMBIENTALMENTE PROTEGIDAS

nenhuma função ambiental a se preservar, de modo que não haverá nenhuma medida de recuperação ou mesmo de compensação. Na maior parte dos casos, pelo menos alguma medida compensatória haverá de existir.

Na regularização fundiária de *interesse específico*, o estudo técnico, deve, necessariamente, conter os seguintes elementos:

- a caracterização físico-ambiental, social, cultural e econômica da área;
- a identificação de recursos ambientais, de passivos e fragilidades ambientais e de restrições e potencialidades da área;
- a especificação e a avaliação dos sistemas de infraestrutura urbana e de saneamento básico implantados, outros serviços e equipamentos públicos;
- a identificação das unidades de conservação e das áreas de proteção de mananciais na área de influência direta da ocupação, sejam elas águas superficiais, sejam subterrâneas;
- a especificação da ocupação consolidada existente na área;
- a identificação das áreas consideradas de risco de inundações e de movimentos de massa rochosa, tais como deslizamento, queda e rolamento de blocos, corrida de lama e outras definidas como de risco geotécnico;
- a indicação das faixas ou áreas em que devem ser resguardadas as características típicas da Área de Preservação Permanente com a devida proposta de recuperação de áreas degradadas e daquelas não passíveis de regularização;
- a avaliação dos riscos ambientais;
- a comprovação da melhoria das condições de sustentabilidade urbano-ambiental e de habitabilidade dos moradores a partir da regularização; e
- a demonstração de garantia de acesso livre e gratuito pela população às praias e aos corpos d'água, quando couber.

Os elementos são um pouco mais minuciosos em relação à hipótese de interesse social, o que é justificável, na medida em que, não se tratando de população de baixa renda a beneficiária, maior cautela se deve ter na ponderação entre a questão ambiental e a questão da moradia.

NOVOS PARADIGMAS DA REGULARIZAÇÃO FUNDIÁRIA URBANA

Ainda no tocante à regularização de *interesse específico*, não se permite regularização de ocupação em UC, APP ou APM situadas em áreas de risco (art. 65 da Lei nº 12.651/2012, na redação dada pela Lei nº 13.465/2017). Além disso, necessariamente deve ser mantida uma faixa de 15 metros ao longo dos cursos d'água (art. 65, § 2º, da Lei nº 12.651/2012). Por isso que um dos elementos do estudo, na regularização fundiária de interesse específico, é a recuperação das características da APP. Vale dizer: sempre haverá uma faixa a ser preservada, com a devida recuperação ambiental.

Em se tratando de áreas urbanas tombadas como patrimônio histórico e cultural, essa faixa poderá ser dimensionada de modo a se compatibilizar aos limites do tombamento (art. 65, § 3º, da Lei nº 12.651/2012)[20].

O estudo técnico será apresentado juntamente com os demais elementos exigidos dentro do projeto de regularização fundiária. Vale dizer: o projeto de regularização fundiária envolve, sempre, o projeto urbanístico e, eventualmente, se houver interferências em UC, APP ou APM, o estudo técnico ambiental. Além desses elementos, há outros que compõem o projeto de regularização, conforme se verifica do art. 35 da Lei nº 13.465/2017.

Se houver necessidade de recuperação ou compensação ambiental, o responsável assinará termo de compromisso (art. 35, X, da Lei nº 13.465/2017), que contemplará as obrigações com base no quanto delimitado pelo órgão ambiental e nos prazos constantes de cronograma. O Decreto nº 9.310/2018[21] dá a esse termo a natureza de título executivo extrajudicial (art. 21, § 1º)[22].

---

[20] Ainda que a regra pareça se aplicar aos casos de ocupação em APP com interferências na área ao mesmo tempo tombada, mesmo não havendo APP é preciso observar todas as restrições atinentes à área tombada, devendo a regularização ser apreciada pelo órgão responsável pelo tombamento, que poderá, portanto, impor restrições.

[21] Regulamenta a Lei nº 13.465/2017 no tocante à regularização fundiária urbana.

[22] Tal disposição é salutar, na medida em que a natureza de título executivo facilita a tomada de eventuais medidas judiciais. Assim, por exemplo, o Ministério Público, atuando na defesa do meio ambiente e da ordem urbanística, poderá executar o termo de compromisso firmado pelo ente público ou pelo particular, sem necessidade de propor ação em que se discuta sobre a existência da obrigação de reparação ambiental.

3. REGULARIZAÇÃO FUNDIÁRIA URBANA EM ÁREAS AMBIENTALMENTE PROTEGIDAS

Na regularização fundiária de interesse social, caberá ao poder público o cumprimento das obrigações ambientais. Na regularização fundiária de interesse específico, o responsável será definido no ato de aprovação do projeto de regularização fundiária.

5.1. O Ente Responsável pela Análise do Estudo Técnico AMBIEN-TAL

Em se tratando da regularização fundiária de assunto predominantemente local, eis que traz repercussões, normalmente, no território do Município, ente responsável pelo procedimento da regularização (art. 30 da Lei nº 13.465/2017)[23].

Nesse sentido, parece lógico que o Município também analise as questões ambientais eventualmente existentes na regularização fundiária, que compreende, por definição, tanto os aspectos urbanísticos quanto os ambientais.

A Lei nº 13.465/2017 é expressa quanto à competência municipal para a análise e a aprovação do estudo técnico ambiental. No entanto, como a questão era bastante controversa sob a vigência da lei anterior, é preciso fazer algumas breves considerações sobre o licenciamento ambiental.

5.1.1. O Licenciamento Ambiental

A Constituição Federal estabelece que o meio ambiente é bem de uso comum do povo, havendo a obrigação do poder público e de toda a sociedade de preservá-lo para as presentes e futuras gerações (art. 225, *caput*). A proteção ao meio ambiente é condição de sobrevivência da espécie humana, daí o compromisso intergeracional referido na Lei Maior.

Por conseguinte, toda atividade que possa gerar danos ao meio ambiente necessita de controle por parte do poder público.

O licenciamento ambiental entra nesse contexto – é um meio de controle preventivo do poder público sobre atividades que possam ocasionar prejuízos ao meio ambiente. Nesse sentido, o art. 10 da Lei

---

[23] Isso não se confunde com a possibilidade de outros entes da federação *formularem reque-rimento* de regularização fundiária, como previsto no art. 14, I, da Lei nº 13.465/2017.

NOVOS PARADIGMAS DA REGULARIZAÇÃO FUNDIÁRIA URBANA

nº 6.938/81[24] estabelece: "A construção, instalação, ampliação e funcionamento de estabelecimentos e atividades utilizadores de recursos ambientais, efetiva ou potencialmente poluidores ou capazes, sob qualquer forma, de causar degradação ambiental dependerão de prévio licenciamento ambiental".

O licenciamento ambiental pode ser definido como "procedimento administrativo pelo qual o órgão ambiental competente licencia a localização, a instalação, a ampliação e a operação de empreendimentos e atividades utilizadoras de recursos ambientais, consideradas efetiva ou potencialmente poluidoras ou daquelas que, sob qualquer forma, possam causar degradação ambiental, considerando as disposições legais e regulamentares e as normas técnicas aplicáveis ao caso" (art. 1º, I, da Resolução CONAMA nº 237/97).

O ato final desse procedimento administrativo é chamado de licença. O nome desse instituto já é conhecido do direito administrativo, mas adquire sentido diferente no direito ambiental. Assim, se naquele ramo a licença é um ato vinculado e definitivo, que apenas reconhece a existência de direito, uma vez presentes os requisitos legais, no direito ambiental a licença é ato com certo grau de discricionariedade, pois envolve a avaliação, pela administração pública, da conveniência da instalação da atividade perante a necessidade de preservação do meio ambiente equilibrado, à luz de condicionantes técnicas que não necessariamente levam a um só tipo de conclusão. Além disso, a licença ambiental tem prazo de validade, devendo ser revista justamente em função de mudanças que podem ocorrer ao longo do tempo e que imponham novos parâmetros de proteção ao meio ambiente. Portanto, a licença ambiental muito mais se aproxima da categoria de autorização administrativa[25].

Com relação à competência para o licenciamento, o assunto foi disciplinado pela Lei Complementar nº 140/2011, que cumpre o disposto no art. 23, parágrafo único, da Constituição Federal: "Leis complementares fixarão normas para a cooperação entre a União e os Estados, o Distrito

---

[24] A redação foi dada pela Lei Complementar nº 140/2011.
[25] Existem controvérsias doutrinárias a esse respeito. Nosso posicionamento é o constante do texto. Para maior aprofundamento, *vide* referências.

3. REGULARIZAÇÃO FUNDIÁRIA URBANA EM ÁREAS AMBIENTALMENTE PROTEGIDAS

Federal e os Municípios, tendo em vista o equilíbrio do desenvolvimento e do bem-estar em âmbito nacional".

Embora aludida Lei Complementar tenha estabelecido hipóteses para a competência de cada ente federativo no tocante ao licenciamento ambiental[26], não se pode perder de vista que, em matéria de proteção ao meio ambiente, a União, os Estados, o Distrito Federal e os Municípios exercem competência comum (art. 23, VI, da Constituição Federal[27]). Assim, a Lei Complementar não pode suprimir o exercício de legítimas competências definidas na Constituição Federal; o objetivo é estabelecer parâmetros para que haja harmonia no desempenho das atribuições de cada ente, mas, eventualmente, haverá casos em que o licenciamento poderá ocorrer em mais de um ente, caso a magnitude do interesse ambiental tutelado o exija. O que não se pode admitir é, de maneira indiscriminada, ocorrer superposição de licenciamentos, sem nenhum motivo razoável e que, na prática, sirva para apenas dificultar o exercício de atividades legítimas.

Como regra geral, podemos assentar que a competência para o licenciamento é estabelecida em função do alcance potencial do dano ambiental: se *local*, será do Município; se *microrregional*, dentro de um mesmo Estado, será do Estado; se *regional*, abarcando mais de um Estado, ou *nacional*, será da União[28].

Especificamente para o Município, a Lei Complementar nº 140/2011 prevê que as hipóteses de licenciamento ambiental municipal devem ser disciplinadas pelo Conselho Estadual de Meio Ambiente. No Estado de São Paulo, a Deliberação CONSEMA Normativa nº 01/2014 elenca tais hipóteses, acrescentando requisitos para o Município realizar o licenciamento: órgão ambiental capacitado, equipe multidisciplinar, conselho municipal de meio ambiente de caráter deliberativo e sistema de fiscalização ambiental.

---

[26] O art. 13 da Lei Complementar nº 140/2011 estabelece que o licenciamento ambiental ocorrerá em apenas um ente da Federação. Trata-se de um vetor, uma direção a seguir para se alcançar maior eficiência, mas não suprime o exercício legítimo por outro ente de uma competência que é comum.

[27] São as chamadas competências materiais ou administrativas, distinguindo-se das competências legislativas, como já referimos antes.

[28] Trata-se de uma ideia bastante geral para os fins deste estudo. A Lei Complementar nº 140/2011 estabelece algumas hipóteses mais específicas, do que não trataremos aqui.

NOVOS PARADIGMAS DA REGULARIZAÇÃO FUNDIÁRIA URBANA

No caso da regularização fundiária urbana, antes do advento da Lei Complementar nº 140/2011, não havia clareza de entendimentos quanto à possibilidade de os Municípios analisarem as questões ambientais existentes no projeto de regularização fundiária, pois o licenciamento ambiental, de modo geral, era realizado pelos Estados-membros[29].

E, após o advento da referida lei e sua clareza quanto à possibilidade de os Municípios realizarem o licenciamento nos casos de impactos ambientais meramente locais, havia certa resistência dos órgãos ambientais estaduais e, diante da exigência de disciplina da matéria pelo Conselho Estadual de Meio Ambiente, a indefinição continuava. No caso do Estado de São Paulo, em que existe a norma do Conselho Estadual de Meio Ambiente, não há disposição expressa sobre a regularização fundiária, daí porque persistia o entendimento de que o licenciamento ambiental na regularização fundiária continuava sob a alçada do Estado-membro.

Veja-se que a Lei nº 11.977/2009 foi muito clara ao conferir ao Município a competência para a aprovação do projeto de regularização fundiária, inclusive no tocante a questões ambientais[30], mas, justamente por se referir a licenciamento, arraigado como de alçada estadual, não havendo um entendimento uniforme.

A Lei nº 13.465/2017, procurando superar as controvérsias, criou a figura da "aprovação ambiental", estabelecendo a competência municipal (art. 12). O Decreto nº 9.310/2018 deixou isso ainda mais claro[31].

---

[29] A competência do órgão ambiental estadual para o licenciamento estava expressa na redação original do art. 10 da Lei nº 6.938/81: "A construção, instalação, ampliação e funcionamento de estabelecimentos e atividades utilizadoras de recursos ambientais, considerados efetiva ou potencialmente poluidores, bem como os capazes, sob qualquer forma, de causar degradação ambiental, dependerão de prévio licenciamento por órgão estadual competente, integrante do SISNAMA, sem prejuízo de outras licenças exigíveis".

[30] Art. 53, § 1º: "A aprovação municipal prevista no *caput* corresponde ao licenciamento urbanístico do projeto de regularização fundiária de interesse social, bem como ao licenciamento ambiental, se o Município tiver conselho de meio ambiente e órgão ambiental capacitado".

[31] Art. 3º, § 4º: "Cabe aos Municípios e ao Distrito Federal a aprovação do projeto de regularização fundiária do núcleo urbano informal de que trata o § 3º". O § 3º do art. 3º se refere justamente à regularização fundiária em UC, APP e APM.

3. REGULARIZAÇÃO FUNDIÁRIA URBANA EM ÁREAS AMBIENTALMENTE PROTEGIDAS

Mas não se trata de uma simples mudança terminológica para superar controvérsias[32]. A criação de uma nova figura indica que a "aprovação" deve ser diferente do "licenciamento" e, acreditamos, mais simples que este, se se pretende conferir efetividade à regularização fundiária. Compete ao Município, observadas as normas gerais previstas na Lei nº 13.465/2017, definir o procedimento de "aprovação".

Essa previsão está em consonância com o espírito da Lei Complementar nº 140/2011, que é de conferir maior harmonia entre os entes da federação no exercício de competências comuns. Embora não se possa excluir totalmente o exercício dessa atividade pela União ou pelo Estado-membro (a depender do interesse ambiental em jogo, como acima referido), estes não podem avocar a si uma competência "exclusiva", ignorando que o procedimento deve, em regra, ser levado a cabo pelos Municípios. A harmonia entre os entes da federação no exercício das competências materiais comuns – o que pretende a Lei Complementar nº 140/2011, insista-se – somente se conseguirá caso bem se compreenda o papel que cada um deles deve exercer em função da promoção de interesses determinados, e não simplesmente na busca por uma primazia na atuação.

5.1.2. A Aprovação do Estudo Técnico Ambiental na Regularização Fundiária

Assentado que ao Município compete a análise das questões ambientais existentes no projeto de regularização fundiária, por meio do procedi-

---

[32] O procedimento do licenciamento ambiental se destina, previamente, a dar à administração pública a oportunidade de conhecer o interesse do empreendedor em levar a cabo atividade potencialmente degradadora do meio ambiente e, obedecida a legislação própria, concordar ou não com a atividade. Não se presta o licenciamento para a análise de atividades que, inobstante causadoras de degradação ambiental, já se instalaram e, muitas vezes, já se consolidaram, sem nenhum controle pela administração pública. Há necessidade, então, de se buscar mecanismos diferenciados para que seja possível a regularização de atividades clandestinas pretéritas. Ainda que se possa chamar de licenciamento, evidentemente não seguirá o mesmo rito preconizado para as atividades que começariam "do zero". Nesse contexto, surge a problemática da forma para regularização de ocupações humanas em núcleos urbanos que importaram, na origem, em danos ao meio ambiente. O licenciamento ambiental não se revela o meio adequado, porque não se trata de prevenção de danos, que já ocorreram e, no mais das vezes, já se consolidaram. Sendo assim, a inovação legislativa, com a figura da "aprovação", afigura-se acertada.

mento denominado de "aprovação", parte a lei do pressuposto de que a regularização fundiária é assunto de interesse predominantemente local. Essa definição de competências está em conformidade ao disposto na Constituição Federal, uma vez que a proteção ao meio ambiente é competência comum da União, dos Estados e dos Municípios (art. 23, VI). Também está em conformidade às normas gerais de cooperação entre os entes no exercício de competências comuns previstas na Lei Complementar nº 140/2011[33].

O requisito para que o Município exerça essa competência é possuir órgão ambiental capacitado.

Nos termos do art. 12, § 1º, da Lei nº 13.465/2017, "considera-se órgão ambiental capacitado o órgão municipal que possua em seus quadros ou à sua disposição profissionais com atribuição técnica para a análise e a aprovação dos estudos referidos no art. 11, independentemente da existência de convênio com os Estados ou a União".

Caso não exista o órgão ambiental municipal, a aprovação competirá ao Estado (art. 12, § 4º, da Lei nº 13.465/2017).

O próprio Município pode declarar não ter capacidade técnica para fazer a análise, de sorte que a aprovação caberá ao Estado (art. 12, § 4º)[34].

Assim, por exemplo, em se tratando de APM, em que há toda uma questão de segurança hídrica regional, ou de UC com características especialíssimas, poderá o Município remeter essa parte da aprovação do projeto de regularização fundiária ao Estado. Não se trata de abdicar do exercício de uma competência, mas de demonstrar que, no caso concreto, a "aprovação" não será adequadamente desempenhada pelo

---

[33] A criação da "aprovação", que é distinta do licenciamento, elimina a dificuldade de lei ordinária pretender revogar dispositivos de lei complementar. É que, para o licenciamento ambiental, a Lei Complementar nº 140/2011 exige requisitos mais rigorosos para o Município exercer essa competência. De qualquer forma, sempre entendemos, antes mesmo do advento da Lei nº 13.465/2017, que não haveria óbices em que lei ordinária conferisse competências expressas para o Município exercer licenciamento ambiental, justamente porque se trata de exercício de competência comum, não havendo reserva de lei complementar para especificar situações em que essa competência seria exercida.

[34] Essa ideia encontra eco na Lei Complementar nº 140/2011, que prevê a responsabilidade subsidiária pelo licenciamento caso o ente originalmente competente não tenha condições técnicas ou econômicas para tanto (art. 16).

3. REGULARIZAÇÃO FUNDIÁRIA URBANA EM ÁREAS AMBIENTALMENTE PROTEGIDAS

Município, em razão de motivos de ordem técnica devidamente justificados, a recomendar a análise mais minuciosa por parte do órgão ambiental estadual.

Podemos identificar algumas situações, entretanto, em que haverá interesse regional em jogo, a colocar em xeque a competência do Município para a análise das questões ambientais.

Assim, por exemplo, se houver dano ambiental abarcando o território de dois ou mais Municípios, à míngua de previsão na Lei nº 13.465/2017, podemos utilizar, por analogia, os critérios que definem a competência do ente licenciador, conforme a Lei Complementar nº 140/2011: não se tratando de dano local (que competiria ao Município), nem dano nacional (que competiria à União), exsurge a competência residual do Estado para a aprovação.

Outro caso que pode suscitar dúvidas é de dano ambiental em APM. Como as APM são normalmente estabelecidas em função de interesses regionais voltados à segurança hídrica, pode se identificar abrangência maior do dano, a impor que a aprovação ambiental na regularização fundiária seja feita pelo órgão estadual.

Isso não significa, porém, que sempre que a regularização fundiária envolver APM a aprovação será realizada pelo Estado. Ainda que reconheçamos a possibilidade de haver a atuação de mais de um ente da Federação na apreciação das questões ambientais que a regularização fundiária suscita, entendemos que essa legislação estadual criadora de APM deve ser revista para adequação à Lei nº 13.465/2017, simplificando procedimentos e estabelecendo hipóteses mais restritas para a atuação do órgão ambiental estadual em matéria de proteção ao meio ambiente, pois a regularização fundiária é atividade que normalmente traz repercussões apenas no âmbito municipal, como visto.

Conclusões

A regularização fundiária é uma política pública fundamental para a superação das desigualdades sociais e deve ser um objetivo presente no processo de planejamento urbano, na medida em que busca integrar as pessoas, reconhecendo o seu direito à moradia, sem descuidar da necessidade de ajustes e adequações para que o assentamento humano garanta o bem-estar de seus moradores e a proteção ao meio ambiente.

NOVOS PARADIGMAS DA REGULARIZAÇÃO FUNDIÁRIA URBANA

Não se ignora que o poder público deve ser eficiente na fiscalização do território, pois o ideal é que a ocupação do solo urbano se dê de maneira planejada e de acordo com os padrões urbanísticos e ambientais. Entretanto, não se pode fechar os olhos à situação de irregularidade fundiária do país, pois o espaço regularizado é acessível a poucos.

Inevitavelmente, áreas ambientalmente protegidas acabam sendo ocupadas, o que parece colocar em contraposição o direito à moradia e o direito ao meio ambiente ecologicamente equilibrado. A regularização fundiária resolve essa equação, pois faz concessões a um e outro interesse, resultando no equilíbrio. Assim, a regularização fundiária é possível em áreas objeto de proteção ambiental, desde que determinados requisitos sejam observados. Não se trata, portanto, de aceitação irrestrita e irresponsável dessas ocupações em detrimento da proteção ao meio ambiente.

Bem por isso, a qualidade dos estudos técnicos ambientais é fundamental. Como parâmetro a orientar a regularização fundiária nesses espaços, os órgãos públicos responsáveis por sua análise devem ser equipados e dotados de pessoal qualificado. Na linha do federalismo de cooperação, Estados-membros e Municípios devem atuar de maneira coordenada, sem a pretensão de superioridade. Assente que a atribuição se concentra, primordialmente, no âmbito municipal, em casos excepcionais, quando o interesse ambiental o exigir, o órgão ambiental estadual deve ser chamado a atuar. A atuação dos órgãos responsáveis deve se pautar pela eficiência, evitando exigências burocráticas e procrastinatórias.

Finalmente, urge o aprimoramento da legislação estadual e municipal, para que sejam adequadas à Lei nº 13.465/2017, especialmente no que se refere à simplificação de procedimentos para análise e aprovação do estudo técnico ambiental e ao estabelecimento de requisitos diferenciados conforme as peculiaridades regionais e locais. Ainda, deve-se buscar eliminar a superposição de órgãos e os resquícios da predominância da atuação no Estado-membro nessa seara, ignorando a capacidade e a disposição dos Municípios para tratar de assunto que mais diretamente lhe interessa.

Referências

ANTUNES, Paulo de Bessa, *Direito Ambiental*, São Paulo, Atlas, 2015.

ÁVILA, Humberto, *Teoria dos princípios*: da definição à aplicação dos princípios jurídicos, São Paulo, Malheiros, 2016.

BARROSO, Luís Roberto, *Curso de direito constitucional contemporâneo*: os conceitos fundamentais e a construção do novo modelo, São Paulo, Saraiva, 2015.

BERCOVICI, Gilberto, *Constituição Econômica e Desenvolvimento*: uma leitura a partir da Constituição de 1988, São Paulo, Malheiros, 2005.

CAMPOS FILHO, Cândido Malta, *Cidades brasileiras*: seu controle ou o caos – o que os cidadãos devem fazer para a humanização das cidades no Brasil, São Paulo, Nobel, 1989.

DALLARI, Adilson Abreu, DI SARNO, Daniela Campos Libório (Coords.), *Direito Urbanístico e Ambiental*, Belo Horizonte, Fórum, 2007.

FERNANDES, Edésio, ALFONSIN, Betânia (Coord.), *Direito à moradia adequada*: o que é, para quem serve, como defender e efetivar, Belo Horizonte, Fórum, 2014.

FERRAZ, Sérgio, DALLARI, Adilson Abreu (Coords.), *Estatuto da Cidade*: comentários à Lei Federal 10.257/2001, São Paulo, Malheiros, 2006.

GRAU, Eros Roberto, *A ordem econômica na Constituição de 1988*, São Paulo, Malheiros, 2010.

LEITE, Luis Felipe Tegon Cerqueira, Regularização Fundiária Urbana e Consolidação de Ocupação em APP, in *Temas de Direito Ambiental*, São Paulo, Imprensa Oficial, 2015.

MACHADO, Paulo Affonso Leme, *Direito Ambiental Brasileiro*, São Paulo, Malheiros, 2016.

MARICATO, Ermínia, *Brasil, cidades*: alternativas para a crise urbana, Petrópolis: Vozes, 2013.

MEDAUAR, Odete (Coord.), ALMEIDA, Fernando Dias Menezes de. *Estatuto da Cidade*: Lei 10.257, de 10.07.2001, comentários, São Paulo, Revista dos Tribunais, 2004.

MELO, Ligia, *Direito à moradia no Brasil*: política urbana e acesso por meio da regularização fundiária, Belo Horizonte, Fórum, 2010.

MENDES, Gilmar Ferreira, BRANCO, Paulo Gustavo Gonet, *Curso de direito constitucional*, São Paulo, Saraiva, 2018.

MILARÉ, Édis, *Direito do Ambiente*, São Paulo, Revista dos Tribunais, 2014.

NALINI, José Renato, LEVY, Wilson (Coords.), *Regularização Fundiária*, Rio de Janeiro, Forense, 2014.

REGULARIZAÇÃO Fundiária Urbana (de acordo com a Medida Provisória nº 759, de 22 de dezembro de 2016), São Paulo, Centro de Apoio Operacional de Meio Ambiente e Urbanismo do Ministério Público do Estado de São

Paulo, 2017. Disponível em: <http://www.mpsp.mp.br/portal/page/portal/Cartilhas/2017%20-%20Cartilha%20regulariza%C3%A7%C3%A3o%20fundi%C3%A1ria.pdf>. Acesso em: 30 out. 2018.

Regularização Fundiária Urbana no Estado de São Paulo: Passo a Passo, São Paulo: Governo do Estado de São Paulo, Corregedoria-Geral da Justiça do Estado de São Paulo, Associação dos Registradores Imobiliários de São Paulo, 2014.

Saule Júnior, Nelson, *A proteção jurídica da moradia nos assentamentos irregulares*, Porto Alegre, Sérgio Antonio Fabris, 2004.

Silva, José Afonso da, *Curso de direito constitucional positivo*, São Paulo, Malheiros, 2016.

Silva, Virgílio Afonso da, *Direitos fundamentais*: conteúdo essencial, restrições e eficácia, São Paulo, Malheiros, 2011.

4. Regularização Fundiária em Área de Preservação Permanente – REURB

EDUARDO STEVANATO PEREIRA DE SOUZA
LILIAN REGINA GABRIEL MOREIRA PIRES

Introdução

A controvertida Lei de Regularização Fundiária é objeto de três ADIns em que, dentre outras questões, se discute a inconstitucionalidade da permissão de aquisição originária de imóvel público e que a lei se presta a facilitar a transferência de terras públicas a pessoas de média e alta renda, a partir da Reurb de Interesse Específico (Reurb-E), hipótese que não se caracteriza o interesse social, Adin proposta pelo Instituto dos Arquitetos do Brasil – IAB[1].

Não obstante os apontamentos efetuados do modo mais abrangente nas ADIns citadas e em especial a proposta pelo IAB, propomos um recorte bastante específico de análise e abordamos a questão da regularização fundiária urbana em área de preservação permanente e sua inconstitucionalidade para a Reurb-E, na medida em que não se encontra em consonância com os valores constitucionais já mencionados, motivo pelo qual deve prevalecer o princípio da proteção ao meio ambiente em detrimento da regularização fundiária de interesse especial, o que acaba por marcar os artigos da regularização especial em área de preservação permanente com a pecha da inconstitucionalidade.

---

[1] Ação Direta de Inconstitucionalidade nº 5.883 proposta pelo Instituto de Arquitetos do Brasil (IAB).

Nesse sentido, em um primeiro momento, faremos um rápido exame da legislação, com vistas a conhecer os conceitos trazidos pela Lei nº 13.465, de 11 de julho de 2017, com o objetivo de traçar a adequada moldura jurídica objeto deste artigo. E trataremos dos denominados núcleos urbanos informais que podem ser objeto da Regularização Fundiária Urbana – Reurb – para finalmente passar ao exame da impossibilidade de Reurb-E em área de preservação permanente, envolvendo, inclusive, questões relativas ao Código Florestal.

Ressaltamos que a pretensão é trazer à discussão uma faceta específica da inconstitucionalidade da Lei e deixar claro que a preocupação reinante na legislação é a titulação e oferece caminho simples para regularizar empreendimentos (residenciais ou comerciais) que se destinam a grupos de alta renda e amesquinham a construção de cidades sustentáveis, com medidas ambientais, sociais e urbanísticas visando a concretização da cidadania.

1. Regularização Fundiária

A controvertida Medida Provisória nº 759, convertida na Lei Federal nº 13.465, de 11 de julho de 2017, trata da questão da regularização fundiária rural e urbana, e modificou diversas legislações, dentre elas o Estatuto da Cidade e a Lei de Registros Públicos. Porém, não foi discutida com todos os envolvidos e ainda paralisou diversos processos de regularização fundiária em andamento. Assim, impossível dizer se a aplicação da nova lei trará bons ou maus resultados, só há a certeza de que é um instrumento novo, que foi aprovado sem a necessária discussão social e sem a observância do pacto federativo. E lembramos que estão em trâmite três Ações Diretas de Inconstitucionalidades – ADIns[2] – que aguardam decisão e o cenário poderá ser alterado a depender do resultado.

No que concerne à regularização fundiária propriamente dita, a novel legislação consolidou alguns conceitos que merecem citação expressa porque serão mencionados no decorrer deste artigo.

Considerando que a pretensão aqui é discutir a questão da regularização fundiária urbana em área de preservação permanente, nos limitaremos a trazer os conceitos correspondentes ao núcleo desse objeto de pesquisa.

---

[2] ADIn nº 5.771, ADIn nº 5.787, ADIn nº 5.883.

4. REGULARIZAÇÃO FUNDIÁRIA EM ÁREA DE PRESERVAÇÃO PERMANENTE - REURB

Nesse sentido, importa transcrever, em primeiro lugar, o conceito legal de regularização fundiária urbana[3], nos termos do art. 9º da Lei nº 13.465/2017:

> Art. 9º. Ficam instituídas no território nacional normas gerais e procedimentos aplicáveis à Regularização Fundiária Urbana (Reurb), a qual abrange medidas jurídicas, urbanísticas, ambientais e sociais destinadas à incorporação dos núcleos urbanos informais ao ordenamento territorial urbano e à titulação de seus ocupantes.

Nota-se que o dispositivo legal criou um termo definido, qual seja: a "Reurb", o qual passará a ser adotado neste texto em substituição a expressão "Regularização Fundiária Urbana", bem como a utilização de mais um conceito extremamente relevante, que é o de núcleos urbanos informais. Nesse aspecto, para que não restem dúvidas sobre os termos e seus respectivos conteúdos, entende-se pertinente trazer a integralidade dos conceitos de núcleo urbano estabelecidos pela referida legislação:

> Art. 11. Para fins desta Lei, consideram-se:
>
> I – núcleo urbano: assentamento humano, com uso e características urbanas, constituído por unidades imobiliárias de área inferior à fração mínima de parcelamento prevista na Lei nº 5.868, de 12 de dezembro de 1972, independentemente da propriedade do solo, ainda que situado em área qualificada ou inscrita como rural;
>
> II – núcleo urbano informal: aquele clandestino, irregular ou no qual não foi possível realizar, por qualquer modo, a titulação de seus ocupantes, ainda que atendida a legislação vigente à época de sua implantação ou regularização;
>
> III – núcleo urbano informal consolidado: aquele de difícil reversão, considerados o tempo da ocupação, a natureza das edificações, a localização

---

[3] Que não apresenta textualmente a finalidade de direito à moradia. O art. 46 da Lei Federal 11.977/2009 (revogada pela lei atual) era claro: "Art. 46. A regularização fundiária consiste no conjunto de medidas jurídicas, urbanísticas, ambientais e sociais que visam à regularização de assentamentos irregulares e à titulação de seus ocupantes, de modo a garantir o direito social à moradia, o pleno desenvolvimento das funções sociais da propriedade urbana e o direito ao meio ambiente ecologicamente equilibrado. (Revogado pela Lei nº 13.465, de 2017)".

NOVOS PARADIGMAS DA REGULARIZAÇÃO FUNDIÁRIA URBANA

das vias de circulação e a presença de equipamentos públicos, entre outras circunstâncias a serem avaliadas pelo Município;

Referidos conceitos são essenciais pelo simples fato de que, sob esse aspecto, se objetiva regularizar os núcleos urbanos informais, retirando as suas características de clandestinidade e irregularidade, para conceder ao seu ocupante a titulação, garantindo a urbanização e o direito de permanência nos locais informais ocupados, tudo isso de acordo com o art. 10 da Lei nº 13.465/2917:

Art. 10. *Constituem objetivos da Reurb*, a serem observados pela União, Estados, Distrito Federal e Municípios:

I – identificar os núcleos urbanos informais que devam ser regularizados, organizá-los e assegurar a prestação de serviços públicos aos seus ocupantes, de modo a melhorar as condições urbanísticas e ambientais em relação à situação de ocupação informal anterior;

II – criar unidades imobiliárias compatíveis com o ordenamento territorial urbano e constituir sobre elas direitos reais em favor dos seus ocupantes;

III – *ampliar o acesso à terra urbanizada pela população de baixa renda*, de modo a priorizar a permanência dos ocupantes nos próprios núcleos urbanos informais regularizados;

IV – promover a integração social e a geração de emprego e renda;

V – estimular a resolução extrajudicial de conflitos, em reforço à consensualidade e à cooperação entre Estado e sociedade;

VI – garantir o direito social à moradia digna e às condições de vida adequadas;

VII – garantir a efetivação da função social da propriedade;

VIII – ordenar o pleno desenvolvimento das funções sociais da cidade e garantir o bem-estar de seus habitantes;

IX – concretizar o princípio constitucional da *eficiência na ocupação e no uso do solo*;

X – prevenir e desestimular a formação de novos núcleos urbanos informais;

XI – *conceder direitos reais*, preferencialmente em nome da mulher;

XII – *franquear participação dos interessados* nas etapas do processo de regularização fundiária. (Grifou-se.)

4. REGULARIZAÇÃO FUNDIÁRIA EM ÁREA DE PRESERVAÇÃO PERMANENTE – REURB

O art. 13 da Lei nº 13.465/2017 é o dispositivo responsável por esta regulação e trouxe em seu bojo duas modalidades de Reurb:

> Art. 13. A Reurb compreende duas modalidades:
> I – *Reurb de Interesse Social (Reurb-S)* – regularização fundiária aplicável aos núcleos urbanos informais *ocupados predominantemente por população de baixa renda*, assim declarados em ato do Poder Executivo municipal; e
> II – Reurb de Interesse Específico (Reurb-E) – regularização fundiária aplicável aos núcleos urbanos informais ocupados por população não qualificada na hipótese de que trata o inciso I deste artigo. (Grifou-se.)

Interpretando-se o dispositivo, não é difícil chegar à conclusão de que o legislador pretendeu tratar o tema de Regularização Fundiária Urbana de forma ampla, sem a preocupação específica com o direito à moradia.

Tanto é assim que criou duas modalidades de Reurb: uma de interesse social, que é indiscutivelmente mais sensível e complexa, exatamente por se tratar de uma população de baixa renda que depende exponencialmente do apoio estatal; e outra de interesse específico, que vai abranger uma população de renda intermediária ou até de alta renda e que, obviamente, não depende de forma tão intensa da atuação estatal, mas que também não pode permanecer em situação de irregularidade em relação às situações habitacionais que já se encontram devidamente consolidadas.

Em linha com a ideia expressada, Filipe Gustavo Barbosa Maux expõe uma importante distinção entre a Reurb-S e a Reurb-E, que acaba por evidenciar este aspecto de maior dependência do Estado no caso da Reurb-S:

> Destarte, foram criados dois tipos de enquadramento para a regularização: interesse social e interesse específico. No primeiro, serão incluídas as ocupações por pessoas de baixa renda, *com finalidade residencial, que receberão gratuitamente o registro do imóvel e toda a infraestrutura básica por conta do Poder Público. No segundo caso, o particular deverá custear toda a infraestrutura a ser definida no projeto de regularização da região*[4]. (Grifou-se.)

---

[4] MAUX, Filipe Gustavo Barbosa. Associação dos Notário e Registrdores do Estado do Rio Grande do Norte. *Regularização Fundiária Urbana (Reurb) – conceitos, objetivos, pressupos-*

NOVOS PARADIGMAS DA REGULARIZAÇÃO FUNDIÁRIA URBANA

Reconhece-se que o legislador foi extremamente feliz ao estabelecer duas modalidades de Reurb, precisamente por criar uma regulamentação completa e necessária para o atual momento nacional, que ainda está começando a dar seus primeiros passos para cuidar do gravíssimo problema gerado pelo êxodo rural ocorrido, que acarretou um desenvolvimento totalmente desorganizado das nossas cidades.

Apesar de reconhecer a pertinência e a essencialidade da criação da modalidade de Reurb-E, sobretudo para regularização de loteamentos irregulares, ainda remanesce uma certa dúvida sobre a sua aplicação nas hipóteses de regularização fundiária urbana de construções em área de preservação permanente, que trataremos a seguir.

2. A Regra da Reurb em Área de Preservação Permanente

A Reurb em área de preservação permanente está disciplinada pelo § 2º do art. 11 da Lei nº 13.465/2017 e seu conteúdo, pela importância da regulação, vale ser transcrito:

§ 2º Constatada a existência de núcleo urbano informal situado, total ou parcialmente, em área de preservação permanente ou em área de unidade de conservação de uso sustentável ou de proteção de mananciais definidas pela União, Estados ou Municípios, a Reurb observará, também, o disposto nos arts. 64 e 65 da Lei nº 12.651, de 25 de maio de 2012, hipótese na qual se torna obrigatória a elaboração de estudos técnicos, no âmbito da Reurb, que justifiquem as melhorias ambientais em relação à situação de ocupação informal anterior, inclusive por meio de compensações ambientais, quando for o caso.

Os estudos técnicos a que se refere o § 2º do art. 11 acima estão especificados nos §§1º, 2º e 3º do art. 12, *in verbis*:

Art. 12. A aprovação municipal da Reurb de que trata o art. 10 corresponde à aprovação urbanística do projeto de regularização fundiária, bem como à *aprovação ambiental, se o Município tiver órgão ambiental capacitado*.

---

tos e efetivação registral, 2017. Disponível em: <http://www.anoregrn.org.br/noticia/regularizacao-fundiaria-urbana-reurb-conceitos-objetivos-pressupostos-e-efetivacao-registral/5065>. Acesso em: 4 mar. 2019.

4. REGULARIZAÇÃO FUNDIÁRIA EM ÁREA DE PRESERVAÇÃO PERMANENTE – REURB

§ 1º Considera-se órgão ambiental capacitado o órgão municipal que possua em seus quadros ou à sua disposição profissionais com atribuição técnica para a análise e a aprovação dos estudos referidos no art. 11, independentemente da existência de convênio com os Estados ou a União.

§ 2º Os estudos referidos no art. 11 deverão ser elaborados por profissional legalmente habilitado, compatibilizar-se com o projeto de regularização fundiária e conter, conforme o caso, os elementos constantes dos arts. 64 ou 65 da Lei nº 12.651, de 25 de maio de 2012.

§ 3º Os estudos técnicos referidos no art. 11 aplicam-se somente às parcelas dos núcleos urbanos informais situados nas áreas de preservação permanente, nas unidades de conservação de uso sustentável ou nas áreas de proteção de mananciais e poderão ser feitos em fases ou etapas, sendo que a parte do núcleo urbano informal não afetada por esses estudos poderá ter seu projeto aprovado e levado a registro separadamente. (Grifou-se.)

Além dos estudos técnicos, a Reurb em área de preservação permanente também deverá observar as regras do Código Florestal, nomeadamente os arts. 64 e 65, que tratam, respectivamente, da Reurb-S e da Reurb-E.

Entretanto, antes de adentrar nas duas hipóteses de Reurb reguladas pelos arts. 64 e 65, é assaz importante trazer as regras que permitem a intervenção ou supressão vegetal em Área de Preservação Permanente. Tais regras estão dispostas nos parágrafos do art. 8º da Lei nº 12.651, de 25 de maio de 2012:

Art. 8º. A intervenção ou a supressão de vegetação nativa em Área de Preservação Permanente somente ocorrerá nas hipóteses de utilidade pública, de interesse social ou de baixo impacto ambiental previstas nesta Lei.

§ 1º A supressão de vegetação nativa protetora de nascentes, dunas e restingas somente poderá ser autorizada em caso de utilidade pública.

§ 2º *A intervenção ou a supressão de vegetação nativa em Área de Preservação Permanente de que tratam os incisos VI e VII do caput do art. 4º poderá ser* autorizada, excepcionalmente, em locais onde a função ecológica do manguezal esteja comprometida, *para execução de obras habitacionais e de urbanização, inseridas em projetos de regularização fundiária de interesse social, em áreas urbanas consolidadas ocupadas por população de baixa renda.* (*Vide* ADC nº 42) (*Vide* ADIn nº 4.903)

§ 3º É dispensada a autorização do órgão ambiental competente para a execução, em caráter de urgência, de atividades de segurança nacional e obras de interesse da defesa civil destinadas à prevenção e mitigação de acidentes em áreas urbanas.

§ 4º Não haverá, em qualquer hipótese, direito à regularização de futuras intervenções ou supressões de vegetação nativa, além das previstas nesta Lei. (Grifou-se.)

Interpretando-se os comandos legais em apreço, é possível chegar à conclusão de que as intervenções e supressões vegetais em área de preservação permanente, obviamente, só podem ocorrer em casos excepcionais, voltados ou para intervenções de utilidade pública, em outras palavras, obras para implementação de infraestrutura para a prestação de serviços públicos; ou para regularização fundiária de interesse social, visando a atender a população de baixa renda.

Malgrado não haver nenhuma explicação sobre a possibilidade de intervenção ou supressão vegetal para os casos de baixo impacto ambiental, aparentemente o dispositivo legal criou mais uma exceção ao mencionar, mesmo que de forma discreta, a referida hipótese no *caput* do dispositivo.

Identificadas as hipóteses de intervenção e supressão vegetal excepcionalmente autorizadas pela Lei, já se faz possível analisar o conteúdo dos arts. 64 e 65 da Lei nº 12.651/2012. Primeiro o art. 64 que trata da Reurb-S:

> Art. 64. Na Reurb-S dos núcleos urbanos informais que ocupam Áreas de Preservação Permanente, a regularização fundiária será admitida por meio da aprovação do projeto de regularização fundiária, na forma da lei específica de regularização fundiária urbana. (Redação dada pela Lei nº 13.465, de 2017.)
>
> § 1º O projeto de regularização fundiária de interesse social deverá incluir estudo técnico que demonstre a melhoria das condições ambientais em relação à situação anterior com a adoção das medidas nele preconizadas.
>
> § 2º O estudo técnico mencionado no § 1º deverá conter, no mínimo, os seguintes elementos:
>
> I – caracterização da situação ambiental da área a ser regularizada;
>
> II – especificação dos sistemas de saneamento básico;

4. REGULARIZAÇÃO FUNDIÁRIA EM ÁREA DE PRESERVAÇÃO PERMANENTE – REURB

III – proposição de intervenções para a prevenção e o controle de riscos geotécnicos e de inundações;

IV – *recuperação de áreas degradadas* e daquelas não passíveis de regularização;

V – *comprovação da melhoria das condições de sustentabilidade urbano-ambiental*, considerados o uso adequado dos recursos hídricos, a não ocupação das áreas de risco e a proteção das unidades de conservação, quando for o caso;

VI – comprovação da melhoria da habitabilidade dos moradores propiciada pela regularização proposta; e

VII – *garantia de acesso público* às praias e aos corpos d'água. (Grifou-se.)

Agora, o art. 65 que dispõe sobre a Reurb-E:

Art. 65. Na Reurb-E dos núcleos urbanos informais que ocupam Áreas de Preservação Permanente não identificadas como áreas de risco, a *regularização fundiária será admitida por meio da aprovação do projeto de regularização fundiária, na forma da lei específica* de regularização fundiária urbana. (Redação dada pela Lei nº 13.465, de 2017.)

§ 1º O processo de regularização fundiária de interesse específico deverá incluir *estudo técnico que demonstre a melhoria das condições ambientais em relação à situação anterior* e ser instruído com os seguintes elementos: (Redação dada pela Lei nº 13.465, de 2017.)

I – a caracterização físico-ambiental, social, cultural e econômica da área;

II – a identificação dos recursos ambientais, dos passivos e fragilidades ambientais e das restrições e potencialidades da área;

III – a especificação e a avaliação dos sistemas de infraestrutura urbana e de saneamento básico implantados, outros serviços e equipamentos públicos;

IV – a identificação das unidades de conservação e das áreas de proteção de mananciais na área de influência direta da ocupação, sejam elas águas superficiais ou subterrâneas;

V – a especificação da ocupação consolidada existente na área;

VI – a identificação das *áreas consideradas de risco de inundações e de movimentos de massa rochosa,* tais como deslizamento, queda e rolamento de blocos, corrida de lama e outras definidas como de risco geotécnico;

VII – a indicação das *faixas ou áreas em que devem ser resguardadas as características típicas da Área de Preservação Permanente* com a devida proposta de recuperação de áreas degradadas e daquelas não passíveis de regularização;

NOVOS PARADIGMAS DA REGULARIZAÇÃO FUNDIÁRIA URBANA

VIII – a avaliação dos riscos ambientais;

IX – a comprovação da melhoria das condições de sustentabilidade urbano-ambiental e de habitabilidade dos moradores a partir da regularização; e

X – a demonstração de garantia de acesso livre e gratuito pela população às praias e aos corpos d'água, quando couber.

§ 2º Para fins da regularização ambiental prevista no *caput*, ao longo dos rios ou de qualquer curso d'água, será mantida faixa não edificável com largura mínima de 15 (quinze) metros de cada lado.

§ 3º Em áreas urbanas tombadas como patrimônio histórico e cultural, a faixa não edificável de que trata o § 2º poderá ser redefinida de maneira a atender aos parâmetros do ato do tombamento. (Grifou-se.)

Não é possível negar que existe uma diferença de tratamento legislativo entre a Reurb-S e a Reurb-E, no que tange a núcleos urbanos informais, situados em área de preservação permanente. Por outro lado, também não se pode negar que a diferença é quase que insignificante, resumindo-se, basicamente, na prestação de algumas informações adicionais no estudo técnico do projeto de regularização fundiária.

Antecipa-se que, a nosso ver, as modalidades de regularização fundiária de interesse social e de interesse específico são institutos completamente diferentes, sem embargo possuírem destinação semelhante e, em um primeiro momento, a simples exigência de algumas informações adicionais no estudo técnico do projeto de regularização fundiária não perfaz condição suficiente para trazer legitimidade à hipótese.

Postas essas considerações, passemos, pois, ao exame da legitimidade da Reurb-E diante do nosso atual ordenamento jurídico.

3. Os Valores Protegidos pela Constituição Federal e a Reurb-E

Por ser a espinha dorsal do nosso ordenamento jurídico, a Constituição Federal não traz apenas regras jurídicas, pelo contrário, suas normas consubstanciam, comumente, princípios, ou seja, normas especiais que carregam os valores que a nossa sociedade mais preza.

Por isso que Celso Antônio Bandeira de Mello diz que violar um princípio é muito mais grave do que ferir uma regra. Cabe trazer um pequeno trecho de sua monumental obra:

4. REGULARIZAÇÃO FUNDIÁRIA EM ÁREA DE PRESERVAÇÃO PERMANENTE – REURB

Violar um princípio é muito mais grave que transgredir uma norma qualquer. A desatenção ao princípio implica ofensa não apenas a um específico mandamento obrigatório, mas a todo o sistema de comandos. É a mais grave forma de ilegalidade ou inconstitucionalidade, conforme o escalão do princípio atingido, porque representa insurgência contra todo o sistema, *subversão de seus valores fundamentais*, contumélia irremissível a seu arcabouço lógico e corrosão de sua estrutura mestra[5]. (Grifou-se.)

A razão de ser da regularização fundiária está fundamentada nos mais nobres valores da nossa Constituição Federal, dentre os quais nunca é demasiado citar: a dignidade da pessoa humana; o direito de moradia; o direito de acesso ao serviço público, sobretudo saúde, educação, saneamento básico, transporte, lazer, segurança etc.; direito de propriedade; o direito de exercer a livre iniciativa ou da garantia de um emprego digno; no dever da propriedade atender à função social; dentre outros.

Edésio Fernandes, em seu artigo denominado "Desafios da regularização fundiária de assentamentos informais consolidados em áreas urbanas", evidencia, de forma precisa, os valores acima mencionados:

> A discussão sobre a regularização fundiária urbana ganhou outro fôlego com a Constituição Federal de 1988, que reconheceu o direito da população à regularização fundiária nos casos estipulados, através do usucapião especial urbano nas terras privadas, mencionando também a "concessão de uso" de terras públicas. A Emenda Constitucional nº 26/2000 incluiu o direito de moradia no rol dos direitos sociais. O Estatuto da Cidade e a Medida Provisória nº 2.220, ambos de 2001, consolidaram e ampliaram essa ordem jurídica, especialmente ao regulamentarem a concessão de uso especial em terras públicas para fins de moradia como direito subjetivo e ao considerarem a possibilidade de utilização coletiva dos novos instrumentos, assim fortalecendo outros programas municipais como Favela Bairro no Rio de Janeiro, Resolo em São Paulo, etc.[6]

---

[5] MELLO, Celso Antonio Bandeira de. *Curso de Direito Administrativo.* 33. ed. São Paulo: Malheiros, 2016, p. 991.

[6] FERNANDES, Edésio. Desafios da regularização fundiária de assentamentos informais consolidados. *Fórum de Direito Urbano e Ambiental – FDUA*, 2010. Disponível em: <https://bdjur.stj.jus.br/jspui/bitstream/2011/63990/desafios_regularizacao_fundiaria_fernandes.pdf>. Acesso em: 4 mar. 2019.

NOVOS PARADIGMAS DA REGULARIZAÇÃO FUNDIÁRIA URBANA

São justamente os valores que estão por trás do instituto da regularização fundiária que justificam a sua prevalência sobre outras normas jurídicas.

Explica-se: para haver a regularização fundiária de habitações situadas em áreas precárias e em condições de irregularidade, obviamente que diversas exigências edilícias deverão ser flexibilizadas, sobretudo no que concerne ao coeficiente construtivo, ao recuo, dentre outros parâmetros urbanísticos. Na medida em que aplicar a letra da lei em assentamentos informais é manter a irregularidade permanente.

A mesma lógica se aplica à hipótese de regularização fundiária em área de preservação permanente, porque o conteúdo do conceito jurídico de preservação permanente é claramente conflitante com o conceito de regularização fundiária, no entanto, analisando-se os valores constitucionais que fundamentam os dois institutos, é possível entender os motivos pelos quais a proteção ao meio ambiente pode ser flexibilizada para prevalecer, basicamente, a dignidade da pessoa humana e os demais princípios que estão agregados à regularização fundiária.

A prevalência do princípio da dignidade, juntamente com os demais princípios que sustentam o instituto da Reurb, não acarreta exclusão ou invalidação do princípio da proteção ao meio ambiente, em que pese o fato de ambos estarem em mesmo patamar hierárquico, qual seja a Constituição Federal.

Isso ocorre porque os princípios carregam, como dito alhures, valores, que, quando conflitantes, não geram a invalidação de um em prol da permanência do outro. Robert Alexy, em sua aclamada obra *Teoria dos direitos fundamentais*, explica a diferença entre a colisão de duas regras e a colisão de dois princípios. Sobre as regras ele diz:

> A diferença entre regras e princípios mostra-se com maior clareza nos casos de colisões entre princípios e de conflitos entre regras. Comum às colisões entre princípios e aos conflitos entre regras é o fato de que duas normas, se isoladamente aplicadas, levariam a resultados inconciliáveis entre si, ou seja, a dois juízos concretos de dever-ser jurídico contraditórios. *E elas se distinguem pela forma de solução do conflito*[7]. (Grifou-se.)

[7] ALEXY, Robert. *Teoria dos direitos fundamentais*. 5. ed. São Paulo: Malheiros, 2006, p. 93-94.

4. REGULARIZAÇÃO FUNDIÁRIA EM ÁREA DE PRESERVAÇÃO PERMANENTE – REURB

E sobre os princípios:

As colisões entre princípios devem ser solucionadas de forma completamente diversa. Se dois princípios colidem – o que ocorre, por exemplo, quando algo é proibido de acordo com um princípio e, de acordo com o outro, permitido – um dos princípios terá que ceder. *Isso não significa, contudo, nem que o princípio cedente deva ser declarado inválido, nem que nele deverá ser introduzida uma cláusula de exceção. Na verdade, o que ocorre é que um dos princípios tem precedência em face do outro sob determinadas condições.* Sob outras condições a questão da precedência pode ser resolvida de forma oposta. *Isso é que se quer dizer quando se afirma que, nos casos concretos, os princípios têm pesos diferentes e que os princípios com o maior peso têm precedência.* (Grifou-se.)

A Reurb-S, que tem por objetivo a regularização fundiária urbana de interesse social, portanto, aplicável em benefício da população de baixa renda, ou seja, que em tese não teria opção de moradia, é um instituto totalmente alinhado com os valores constitucionais que garantem aos indivíduos a dignidade, o bem estar, o acesso aos serviços públicos etc., de forma que, nesse caso, é completamente compreensível e até lógico que o princípio da proteção ao meio ambiente seja afastado, flexibilizando-se as regras de preservação permanente, para permitir a regularização fundiária dos imóveis situados em área ambientalmente protegida.

Aparentemente não se pode dizer o mesmo da Reurb-E, que é um instituto aplicável à população de classe média ou alta, falando-se em termos econômicos. Isso porque as edificações realizadas por referida população em área de preservação permanente configuram, na maioria das vezes, casas de veraneio, empreendimentos hoteleiros ou casas residenciais, construídas naquele local por uma escolha do proprietário e não porque não ele não tinha opção.

Não é preciso fazer nenhum esforço interpretativo hercúleo para se notar que o instituto da Reurb-E não carrega consigo os mesmos valores constitucionais percebidos no instituto da Reurb-S.

Assim sendo, pensa-se que, entre a regularização fundiária urbana de interesse especial e a preservação de área ambientalmente protegida, deve prevalecer a proteção ambiental, justamente porque a Reurb-E não carrega os valores da proteção à dignidade do indivíduo, o direito de moradia, dentre outros que estão agregados ao instituto da Reurb-S.

NOVOS PARADIGMAS DA REGULARIZAÇÃO FUNDIÁRIA URBANA

Embora a Lei de Regularização Fundiária nº 13.465/2017 traga expressamente a possibilidade de Reurb-E em área de preservação permanente, a nosso sentir, referido artigo não aparenta estar em consonância com os valores constitucionais protegidos. Dessa forma, depois da devida análise dos pesos dos princípios constitucionais, deve prevalecer o princípio da proteção ao meio ambiente em detrimento da regularização fundiária de interesse especial, o que acaba por marcar os artigos da Reurb-E em área de preservação permanente com a pecha da inconstitucionalidade.

Conclusões

A Lei 13.465/2017 alterou diversas legislações, criou institutos que até então não existiam em nosso ordenamento jurídico, tal qual o direito de laje, a usucapião extrajudicial, dentre outras alterações que vieram impactar no planejamento urbano e consequentemente tem reflexos no mercado imobiliário.

Os conceitos trazidos pelo art. 11 da novel legislação retiram da clandestinidade dos denominados núcleos urbanos informais, de modo a conceder a seu ocupante a titularidade do bem imóvel ocupado, consoante se depreende das disposições do art. 10 da Lei 13.465/2017.

Criou-se duas modalidade de Reurb: a de interesse social destinada à população de baixa renda – Reurb-S, e outra de interesse específico – Reurb-E, que abrange uma população de renda intermediária ou até de alta renda, sendo que a primeira é aquela que tem maior dependência da atuação estatal, de modo a se concretizar.

No que diz respeito à Reurb-S em área de preservação ambiental, a matéria vem disciplinada no § 2º do art. 11 da Lei 13.465/2017, dependendo de estudos técnicos, eis que as disposições do art. 64 e 65 do Código Florestal não podem ser desprestigiadas. Em outro dizer, para se viabilizar a Reurb-S, em área de preservação ambiental, será necessário que o projeto de regularização fundiária de interesse social inclua estudo técnico, que venha a demonstrar a melhoria das condições ambientais em relação à situação anterior.

Sem embargo das disposições relativas Reurb-E, releva salientar que existe uma diferença de tratamento legislativo em relação à Reurb-S naquilo que diz respeito a núcleos urbanos informais, situados em área de preservação permanente, ainda que essa diferença seja praticamente

4. REGULARIZAÇÃO FUNDIÁRIA EM ÁREA DE PRESERVAÇÃO PERMANENTE – REURB

insignificante, resumindo-se, basicamente, na prestação de algumas informações adicionais no estudo técnico do projeto de regularização fundiária.

Há que se reconhecer que a regularização fundiária vem sustentada nos mais nobres valores contemplados pela nossa Lei Fundamental, dentre os quais vale destacar a dignidade da pessoa humana, o direito de moradia, o direito de acesso ao serviço público, notadamente no que diz respeito a saúde, educação, saneamento básico, dentre outros.

Decorrente disso, entendemos que a regularização fundiária em área de preservação permanente é passível de ser flexibilizada, principalmente em se tratando de Reurb-S, em razão do princípio da dignidade humana. Por outro lado, no que concerne à Reurb-E, que é um instituto aplicável à população de classe média ou alta, que muitas vezes implica edificações constituídas como casas de veraneio, empreendimentos hoteleiros construídas no local por uma escolha do proprietário e não porque não se tinha outra opção, deve prevalecer a proteção ambiental, posto que tal hipótese não carrega consigo os valores da proteção à dignidade do indivíduo, direito de moradia, dentre outros.

Em razão disso, embora a Lei nº 13.465/2017 traga expressamente a possibilidade de Reurb-E em área de preservação permanente, a nosso sentir, referido artigo não se encontra em consonância com os valores constitucionais já mencionados, motivo pelo qual deve prevalecer o princípio da proteção ao meio ambiente em detrimento da regularização fundiária de interesse especial, o que acaba por marcar os artigos da Reurb-E em área de preservação permanente com a pecha da inconstitucionalidade.

Referências

ALEXY, R., *Teoria dos Direitos Fundamentais*, 5. ed., São Paulo, Malheiros, 2006.

BANDEIRA DE MELLO, C. A., *Curso de Direito Administrativo*, 33. ed., São Paulo, Malheiros, 2016.

FERNANDES, E., "Desafios da Regularização Fundiária de Assentamentos Informais Consolidados", *Fórum de Direito Urbano e Ambiental* – FDUA, 2010. Disponível em: <https://bdjur.stj.jus.br/jspui/bitstream/2011/63990/desafios_regularizacao_fundiaria_fernandes.pdf>. Acesso em: 4 março 2019.

NOVOS PARADIGMAS DA REGULARIZAÇÃO FUNDIÁRIA URBANA

Maux, F. G. B, Associação dos Notário e Registradores do Estado do Rio Grande do Norte, *Regularização Fundiária Urbana (Reurb) – Conceitos, Objetivos, Pressupostos e Efetivação Registral*, 2017. Disponível em: <http://www.ano-regrn.org.br/noticia/regularizacao-fundiaria-urbana-reurb-conceitos-objetivos-pressupostos-e-efetivacao-registral/5065>. Acesso em: 4 mar. 2019.

5. Os Limites do Reconhecimento do Ocupante como Sujeito da Política Fundiária: uma Reflexão sobre os Corpos que não Importam

ALLAN RAMALHO FERREIRA

Introdução

A Lei nº 13.465, de 11 de julho de 2.017, é o novo marco fundiário brasileiro. Aparentemente, busca a novel legislação a completude. Pretende-se napoleônica; desenha-se, narcisisticamente, como um sistema fechado, ao menos no que tange à aplicabilidade dos instrumentos e procedimentos que inova. O corpo normativo, nada obstante se refira a diversos assuntos (o que torna especialmente difícil uma coerência perfeita), traz, no que é pertinente à regularização fundiária urbana (Título II, nosso recorte), um conceito autêntico (art. 9º), objetivos interfederativos (art. 10), um vocabulário operacional (art. 11), regras sobre legitimidade para o requerimento (art. 14), além da previsão e do minudente tratamento de instrumentos e procedimentos. É, pois, uma legislação robusta, não se pode negar. Entrementes, trata-se de um aparelho imperfeito – cujos defeitos são dissimulados pela Exposição de Motivos da Medida Provisória 759/2.016, que oferece um discurso oficial acerca da importância da regularização fundiária, nos moldes concebidos pelo Executivo federal, para a economia brasileira, tratando a moradia resumidamente como um ativo financeiro.

O regime jurídico da regularização fundiária urbana, adianto-me, não se exaure na nova lei, ao menos sob a perspectiva do vulnerável urbano. Além de uma necessária leitura constitucional e convencional (uma vez que o tema não pode ser desgrudado do direito humano e fundamental à moradia digna), são várias as normativas que se comunicam com o marco fundiário (algumas delas modificadas pela nova lei; outras previstas no âmbito legislativo municipal, que definem o planejamento urbano e a política habitacional no nível local), exigindo do observador um olhar sistemático. Além disso, o Direito Urbanístico, que abarca o tema da regularização fundiária urbana, permite a constituição, em minha concepção, de um microssistema, centrado no Estatuto da Cidade (que lhe dá organicidade – assemelhando-se ao papel do Código de Defesa do Consumidor no microssistema pátrio da tutela coletiva), direcionado à proteção de um sujeito vulnerável (exposto aos fatores urbanos de vulneração), qual seja, o morador de assentamentos informais, especialmente aqueles em situação agravada quando submetidos a remoções forçadas e expostos à violência de Estado. Nesse sentido, uma exposição apenas dos dispositivos da lei de regularização fundiária, ainda que organizada e depuradora (já que são inúmeras as omissões, as lacunas, as contradições e as obscuridades), não me parece contemplar integralmente a missão de abordar o regime jurídico da regularização fundiária urbana. Não pretendo, contudo, sanar os defeitos da nova lei, nem oferecer soluções integradas (este trabalho é hercúleo, certamente não conseguiria sozinho). Guardo propósitos mais singelos, que defino a seguir.

Algo que me parece interessante na novela "Na colônia penal", que me inspira neste estudo, é que ao descrever um aparelho de tortura, enaltecido por um oficial entusiasmado, Franz Kafka não se refere apenas à maquinaria, mas ao sistema político, caracterizado por medidas excepcionais, que lhe dá sustento. Igualmente, ao tratar sobre a regularização fundiária urbana, parece-me indissociável a sua conexão com as tramas políticas, sociais e econômicas, que põem a máquina para funcionar de forma tão automática, repetindo um movimento-padrão ["*Até este instante era necessário o trabalho das mãos, mas daqui para a frente ele funciona completamente sozinho*"]. Uma máquina tão incompleta, mas que funciona tão bem para o alcance de determinados objetivos hegemônicos. Seus defeitos são sentidos, com muito mais intensidade por uns do que por outros, isto é, são distribuídos diferencialmente entre os membros de uma mesma sociedade, de modo a precarizar suas vidas.

Pretendo, resumidamente, neste ensaio: (a) evidenciar que a normativa da regularização fundiária, assim como o Direito Urbanístico, não atua sobre espaços e propriedades apenas, mas, principalmente, sobre

5. OS LIMITES DO RECONHECIMENTO DO OCUPANTE COMO SUJEITO DA POLÍTICA FUNDIÁRIA

pessoas ou, como prefiro, sobre corpos; e, nessa toada, diferenciar e demonstrar (b) os corpos urbanos que importam; e, em contrapartida, (c) aqueles que não importam. Para cada objetivo reservei um capítulo.

1. O Direito sobre os Corpos Urbanos

Singular, o aparelho normativo não é físico, sólido ou tangível – por exemplo, não pode ser descrito com as particularidades de um aparelho de tortura kafkiano, isto é, por seu tamanho, peso, largura, cor ou forma. É, de outra sorte, um aparelho virtual, um *software*, porém de efeitos concretos sobre a realidade perceptível. O aparelho normativo apresenta uma natureza linguística-diretiva (é constituído por enunciados cogentes). Por isso, também desafia interpretações, tal como o aparelho descrito por Franz Kafka (na novela "Na colônia penal", soldados, exploradores, condenados e comandantes percebem o aparelho e suas influências sobre a sociedade de forma diversa: alguns cultuam sua (im)perfeição; outros, contudo, compreendem o terror nele encarnado). Com a regularização fundiária urbana, conquanto instrumento e diretriz da política urbana com previsão legislativa, não é diferente. Podemos também percebê-la como um aparelho. Essa percepção pode ser feita por diversas perspectivas. A linguagem é uma delas. O estudo da linguagem, adotada na Lei nº 13.465/17, é fundamental para compreender como o fenômeno da informalidade fundiária urbana foi capturado pelo legislador e quais são os limites do reconhecimento do ocupante como sujeito da política fundiária; em que medida esse sujeito é protegido (e, portanto, tem seu corpo como importante) ou desprotegido pela referida legislação, sendo, neste último caso exposto à violência de Estado.

O aparelho da regularização fundiária, diversamente daquele existente na novela kafkiana, pode ser tanto punitivo (inscreve nos corpos urbanos muito mais do que tinta – etiqueta-os com estigmas e preconceitos que influenciam, ou mesmo esvaziam, o estatuto jurídico dos moradores), quanto protetivo, a depender do corpo ao qual se dirige. A tônica da análise, em minha opinião, deve ser atribuída a essa fronteira de legalidade (proteção e qualificação do território informal) e ilegalidade (desconstrução do território informal e punição de seus moradores), sob o aspecto corporal (vale dizer: repercussões sobre os corpos humanos). Ao se legislar sobre a informalidade urbana, constituem-se círculos de proteção, ao largo dos quais impera a violência inerente ao

NOVOS PARADIGMAS DA REGULARIZAÇÃO FUNDIÁRIA URBANA

processo de urbanização brasileiro. Como regra, o monopólio da violência é do Estado (é este uma das colunas do *"rule of law"*), mas a decisão sobre seu uso, por vezes, não lhe pertence – como um cão, o Estado age conforme as correntes que o encoleiram, representadas pelos diversos interesses que se encontram e se confrontam nas instâncias decisórias de poder. É preciso, portanto, investigar as energias que movem a legislação.

Outra semelhança entre os aparelhos, o hipotético-literário e o normativo, é que ambos atuam sobre os corpos – não se trata de uma ênfase antropocêntrica, mas do reconhecimento de que o aparelho normativo se volta à disciplina dos corpos, e não apenas de espaços ou territórios; em outras palavras, a cidade é também um conjunto de corpos urbanos, que são qualificados, classificados, agrupados, monitorados e distribuídos espacialmente pela política urbana e pelos interesses que a impulsionam. (Quero sublinhar, de conseguinte, a importância da lente biopolítica – consoante pensadores como Michel Foucault, Giorgio Agamben, Achille Mbembe, Roberto Esposito, entre outros – para a compreensão do fenômeno urbano e da política urbana). Não raro se esquece que o "Direito sobre o urbano" não rege apenas espaços e disciplina propriedades (aliás, estes são objetos secundários da normatividade), mas sobretudo exerce controle sobre as pessoas, ou melhor, sobre seus corpos (que podem ser preenchidos por vida digna, ou não), assim como o aparelho da novela que inspira esse ensaio.

O Direito Urbanístico, no seu viés objetivo, na verdade, é um direito (conjunto de enunciados interpretados e aplicados às situações-problemas) sobre corpos urbanos – enquanto não o compreendermos assim, continuaremos manuseando seus instrumentos para a violação de interesses minoritários, em favor de um projeto de cidade imposto unilateralmente pelos detentores de mandato, sem uma ampla participação popular. (A democracia urbana não se encerra na representação popular, sabemos. Nesse sentido, categorias como inclusão, reconhecimento, pertencimento, identidade, representação, aparecimento, assembleia e desempenho, que compõem o repertório analítico de Judith Butler[1],

---

[1] Conferir: BUTLER, Judith. *Problemas de gênero: feminismo e subversão da identidade.* 15ª ed. Rio de Janeiro: Civilização Brasileira, 2017; *Corpos em aliança e a política das ruas: notas para uma teoria performativa de assembleia.* 1ª ed. Rio de Janeiro: Civilização Brasileira, 2018.

5. OS LIMITES DO RECONHECIMENTO DO OCUPANTE COMO SUJEITO DA POLÍTICA FUNDIÁRIA

parecem-me fundamentais para renovar as teorias sobre democracia, inclusive aquelas que se dedicam à chamada democracia urbana).

Ao dizer isso [Direito Urbanístico como direito sobre os corpos urbanos], tanto me refiro à ideia de incidência/aplicação de um conjunto de normas jurídicas a um determinado contingente populacional ("direito de alguém a algo"/ sujeito no sentido ativo ou dinâmico), mas, sobretudo, à ideia de sujeição/ "assujeitamento" deste grupo à disciplina e, especialmente, à violência de Estado ("direito de alguém a alguém"/ sujeito no sentido passivo ou inerte). Desta forma, mais do que as fronteiras entre a cidade legal e a cidade ilegal, o Direito Urbanístico (no seu viés disciplinador-punitivo) define cisões entre sujeitos-de-direito e sujeitos-não-de-direito; pessoas que receberão ou não algum tipo de proteção estatal em face das empreitadas de violação de seus direitos fundamentais, sob o pretexto de execução de uma política urbana, dentre os quais o direito à moradia digna; ou, por derradeiro, em termos butlerianos, corpos urbanos que importam e corpos urbanos que não importam. Além da regularização de espaços, para a sua incorporação ao ordenamento territorial (que, no sentido míope da legislação, ocorre apenas com a titulação de propriedade), há um indissociável processo de normalização e de docilização dos corpos para o atingimento dos fins capitalistas enunciados na Exposição de Motivos da MP originária – decorrentes de fenômenos bem conhecidos como a mercantilização da terra urbana e financeirização da moradia, que tomam o corpo urbano como cálculos de investimentos e negócios.

Como nomeamos o outro é determinante para definir os círculos de proteção e os vácuos de precariedade (para adotar aqui outro termo butleriano). Walter Benjamin, no seu texto *"Sobre a linguagem em geral e sobre a linguagem humana"*, parte da ideia de que todas as manifestações da vida do espírito do ser humano podem ser entendidas como uma forma de linguagem. Linguagem, para Benjamin, é toda comunicação de conteúdos espirituais nos respectivos domínios – cita ele: a arte, a justiça e a religião. Contudo, há uma peculiaridade na linguagem humana, que é a sua essência mais íntima, diferenciando-a da linguagem das coisas: o ser humano é aquele que nomeia; o ser humano torna-se o agente ativo (e único) da linguagem quando nomeia – ou, ainda nos seus termos, *"a essência-de-linguagem do ser humano está no fato de ele nomear as coisas"* (BENJAMIN, 2018, p. 12). A máquina jurídica age de forma diferencial,

NOVOS PARADIGMAS DA REGULARIZAÇÃO FUNDIÁRIA URBANA

pune ou escuda, a depender de como seu destinatário é por ela nomeado. Antes de agir, nomeia (ou julga) seu receptor. Portanto, a nomeação, enquanto prática política (com claro espraiamento para a dinâmica urbana), interessa-me demasiadamente para demonstrar os limites do reconhecimento do ocupante como sujeito de uma política fundiária nos moldes da legislação em vigor.

Observei acima que o marco fundiário (afinando-se, nesse tocante, com a Lei nº 11.977, de 7 de julho de 2.009, parcialmente revogada) em seu dicionário autêntico (art. 11), utiliza o termo "ocupante"[2] – ao leitor desavisado, poderia causar estranheza a não utilização do termo "invasor", malgrado essa expressão ainda esteja enraizada nos discursos hegemônicos justamente como uma chave para expulsar o morador de núcleo urbano informal dos círculos de proteção, relegando-o à selvageria estatal. (A lei continua agindo sobre os "invasores", embora assim não os nomeie, quando assume a faceta repreensiva para aplicar um castigo, a remoção forçada, e substituir a informalidade por outra coisa urbana, uma pena de natureza definitiva). Também é necessário pontuar que o Código de Processo Civil, de 2015, incorpora em sua gramática a palavra ocupante (arts. 554, §§ 1º e 2º; 590, parágrafo único), de modo que qualquer outra expressão-etiqueta para se referir ao réu em ações possessórias, petitórias ou mesmo ações civis públicas ambientais deverá ser repreendida pelo magistrado, nos termos do art. 78 do NCPC. (Em suma, em textos acadêmicos sérios e requerimentos técnico-forenses corretos, a palavra que se deve usar para se referir àquele que mantém poder de fato sobre lote ou fração ideal de terras públicas ou privadas

---

[2] Este termo é empregado 47 (quarenta e sete) vezes pelo legislador, tanto no corpo legislativo do marco fundiário (arts. 9º, caput; 10, I, II, III; 11, II, V, VI, VIII; 16, caput; 17, parágrafo único; 23, §§ 2º, 4º, 5º e 6º; 24; 25, caput; 31, § 8º; 35, VI; 39,§ 2º; 40, III; 41, VI; 52, parágrafo único; 59, § 2,º; 84, caput; §§ 4º e 5º; 85, caput; 98), quanto nas referências aos diplomas legislativos por ele alterados – Leis nº 8.629, de 25.02.1.993; 11.952, de 25.06.2.009; 13.240, de 30.12.2015; Decreto-Lei nº 9.760, de 05.09.1.946. A despeito disso, a lei, em alguns de seus fragmentos, também emprega os vocábulos "possuidor(es)" (arts. 15, III; 77, que altera a MP 2.220/2.001, que dispõe sobre a concessão de uso para fins de moradia – CUEM; 79, que altera o Estatuto da Cidade) e "detentor" (art. 15, IX) – apenas à guisa de curiosidade, pois não é esse o objeto de nossa pesquisa, o termo "proprietário" é empregado pelo legislador em 32 (trinta e duas) oportunidades.

5. OS LIMITES DO RECONHECIMENTO DO OCUPANTE COMO SUJEITO DA POLÍTICA FUNDIÁRIA

em núcleos urbanos informais é ocupante, com fulcro no art. 11, VIII, do marco fundiário).

A minha tese é que a nomeação é um ato linguístico complexo, que não se resume à expressão eleita para definir o destinatário de uma legislação. A resposta às indagações formuladas, por conseguinte, exigem imersões mais profundas sobre o material legislativo. Mesmo que chamado de ocupante, caso o morador de assentamentos informais ainda esteja submetido a dramáticos fatores de vulneração em razão desta condição, pouco teremos avançado na constituição de um efetivo microssistema direcionado à sua proteção – ainda continuará sendo o mesmo insumo humano de uma nefasta máquina destrutiva, o rastelo continuará a perfurar seu corpo, inscrevendo nele uma punição, como faz o aparelho da novela kafkiana. A adoção de uma expressão mais inclusiva, em minha opinião, não evitou, noutros fragmentos, o tratamento linguístico diferencial daqueles que ocupam, sem título de propriedade, e sem adequação urbanística, uma terra urbana. Na minha leitura, o novo marco fundiário, no que tange à Reurb, importa-se com dois grupos populacionais. Com os corpos hegemônicos, a lei preocupa-se genuinamente. Com os corpos "titulados", revela um cuidado condicionado (esses corpos essencialmente não importam). O que a lei faz, na análise que pretendo desenvolver nos derradeiros capítulos deste estudo, é uma diferenciação entre corpos urbanos que importam (a partir da investigação sobre a ampliação da noção de informalidade urbana para fins de regularização fundiária e a apropriação do instrumento pelas classes dominantes) e corpos urbanos que não importam (isto é: corpos que são modificados, a partir da atribuição de um título, para o exercício do consumo e do negócio na cidade).

2. Os Corpos que Importam (ou: a Expansão da Informalidade Fundiária Urbana e sua Apropriação pelas Classes Hegemônicas)

Como já registrado, a Lei nº 13.465/17 acolhe, em seu conceito autêntico (art. 9º), a concepção de Reurb como um conjunto de medidas jurídicas, urbanísticas, ambientais e sociais destinadas a duas finalidades nucleares: (a) incorporação dos núcleos urbanos informais ao ordenamento territorial urbano e (b) titulação dos seus ocupantes. Ao conceituar núcleo urbano informal, a lei recorta hipóteses distintas de informalidade urbanas, hierarquizando-as (ainda que de forma velada). Segundo

NOVOS PARADIGMAS DA REGULARIZAÇÃO FUNDIÁRIA URBANA

o art. 11, inciso II, núcleo urbano informal é aquele (a) clandestino; (b) irregular; ou (c) no qual não foi possível, por qualquer modo, a titulação de seus ocupantes, ainda que atendida a legislação vigente à época de sua implantação ou regularização. A lei cria, portanto, uma hipótese mais "branda" e "terna" de informalidade urbana (uma "quase-formalidade urbana"), caracterizada pela falta de titulação do ocupante, ainda que atendida a legislação e, portanto, ainda que regular (a hipótese se aparta da irregularidade e da clandestinidade, tomando-se a máxima que a lei não se utiliza de expressões inúteis).

Não é só. A Lei nº 11.977/2.009, no seu fragmento revogado, atrelava a regularização fundiária ao atendimento do direito social à moradia, ao pleno desenvolvimento das funções sociais da propriedade urbana e ao direito ao meio ambiente ecologicamente equilibrado. Mesmo a titulação dos ocupantes, também referida pela legislação anterior, estava direcionada ao atendimento destas finalidades sociais. Havia, com efeito, uma funcionalização do instrumento da regularização fundiária ao atendimento de diretrizes contra majoritárias da política urbana (art. 2º, Estatuto da Cidade) e aos objetivos republicados (art. 3º, CF). A titulação dos ocupantes, na legislação em vigor, procura outros propósitos, de cunho mais econômico-empresarial do que propriamente social-comunitário.

Quero chegar a um lugar: o novo marco fundiário, paradoxalmente, expande a noção de informalidade urbana para fins de titulação, desprendendo-a do direito à moradia por grupos urbanos vulneráveis e abrindo o instrumento para outras possibilidades, como salientado nos itens 94, 95 e 96, I, da Exposição de Motivos da Medida Provisória 759, de 22 de dezembro de 2016:

> "94. Referida informalidade não diz respeito, exclusivamente, à conhecida situação das favelas – a qual cristaliza o ponto mais extremo –, mas pode ser também verificada em bairros de baixo, médio e até alto padrão, alcançando edifícios, loteamentos e conjuntos habitacionais erguidos, direta ou indiretamente, pelo próprio Estado. Não decorre, portanto, apenas, de situações de pobreza".
>
> "95. Feitos os esclarecimentos acima, pontua-se que o novo marco legal da regularização fundiária urbana, ora proposto, contempla, em suma, as seguintes inovações:

106

5. OS LIMITES DO RECONHECIMENTO DO OCUPANTE COMO SUJEITO DA POLÍTICA FUNDIÁRIA

Um novo conceito de informalidade, para fins de caracterização do objeto da REURB, denominado núcleo urbano informal".

"96.I – SOBRE O NÚCLEO URBANO INFORMAL. O texto proposto estabelece o instituto do núcleo urbano informal como adensamento populacional que autoriza a aplicação das novas modalidades de regularização fundiária".

A informalidade urbana, no conceito expandido pelo marco fundiário, portanto, passa a abranger bairros de baixo, médio e até alto padrão, não decorrendo apenas de "situação" de pobreza. Diante dessa expansão, o instituto da regularização fundiária passa a ter como destinatários ocupantes (nesse conceito renovado) pertencentes às classes hegemônicas, que possivelmente não se enxergam nessa condição, porém têm em mãos, agora, um importante instrumento para obter a propriedade das terras (públicas ou privadas) e construções que possuem. No mais das vezes, os interesses destes grupos se resumem mesmo à regularização cartorária-matricular e a obtenção de um título de propriedade, visto que possivelmente a moradia é bem servida de infraestrutura essencial e serviços públicos. Não é o mesmo caso dos grupos populacionais urbanos mais pobres, que reclamam uma política de regularização fundiária integral (medidas jurídicas, urbanísticas, ambientais e sociais). A nova legislação, vertida à titulação e à geração de matrículas individuais, parece, portanto, preocupar-se mais (e genuinamente) com os grupos não titulados do que com a qualificação da moradia (e de seu entorno) dos grupos urbanos mais vulneráveis – parece-me que justamente aqui reside a cisão crucial entre os corpos que importam e os corpos que não guardam, para a lei, a mesma importância.

O novo espectro da informalidade fundiária urbana e sua funcionalização econômica torna o instrumento da regularização fundiária uma verdadeira arena de disputas – caracterizada pela desigualdade de oportunidades e de representação nas instâncias decisórias de poder. Nesse tocante, importante dar um passo para trás para bem compreender o já existente fenômeno da seletividade dos instrumentos da política urbana – algo parecido com o que acontece no Direito Penal. Os institutos da política urbana são apropriados e aplicados ao espaço da cidade de maneira diferencial. Os institutos do Direito Urbanístico chamado de administrativo-contratual foram sequestrados pelo mercado para a afirmação dos interesses hegemônicos do mercado imobiliário, do mercado financeiro, da indústria, do comércio e das classes dominantes. São recorrentes as notícias sobre novas PPPs (Parcerias Público-Privadas), sobre operações urbanas consorciadas, ou, ainda, sobre instrumentos novos como os PIUs (Projetos de Intervenção Urbana) – criado pelo Plano Diretor Estratégico do Município de São Paulo e regulamentados pelo Decreto nº 56.901/2016. Menos frequente, entretanto, é ouvir-se dizer sobre a regularização fundiária de uma favela ou de uma ocupação de prédio na área central, ou ainda sobre a efetiva aplicação de instrumentos de indução da função social de propriedades urbanas, alguns exemplos de dispositivos que formam, na minha concepção, um Direito Urbanístico Comunitário – substituído, infelizmente, por um Direito Urbanístico Disciplinador-Punitivo (ou Repressor), que aposta no desfazimento da informalidade urbana e na remoção das pessoas, ao talante dos manipuladores deste direito. O fato é que o instituto da regularização fundiária, que outrora era destinado a um público bem específico, doravante põe-se a buscar a incorporação dos núcleos urbanos informais ao ordenamento territorial urbano e a titulação dos ocupantes, abrangendo diversas classes, e, por isso, submete-se à aplicação diferencial a depender de seu destinatário.

Abandonarei essa crítica sobre a expansão da regularização fundiária, ao menos nesta oportunidade, remanescendo o convite à reflexão. Antes, sumarizo meu raciocínio: com a expansão da noção de informalidade fundiária e sua abrangência de classes dominantes, a lei revela a sua preocupação mais estreme, qual seja, a de tornar a regularização fundiária urbana um instrumento de titulação de moradores de bairros de médio e alto padrão; apenas lateral e condicionalmente, o marco fundiário preocupa-se com as classes urbanas mais pobres, moradoras de núcleos urbanos desservidos de infraestrutura essencial e de serviços públicos, com a única intenção de integrá-los aos mercados formais. Nesse sentido é que arrematarei este estudo.

Conclusões

O novo marco tem uma absurda obsessão pela titulação individual (conferir, à guisa de ilustração, os seguintes dispositivos: 10; 13, IV, 36, II, 40, III, 44, § 1º, II; 52). Isso tem um sentido. O mercado imobiliário-formal, alicerçado no crédito (e, por isso, associado ao mercado financeiro), não está franqueado a todos e todas – ainda que o Estado desenvolva uma

5. OS LIMITES DO RECONHECIMENTO DO OCUPANTE COMO SUJEITO DA POLÍTICA FUNDIÁRIA

política de subsídio ou de estímulo ao consumo imobiliário. Historicamente, os grupos excluídos do mercado imobiliário-formal desenvolveram outras práticas para a inscrição de seus legítimos interesses no espaço urbano. Uma dessas experiências foi a constituição de núcleos urbanos informais, em áreas pouco interessantes para o mercado formal em determinado quadro histórico ou com alguma suscetibilidade de ocorrências desastrosas ou restrição ambiental. Essas moradias, caso não "regularizadas" (vale dizer, tituladas, ou transformadas em matrículas individuais registradas nos cartórios de imóveis), pouca serventia têm ao mercado formal: não podem ser entregues como garantias contratuais, não podem ser constritas em execuções por dívidas; não são objeto de comissões de corretores, etc. Há um mercado igualmente informal que se apodera desses negócios. A estratégica do novo marco fundiário é comodificar essas moradias informais, transformar o ocupante em proprietário para integrá-lo à economia e ao mercado formais, dando-lhe garantias e patrimônio para responder por suas dívidas. Visa, ainda, torná-lo contribuinte e contratante – distribuindo-lhe carnês de IPTU, faturas de energia elétrica, de serviços de fornecimento de água e coleta de esgoto, etc. Por outra via, que não ao do mercado imobiliário-formal, pretende a nova lei incorporar ao mercado financeiro os ocupantes titulados.

Nesse sentido, conferir os itens 88, 89 e 91 da Exposição de Motivos da Medida Provisória originária:

"88. É que o reconhecimento, pelo Poder Público, dos direitos reais titularizados por aqueles que informalmente ocupam imóveis urbanos, permite que estes imóveis sirvam de base para investimento do capital produtivo brasileiro, à medida que poderão ser oferecidos em garantia de operações financeiras, reduzindo custos de crédito, por exemplo".

"89. Também, a regularização fundiária urbana contribui para o aumento do patrimônio imobiliário do País e representa a inserção de capital na economia, à medida que agrega valor aos imóveis regularizados, os quais, inclusive, tornam-se alvo de tributação (IPTU, ITR, ITBI) ou de cobrança de preços públicos (foros e laudêmios)".

"91. Como é sabido, a terra constitui a base para o desenvolvimento econômico e social de um País. É nela que se desenvolvem a moradia, a indústria e o comércio. Quando a terra – urbana ou rural – não está registrada em

NOVOS PARADIGMAS DA REGULARIZAÇÃO FUNDIÁRIA URBANA

Cartório de Registro de Imóveis, para além de situar fora da economia, restam mitigados direitos que garantem cidadania aos seus ocupantes. Viabilizar a regularização fundiária, assim, mais do que assegurar a função social das cidades, a segurança e a dignidade de moradia, dinamiza a economia brasileira".

Com o título, contudo, vêm os ônus, o "custo da cidadania". A titulação de ocupantes é uma providência insuficiente em termos de regularização fundiária. Se por um lado atribui uma forte segurança jurídica à permanência dos ocupantes (já que a proteção possessória é extremamente frágil quando descolada do título de propriedade, conforme minha experiência forense na atuação em conflitos fundiários urbanos), conduz o titulado a perigos de deslocamentos de outras ordens. Aqui me refiro ao potencial gentrificador da regularização fundiária, diante do encarecimento da manutenção da unidade habitacional regularizada. Em outras palavras, a lei não assegura medidas para a manutenção da população no assentamento regularizado. Não foram construídas soluções como alíquotas diferenciais de IPTU, tarifas sociais para o uso da rede de abastecimento de água e de coleta de esgoto (bens de natureza essencial), dentre outros custos – ao revés, o § 7º do art. 13 é claro ao dispor: "a partir da disponibilidade de equipamentos e infraestrutura para a prestação de serviço público do abastecimento de água, coleta de esgoto, distribuição de energia elétrica, e outros serviços públicos, é obrigatório aos beneficiários da Reurb realizar a conexão da edificação à rede de água, de coleta de esgoto ou de distribuição de energia elétrica e adotar as demais providências necessárias à utilização do serviço, salvo disposição em contrário na legislação municipal". Esse encarecimento, por vezes, motiva as famílias a abandonar a unidade regularizada, ainda que alienando-a por instrumentos particulares, para buscar outras alternativas de moradia mais compatíveis com seus rendimentos – essa expulsão pode significar uma reprimenda definitiva, pois são muitas as normas que impedem o atendimento habitacional por política estatal pela segunda vez. Conduzido ao mercado formal de consumo, os ocupantes, agora proprietários, passam a ter a incumbência de consumir com regularidade e adimplência, sob pena de inserção em cadastros de devedores, possibilidade de penhora de suas casas (inclusive por débitos tributários a elas correspondentes), etc.

5. OS LIMITES DO RECONHECIMENTO DO OCUPANTE COMO SUJEITO DA POLÍTICA FUNDIÁRIA

Preocupa-me, em síntese, a noção incompleta de regularização fundiária abarcada pela lei. A titulação é deveras importante, porém não pela perspectiva econômica – nenhum dos ocupantes pensa no acréscimo patrimonial que experimentam ao ver regularizada sua construção. Por essa exata perspectiva, parece-me haver perigos. A lógica do mercado nunca aproveitou aos mais pobres. A recorrente entrega da política habitacional à iniciativa privada, fenômeno histórico da dinâmica fundiária brasileira, coleciona um sem-número de exemplos – apenas por ilustração, refiro-me à política desenvolvida no período olímpico no Rio de Janeiro, que demonstrou-se nefasta em cinco sentidos: (a) direcionamento de obras e empreendimentos para áreas ocupadas por populações de baixa renda, criando-se um "interesse público" para a sua remoção; (b) construção de empreendimentos Minha Casa Minha Vida para receber a população removida, construídos nos solos mais baratos e com materiais de péssima qualidade; (c) deslocamento em massa da população para a Zona Oeste da cidade, território pouco servido de equipamentos e serviços públicos, bem como dominado por milícias (gerando, por sua vez, o sequestro das unidades habitacionais ou o abandono por partes dos contemplados para a busca de melhores alternativas habitacionais); (d) vigilância e controle das comunidades pela instalação de UPPs; (e) desligamento dos bairros nobres em relação ao subúrbio, com a eliminação de linhas diretas e o encarecimento da viagem (ante a necessidade de usar mais de um modal). Os núcleos urbanos informais deram lugar a parques olímpicos e demais equipamentos esportivos, novas vias, traçados de BRTs, etc. A informalidade urbana desapareceu. Não obstante, não se pode afirmar seriamente que houve uma política exitosa de regularização fundiária. Daí arrematar: regularização fundiária não é sinônimo de desaparecimento de informalidade fundiária – esta (a informalidade) pode ser sintoma de uma política de remoção segregadora, como o exemplo carioca.

A titulação, na minha opinião, deveria ser operada com vistas a atribuir segurança da posse aos ocupantes[3]. (Infelizmente, em nossa ordem

---

[3] Nesse sentido: "8. Assim, a concepção de adequação é particularmente significante em relação ao direito à habitação, desde que serve para realçar um número de fatores que devem ser levados em consideração para constituir 'habitação adequada', pelos propósitos da Convenção. Enquanto a adequação é determinada em parte por fatores sociais, econô-

NOVOS PARADIGMAS DA REGULARIZAÇÃO FUNDIÁRIA URBANA

jurídica, a propriedade é o instituto que confere maior proteção em relação a ameaças e lesões; a posse tem um sistema protetivo precário, salvo quando vinculado a um título de proprietário; apartado da posse e da propriedade, o instituto da detenção não oferece qualquer círculo de proteção ao detentor – nesse sentido, a recente Súmula 619 da jurisprudência do STJ: "a ocupação indevida de bem público configura mera detenção, de natureza precária, insuscetível de retenção ou indenização por acessões e benfeitorias"). O novo marco fundiário sequer avança na construção de outras soluções que não a própria propriedade e a regularização fundiária de cunho matricular-cartorária. E é justamente esta armadilha (atribuição de propriedade sem requisitos razoáveis) que coloca em risco a validade da norma – a Lei nº 13.465/2017 está contestada, quanto a sua constitucionalidade (formal e material) pelas ADIs nº 5.787 (PT), 5.771 (MPF) e 5.883 (IAB).

De outro turno, a lei pouco avança nos demais elementos de adequação da moradia, vale dizer, disponibilidade de serviços, materiais, facilidades e infraestrutura, o custo acessível (como já salientado retro), habitabilidade, acessibilidade, localização e adequação culturais (critérios estipulados pelo Comentário Geral nº 4 do Comitê de Direitos Econômicos, Sociais e Culturais, da Organização das Nações Unidas). Acerca da infraestrutura essencial, prevê o marco fundiário que o projeto urbanístico, que integra o projeto de regularização fundiária (art. 35, IV), deve conter a indicação das obras de infraestrutura essencial, quando necessárias (art. 36, VIII). Entretanto, prevê o § 3º do art. 36, da referida legislação, que as obras de implantação de

micos, culturais, climáticos, ecológicos e outros fatores, o Comitê acredita, contudo, que é possível identificar certos aspectos do direito que devem ser levados em consideração para este propósito em qualquer contexto particular. Eles incluem os seguintes: a. Segurança legal de posse. A posse toma uma variedade de formas, incluindo locação (pública e privada), acomodação, habitação cooperativa, arrendamento, uso pelo próprio proprietário, habitação de emergência e assentamentos informais, incluindo ocupação de terreno ou propriedade. Independentemente do tipo de posse, todas as pessoas deveriam possuir um grau de sua segurança, o qual garanta proteção legal contra despejos forçados, pressões incômodas e outras ameaças. Estados-partes deveriam, consequentemente, tomar medidas imediatas com o objetivo de conferir segurança jurídica de posse sobre pessoas e domicílios em que falta proteção, em consulta real com pessoas e grupos afetados (...)" (Comentário Geral nº 4, do Comitê de Direitos Econômicos, Sociais e Culturais da Organização das Nações Unidas).

5. OS LIMITES DO RECONHECIMENTO DO OCUPANTE COMO SUJEITO DA POLÍTICA FUNDIÁRIA

infraestrutura essencial, de equipamentos comunitários e de melhoria habitacional, bem como sua manutenção, podem ser realizadas antes, durante ou após a conclusão da Reurb. Aliás, insta sublinhar que a lei atribui diversas discricionariedades ao Município – as flexões do verbo "poder" aparecem, no marco fundiário, 57 (cinquenta e sete) vezes. Em outras palavras, a Reurb poderá chegar ao seu fim, gerando título de propriedade, sem o término das obras de infraestrutura essencial. Dizendo de outra forma: a regularização fundiária, ainda que de interesse social (Reurb-S), não significará necessariamente uma melhoria das condições habitacionais e ambientais dos núcleos urbanos regularizados).

Os corpos que interessam à legislação são os corpos titulados. Sem rodeios, mais interessam os títulos do que os corpos. Não há a previsão de outras soluções de regularização fundiária diversas da atribuição de propriedade – nesse tocante, a lei se aparta, ao menos na esfera federal, de uma política habitacional inclusiva, meditada sobre as diversas realidades dos grupos vulneráveis urbanos (moradores de assentamentos informais, população em situação de rua, pessoas idosas, etc.). Não há uma verdadeira preocupação com a permanência dos moradores na área regularizada (ao contrário do que prevê o inciso II, do art. 10, da lei em comento), visto que a regularização fundiária poderá submeter o vulnerável urbano a situações de remoção em decorrência do encarecimento de sua moradia. Não há, por fim, a obrigatoriedade da realização das obras de infraestrutura essencial para a conclusão do processo de Reurb – embora titulado, o ocupante poderá permanecer em núcleos precarizados. Certamente, o direito fundamental à moradia digna, a função social da propriedade urbana, as funções sociais da cidade e a preservação do meio ambiente, não são preocupações centrais do marco fundiário. O que importa é o título de propriedade e sua movimentação nas trocas negociais. Os corpos, ainda que titulados, apenas importam enquanto consumidores formais (por isso que a preocupação da lei com esses corpos não hegemônicos é apenas condicional, isto é, subordinada à potência de consumo formal). Ao largo disso, os grupos urbanos vulneráveis continuam a se submeter preferencialmente à violência de Estado, sistêmica e inerente aos processos de urbanização e de expansão urbana. O reconhecimento dos ocupantes como sujeitos da política fundiária urbana submete-se a todos os limites que procurei expor neste

NOVOS PARADIGMAS DA REGULARIZAÇÃO FUNDIÁRIA URBANA

arrazoado. Cumpre a nós, entusiastas de uma política fundiária inclusiva, construir soluções contra-hegemônicas.

Referências

BENJAMIN, Walter, *Linguagem, tradução, literatura (filosofia, teoria e crítica)*, Tradução de João Barrento, Belo Horizonte, Autêntica Editora, 2018.

BUTLER, Judith, *Problemas de gênero: feminismo e subversão da identidade*, 15ª ed., Rio de Janeiro, Civilização Brasileira, 2017.

–, *Corpos em aliança e a política das ruas: notas para uma teoria performativa de assembleia*, Rio de Janeiro, Civilização Brasileira, 2018.

KAFKA, Franz, *O veredicto/ Na colônia penal*, Tradução de Modesto Carone, São Paulo, Companhia das Letras, 1998.

6. A Incidência da Lei Federal nº 13.465/2017 no Processo de Revisão dos Planos Diretores

ROSANE DE ALMEIDA TIERNO

Introdução

O planejamento urbano é um dos temas transversais à política urbana, que veio alcançar *status* constitucional, com a promulgação da Constituição Federal de 1988. Isso porque a política de desenvolvimento urbano a ser executada pelo poder público municipal é integrante do planejamento urbano.

O Estatuto da Cidade, Lei nº 10.257, de 10 de julho de 2001, vem esclarecer o papel do planejamento urbano nos municípios ao informar no § 1º do art. 40 que

> o plano diretor é integrante do processo de planejamento municipal, devendo o plano plurianual, as diretrizes orçamentárias e o orçamento anual incorporar as diretrizes e as prioridades nele contidas[1].

Assim, por desiderato constitucional o planejamento urbano deve ser efetuado pelo Município, por meio do plano diretor.

---

[1] Estatuto da Cidade: "Art. 40. O plano diretor, aprovado por lei municipal, é o instrumento básico da política de desenvolvimento e expansão urbana. § 1º O plano diretor é parte integrante do processo de planejamento municipal, devendo o plano plurianual, as diretrizes orçamentárias e o orçamento anual incorporar as diretrizes e as prioridades nele contidas."

O § 1º do art. 182 da Constituição Federal revela cabalmente o alcance jurídico do plano diretor:

§ 1º O plano diretor, aprovado pela Câmara Municipal, obrigatório para cidades com mais de vinte mil habitantes, é o instrumento básico da política de desenvolvimento e de expansão urbana.

Note-se que o plano diretor é instrumento obrigatório para municípios com mais de vinte mil habitantes e nas cidades com as seguintes características elencadas pelo art. 41 do Estatuto da Cidade:

I – com mais de vinte mil habitantes;

II – integrantes de regiões metropolitanas e aglomerações urbanas;

III – onde o Poder Público municipal pretenda utilizar os instrumentos previstos no § 4º do art. 182 da Constituição Federal;

IV – integrantes de áreas de especial interesse turístico;

V – inseridas na área de influência de empreendimentos ou atividades com significativo impacto ambiental de âmbito regional ou nacional;

VI – incluídas no cadastro nacional de Municípios com áreas suscetíveis à ocorrência de deslizamentos de grande impacto, inundações bruscas ou processos geológicos ou hidrológicos correlatos.

Sobre a ampliação do rol legal das cidades com a obrigatoriedade de elaborar plano diretor, em especial aquelas integrantes de regiões metropolitanas:

O Estatuto da Cidade, instituído pela Lei Federal nº 10.257/2001, a partir de uma ampla mobilização da sociedade civil, tendo como base o Fórum Nacional da Reforma Urbana, constitui um marco na tentativa de afirmar a função social da propriedade, promover o direito à cidade e, em particular, criar instrumentos a partir dos quais o planejamento territorial, tendo como prioridade os Planos Diretores, deveria apoiar a implementação de outras agendas sociais. Inclusive na escala metropolitana. Na verdade, o Estatuto visava regulamentar o art. 182 e 183 da CF, mas acabou indo além, constituindo uma espécie de consolidação geral de diretrizes, instrumentos e garantias para o exercício democrático da gestão urbana[2].

---

[2] SCHASBERG, Benny; LOPES, Alberto. O tema metropolitano nos planos diretores. In: SANTOS JUNIOR, Orlando Alves; MONTANDON, Daniel Todtmann (org.). *Os planos diretores*

6. A INCIDÊNCIA DA LEI FEDERAL Nº 13.465/2017 NO PROCESSO DE REVISÃO...

1. Conteúdo dos Planos Diretores

O conteúdo dos planos diretores começa a ser conceituado pela Constituição Federal, são definidos pelo Estatuto da Cidade e são mais estreitamente regulados na Resolução do Conselho Nacional da Cidade nº 25/2006.

É revelador o § 2º do art. 182, ao estabelecer que a propriedade urbana cumpre sua função social quando atende às exigências fundamentais de ordenação da cidade expressas no plano diretor. Essa é a mesma função social prevista no inciso XXIII do art. 5º da Constituição Federal[3], nos dispositivos que tratam dos direitos e deveres individuais e coletivos. Desse modo, podemos inferir que, ao disciplinar as diversas modalidades de função social da propriedade, o plano diretor, por excelência, traduz o cumprimento da função social da cidade.

Esse entendimento vem sendo consolidado pela jurisprudência pátria:

> APELAÇÃO CIVIL. MANDADO DE SEGURANÇA. ALVARÁ DE FUNCIONAMENTO. EXPEDIÇÃO CONDIONADA AO PAGAMENTO DA OUTORGA ONEROSA DE ALTERAÇÃO DE USO. EXIGIBILIDADE QUE CONCRETIZA A FUNÇÃO SOCIAL DA CIDADE E DA PROPRIEDADE. POSSIBILIDADE. 1. A ONALT é instrumento de política urbana, criado pelo Estatuto da Cidade (Lei nº 10.257/2001), nos artigos 28 a 31, e com condições previstas no Plano Diretor do Distrito Federal e na Lei Complementar Distrital nº 294/2000. 2. Prevê a cobrança, mediante pagamento de valor monetário, pela modificação ou extensão dos usos e dos diversos tipos de atividades que os compõem, previstos na legislação de uso e ocupação do solo para a unidade imobiliária ou quaisquer dos seus pavimentos, que venham a acarretar a valorização dessa unidade imobiliária (art. 2º da LC nº 294/2000). 3. Nos termos do art. 6º da Lei Complementar nº 294/2000, a expedição do alvará de funcionamento está condicionada ao pagamento de débito relativo ao valor integral da outorga onerosa da alteração de uso – ONALT. 4. No julga-

---

municipais pós-Estatuto da Cidade: balanço crítico e perspectivas. Rio de Janeiro: Letra Capital, 2011. p. 224.

[3] Constituição Federal: "Art. 5º Todos são iguais perante a lei, sem distinção de qualquer natureza, garantindo-se aos brasileiros e aos estrangeiros residentes no País a inviolabilidade do direito à vida, à liberdade, à igualdade, à segurança e à propriedade, nos termos seguintes: (...) XXIII – a propriedade atenderá a sua função social (...)."

mento da Arguição de Inconstitucionalidade nº 2012.00.2.006872-8 decidiu-se pela constitucionalidade do art. 6º da Lei Complementar Distrital nº 294/2000, que impunha o pagamento da ONALT para expedição de alvará de funcionamento. 5. Recurso voluntário e remessa de ofício conhecidos e providos.

(TJ-DF, 5ª Turma Cível, APO 20100110489144, Rel. Carlos Rodrigues, j. 02/09/2015, *DJE* 18/09/2015, p. 207.)

RECURSO EXTRAORDINÁRIO. ADMINISTRATIVO. LOTEAMENTO. OBSERVÂNCIA DO PLANO DIRETOR. IMPOSSIBILIDADE DE ANÁLISE DE LEGISLAÇÃO LOCAL E DE REEXAME DO CONJUNTO FÁTICO-PROBATÓRIO: SÚMULAS NS. 279 E 280 DO SUPREMO TRIBUNAL FEDERAL. AUSÊNCIA DE OFENSA CONSTITUCIONAL DIRETA. RECURSO EXTRAORDINÁRIO AO QUAL SE NEGA SEGUIMENTO. Relatório 1. Recurso extraordinário interposto com base no art. 102, inc. III, al. *a*, da Constituição da República contra o seguinte julgado do Tribunal de Justiça de Santa Catarina: AMBIENTAL E URBANÍSTICO. AÇÃO CIVIL PÚBLICA. ASSOCIAÇÃO DE PRESERVAÇÃO DO MEIO AMBIENTE DE GOVERNADOR CELSO RAMOS CONTRA O MUNICÍPIO E A EMPREENDEDORA POR INOBSERVÂNCIA AO PLANO DIRETOR AO IMPLANTAR O LOTEAMENTO PALMAS DO ARVOREDO. AGRAVO RETIDO. AUSÊNCIA DE INTERESSE PROCESSUAL. INOCORRÊNCIA. UTILIDADE E NECESSIDADE DE OBSERVAÇÃO DO PLANO DIRETOR QUE TEM POR ESCOPO ORDENAR O DESENVOLVIMENTO E A FUNÇÃO SOCIAL DA CIDADE E GARANTIR O BEM-ESTAR DE SEUS HABITANTES. INTELIGÊNCIA DO ART. 182 DA CRFB/88. A Constituição da República Federativa de 1988, em seu art. 182, § 1º, disciplina que "O plano diretor, aprovado pela Câmara Municipal, obrigatório para cidades com mais de vinte mil habitantes, é o instrumento básico da política de desenvolvimento e de expansão urbana". E complementa o § 2º do mesmo dispositivo, que: "A propriedade urbana cumpre sua função social quando atende às exigências fundamentais de ordenação da cidade expressas no plano diretor". De modo que inconteste o interesse processual da autora ao manejar a presente ação civil pública para resguardar o cumprimento do plano diretor municipal, que tem por objetivo ordenar o desenvolvimento das funções sociais da cidade e garantir o bem-estar de seus habitantes (art. 182, *caput*, do CRFB/88). ILEGITIMIDADE ATIVA *AD CAUSAM*. PROEMIAL AFASTADA ASSOCIAÇÃO PROTETORA DO MEIO AMBIENTE. PROTEÇÃO

6. A INCIDÊNCIA DA LEI FEDERAL Nº 13.465/2017 NO PROCESSO DE REVISÃO...

QUE SE ESTENDE À ORDEM URBANA. MEIO AMBIENTE URBANO. A proteção ao meio ambiente compreende a ordem urbana da localidade, mormente porque nenhuma cidade é construída sem produzir impactos sobre o meio ambiente, sejam eles positivos ou negativos, de modo que mesmo que na constituição da associação não conste expressamente a proteção à ordem urbanística, cabe a ela, também, defender o cumprimento do plano diretor do Município, a fim de proteger o meio ambiente urbano. (...) APELAÇÃO DA EMPREENDEDORA (LOTEADORA). IRREGULARIDADES NA PAVIMENTAÇÃO DO PAVIMENTO. ALVARÁ DE CONSTRUÇÃO CONCEDIDO PELA PREFEITURA E LICENCIAMENTO PELOS ÓRGÃOS AMBIETAIS. PRESUNÇÃO DE LEGALIDADE DOS ATOS DA ADMINISTRAÇÃO PÚBLICA. CONVALIDAÇÃO EM RAZÃO DO PRINCÍPIO DA SEGURANÇA JURÍDICA, ESTABILIDADE DAS RELAÇÕES E BOA-FÉ. SENTENÇA REFORMADA E APELO PROVIDO, NO TÓPICO. "(...) A licença para construir é ato administrativo que goza de presunção de legitimidade, por isso não se pode exigir do administrado que suponha a irregularidade do alvará que lhe foi concedido. Assim, tendo a municipalidade concedido alvará de construção e permitido que a situação se consolidasse com a finalização da obra, sem tê-la embargado no curso da edificação, torna-se injusta a negativa do 'habite-se', especialmente se a construção foi feita de acordo com o projeto aprovado pela Prefeitura." (TJSC, AC em MS nº 2006.034722-9, rel. Des. Sérgio Roberto Baasch Luz, j. 19.4.07). SENTENÇA REFORMADA. AGRAVO RETIDO, RECURSO DOS TERCEIROS INTERESSADOS E REMESSA DESPROVIDOS. APELO DA EMPREENDEDORA PROVIDO (doc. 10). Os embargos de declaração opostos foram rejeitados. 2. A Recorrente alega contrariedade ao art. 182, § 1º e § 2º, da Constituição da República, sustentando que houve, portanto, no caso em tela, manifesta contrariedade ao PLANO DIRETOR MUNICIPAL, o qual é inclusive confirmado pelo MM. Juízo *a quo*, que, no entanto, tenta fundamentar sua decisão com base no PRINCÍPIO DA SEGURANÇA JURÍDICA, asseverando que a construtora ré possuía autorização municipal para construção e que tal elemento seria dotado de boa--fé (fl. 9, doc. 16). Examinados os elementos havidos no processo, DECIDO. 3. Razão jurídica não assiste à Recorrente. 4. A apreciação do pleito recursal demandaria análise da legislação local (Plano Diretor municipal) e reexame do conjunto fático-probatório do processo, procedimento inviável em recurso extraordinário. Incidem, na espécie, as Súmulas ns. 279 e 280 do Supremo Tribunal Federal: DIREITO URBANÍSTICO. PLANO DIRETOR. LC

NOVOS PARADIGMAS DA REGULARIZAÇÃO FUNDIÁRIA URBANA

17/2008. MUNICÍPIO DE APARECIDA DE GOIÂNIA. EVENTUAL OFENSA REFLEXA NÃO ENSEJA RECURSO EXTRAORDINÁRIO. NECESSIDADE DE INTERPRETAÇÃO DE LEGISLAÇÃO LOCAL. APLICAÇÃO DA SÚMULA 280/STF. ACÓRDÃO RECORRIDO PUBLICADO EM 19.12.2012. As razões do agravo regimental não são aptas a infirmar os fundamentos que lastrearam a decisão agravada, mormente no que se refere ao óbice da Súmula 280 do STF, a inviabilizar o trânsito do recurso extraordinário. A suposta ofensa aos postulados constitucionais invocados no apelo extremo somente poderia ser constatada a partir da análise da legislação infraconstitucional, o que torna oblíqua e reflexa eventual ofensa, insuscetível, portanto, de viabilizar o conhecimento do recurso extraordinário. Agravo regimental conhecido e não provido (RE nº 789.816-AgR, Relatora a Ministra Rosa Weber, Primeira Turma, DJe 20.11.2014). AGRAVO REGIMENTAL NO RECURSO EXTRAORDINÁRIO COM AGRAVO. ADMINISTRATIVO. DEMOLIÇÃO DE IMÓVEL EM SITUAÇÃO IRREGULAR. PRÉVIA ANÁLISE DE LEGISLAÇÃO INFRACONSTITUCIONAL E REEXAME DE PROVAS. SÚMULAS NS. 279 E 280 DO SUPREMO TRIBUNAL FEDERAL. AUSÊNCIA DE OFENSA CONSTITUCIONAL DIRETA. AGRAVO REGIMENTAL AO QUAL SE NEGA PROVIMENTO (ARE nº 868.838-AgR, de minha relatoria, Segunda Turma, DJe 28.4.2015). EMBARGOS DE DECLARAÇÃO NO RECURSO EXTRAORDINÁRIO. EFEITOS INFRINGENTES. CONVERSÃO EM AGRAVO REGIMENTAL. DIREITO ADMINISTRATIVO. TERRENO DE MARINHA. ÁREA DE PRESERVAÇÃO PERMANENTE. CONSTRUÇÃO. UTILIZAÇÃO. RESIDÊNCIA FAMILIAR. ACÓRDÃO FUNDAMENTADO NA LEGISLAÇÃO INFRACONSTITUCIONAL E NO CONJUNTO PROBATÓRIO: SÚMULA Nº 279 DO SUPREMO TRIBUNAL FEDERAL. AUSÊNCIA DE OFENSA CONSTITUCIONAL DIRETA. AGRAVO REGIMENTAL AO QUAL SE NEGA PROVIMENTO (RE nº 896.856-ED, de minha relatoria, Segunda Turma, DJe 30.9.2015). Nada há a prover quanto às alegações da Recorrente. 5. Pelo exposto, nego seguimento ao recurso extraordinário (art. 557, *caput*, do Código de Processo Civil e art. 21, § 1º, do Regimento Interno do Supremo Tribunal Federal). Publique-se. Brasília, 7 de dezembro de 2015. Ministra CÁRMEN LÚCIA Relatora.

(STF, RE 927.439-SC, Rel. Min. Cármen Lúcia, j. 07/12/2015, *DJe*-252 16/12/2015.)

O Estatuto da Cidade, por seu turno, amplia conteúdo do plano diretor ao estabelecer em seu art. 42 que o mesmo deverá contemplar a deli-

6. A INCIDÊNCIA DA LEI FEDERAL Nº 13.465/2017 NO PROCESSO DE REVISÃO...

mitação das áreas urbanas onde poderá ser aplicado o parcelamento, edificação ou utilização compulsórios, considerando a existência de infraestrutura e de demanda para utilização; as disposições requeridas pelos arts. 25, 28, 29, 32 e 35 (direito de preempção; outorga onerosa do direito de construir; operações urbanas consorciadas; e transferência do direito de construir); e sistema de acompanhamento e controle do plano diretor.

Além do conteúdo acima, de acordo com o art. 42-A, o plano diretor dos municípios incluídos no cadastro nacional de municípios com áreas suscetíveis à ocorrência de deslizamentos de grande impacto, inundações bruscas ou processos geológicos ou hidrológicos correlatos deverá conter:

I – parâmetros de parcelamento, uso e ocupação do solo, de modo a promover a diversidade de usos e a contribuir para a geração de emprego e renda;

II – mapeamento contendo as áreas suscetíveis à ocorrência de deslizamentos de grande impacto, inundações bruscas ou processos geológicos ou hidrológicos correlatos;

III – planejamento de ações de intervenção preventiva e realocação de população de áreas de risco de desastre;

IV – medidas de drenagem urbana necessárias à prevenção e à mitigação de impactos de desastres;

V – diretrizes para a regularização fundiária de assentamentos urbanos irregulares, se houver, observadas a Lei nº 11.977, de 7 de julho de 2009, e demais normas federais e estaduais pertinentes, e previsão de áreas para habitação de interesse social por meio da demarcação de zonas especiais de interesse social e de outros instrumentos de política urbana, onde o uso habitacional for permitido; e

VI – identificação e diretrizes para a preservação e ocupação das áreas verdes municipais, quando for o caso, com vistas à redução da impermeabilização das cidades.

A Resolução nº 25, de 18 de março de 2005, do Conselho Nacional das Cidades, que posteriormente deu origem à Resolução Recomendada ConCidades nº 83, de 8 de dezembro de 2009, do Ministério das Cidades, além de reafirmar dispositivos do Estatuto da Cidade, estabeleceu procedimento para garantir a elaboração participativa dos planos diretores.

2. Alguns Dados sobre a Irregularidade Fundiária no Brasil e Programas de Regularização Fundiária

A MUNIC – Pesquisa de Informações Básicas Municipais é uma pesquisa efetuada pelo Instituto Brasileiro de Geografia e Estatística (IBGE) de cunho institucional e de registros administrativos da gestão pública municipal e se insere entre as demais pesquisas sociais e estudos empíricos dedicados a essa escala. Trata-se, basicamente, de um levantamento pormenorizado de informações sobre a estrutura, dinâmica e funcionamento das instituições públicas municipais, em especial a prefeitura, compreendendo também diferentes políticas e setores que envolvem o governo municipal.

A MUNIC surgiu em 1999, e em 2017 está na sua 15ª edição. O universo pesquisado é da totalidade dos 5.570 municípios brasileiros.

Nessa 15ª edição, de 2017, o Questionário Básico tratou de investigar informações sobre perfil do gestor, recursos humanos, habitação, transporte, agropecuária, meio ambiente e gestão de riscos e resposta a desastres.

Alguns dados consolidados sobre a habitação permitem dimensionar a irregularidade fundiária urbana.

Mais de 60% dos municípios possuem loteamentos irregulares e/ou clandestinos, totalizando 3.374 municípios; 957 cidades possuem favelas, mocambos, palafitas ou assemelhados; 724 municípios contam com ocupações de terrenos ou prédios por movimentos de moradia; e 684 cidades têm cortiços, casa de cômodos ou cabeças de porco:

GRÁFICO 1 – Tipologias de irregularidades encontradas nos municípios brasileiros. IBGE, 2017.

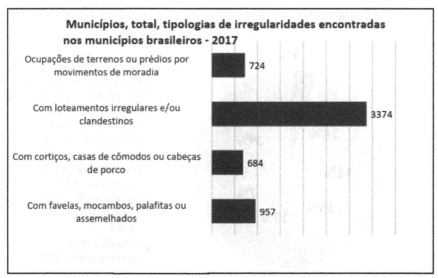

Fonte: Livre criação da autora com base em: IBGE, Diretoria de Pesquisas, Coordenação de População e Indicadores Sociais, Pesquisa de Informações Básicas Municipais 2017.

Mesmo assim, em 2017, somente 16% dos municípios contavam com programas de regularização fundiária, totalizando 1.209 municípios, e 11% com ações de urbanização de assentamentos, equivalendo a 359 cidades.

O carro-chefe em 2017 foi a construção de novas unidade habitacionais na ordem de 29%, englobando 2.225 municípios, provavelmente reflexo da injeção de recursos que representou o Programa Minha Casa, Minha Vida.

GRÁFICO 2 – Municípios com programas ou ações realizados pela prefeitura em 2015 e/ou 2016. IBGE, 2017.

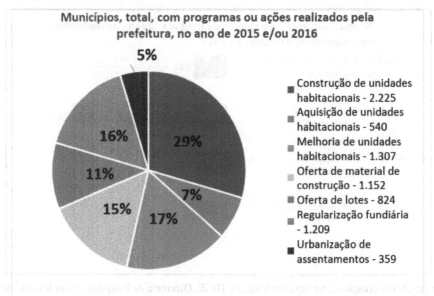

Fonte: Livre criação da autora com base em: IBGE, Diretoria de Pesquisas, Coordenação de População e Indicadores Sociais, Pesquisa de Informações Básicas Municipais 2017.

O Gráfico 3 representa os municípios brasileiros com programas de regularização fundiária nos anos de 2015/2016 distribuídos por faixas de população.

Os dados apresentados nos dão conta de que quanto mais populoso o município, maior é a aderência aos programas de regularização fundiária.

Mesmo assim, considerando-se que 1.768 municípios possuem mais de vinte mil habitantes, portanto, obrigados constitucionalmente a ter plano diretor, somente 616 municípios, ou seja, 34% deles, possuem programas de regularização fundiária, quais sejam, o que representa um resultado insuficiente diante da demanda existente.

GRÁFICO 3 – Municípios brasileiros com programas de Regularização fundiária em 2015 e/ou 2016. IBGE, 2017.

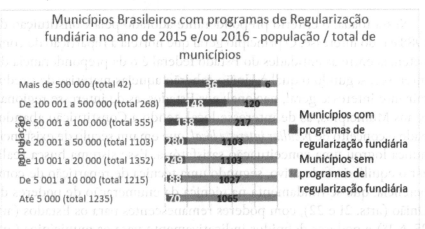

Fonte: Livre criação da autora com base em: IBGE, Diretoria de Pesquisas, Coordenação de População e Indicadores Sociais, Pesquisa de Informações Básicas Municipais 2017.

3. Competência dos Entes Federativos em Matéria de Direito Urbanístico

A Constituição Federal de 1988 previu um sistema de repartição de competências entre os entes federais administrativos e legislativos, inadmitindo assim qualquer espécie de hierarquia, como se vislumbrou em legislações anteriores.

Exemplo é a lei de desapropriações, Decreto-lei nº 3.365, de 21 de junho de 1941, que, no § 2º do art. 2º, determina que "os bens do domínio dos Estados, Municípios, Distrito Federal e Territórios poderão ser desapropriados pela União, e os dos Municípios pelos Estados". Decerto o dispositivo pressupõe uma espécie de hierarquia centralizadora dos entes federativos típica de estados de exceção, tal como se caracterizou o Estado Novo, quando foi editada tal legislação.

Assim, a Constituição Cidadã, de forte cunho democrático e imbuída do espírito de fortalecimento e de descentralização dos entes federados, previu a sistemática de repartição de competências:

> A Constituição de 1988 estruturou um sistema que combina competências exclusivas, privativas e principiológicas com competências comuns e

NOVOS PARADIGMAS DA REGULARIZAÇÃO FUNDIÁRIA URBANA

concorrentes, buscando reconstruir o sistema federativo segundo critérios de equilíbrio ditados pela experiência histórica[4].

Nessa toada, o critério preponderante adotado pela Constituição de 1988 é o do interesse. O princípio geral que norteia a repartição de competência entre as entidades do Estado federal é o da preponderância do interesse, segundo o qual à União caberão aquelas matérias de predominante interesse geral, nacional; aos Estados, as de interesse regional; e, aos Municípios, as de interesse local, tendo a Constituição abandonado o conceito de *peculiar interesse local*, que em um século de existência nunca logrou uma conceituação satisfatória. Esse sistema busca realizar o equilíbrio federativo, segundo uma técnica de repartição de competência, que se fundamenta na técnica da enumeração de poderes da União (arts. 21 e 22), com poderes remanescentes para os Estados (art. 25, § 1º) e poderes definidos indicativamente para os municípios (art. 30).

4. Da Competência da União e dos Municípios em Direito Urbanístico

A União dispõe de competências material ou administrativa exclusiva (art. 21 da CF), legislativa privativa (art. 22 da CF), comum com os Estados, Distrito Federal e municípios (art. 23 da CF); e legislativa concorrente com os Estados (art. 24 da CF).

A competência material ou administrativa refere-se ao exercício das funções governamentais podendo ser tanto exclusiva da União, com a característica da indelegabilidade, como comum, de podendo ser cumulativa, concorrente administrativa ou paralela.

A Constituição de 1988 foi a primeira a tratar expressamente de direito urbanístico, atribuindo competência concorrente para a União, Estados e Distrito Federal para legislar sobre normas gerais nesse campo. Assim, considerando que os municípios, por mandamento do art. 182, *caput*, devem executar a política de desenvolvimento urbano e ordenar com pleno desenvolvimento das funções sociais da cidade, é

---

[4] SILVA, J. A. da. *Curso de direito constitucional positivo.* 40. ed. São Paulo: Malheiros, 2017. p. 481.

6. A INCIDÊNCIA DA LEI FEDERAL Nº 13.465/2017 NO PROCESSO DE REVISÃO...

imperioso afirmar que aos municípios foi conferida pela Constituição Federal ampla liberdade para tratar da matéria urbanística[5].

A União, no exercício de sua competência legislativa para dispor sobre normas gerais em matéria de direito urbanístico, editou as seguintes legislações: Estatuto das Cidades, Lei Federal nº 10.257/2001; Sistema Nacional de Habitação de Interesse Social (SHNIS) e Fundo Nacional de Habitação de Interesse Social (FNHIS), criados pela Lei Federal nº 11.124/2005; Política Nacional de Saneamento, Lei Federal nº 11.445/2007; PMCMV – Marco normativo da regularização fundiária participativa, Lei Federal nº 11.977/2009; Política Nacional de Resíduos Sólidos, Lei Federal nº 12.305/2010; Política Nacional de Mobilidade, Lei Federal nº 12.587/2012; Estatuto da Metrópole, Lei Federal nº 13.089/2015; e Regularização Fundiária e Alienação de Terras da União, Lei Federal nº 13.465/2017.

No que tange aos municípios, foi conferida ampla autonomia aos mesmos na Constituição Federal de 1988. Traduzindo-se em autonomia de autogoverno, de administração própria e de legislação própria do âmbito de sua competência. O município pode ser definido assim, como pessoa jurídica de direito público interno, dotado de autonomia assegurada na capacidade de autogoverno e da administração própria[6].

Assim, foram atribuídas as seguintes competências, pela Constituição de 1988, aos municípios: art. 30, I (competência municipal sobre assuntos de interesse local); art. 30, VIII (competência municipal sobre o adequado ordenamento territorial, mediante planejamento e controle do uso, do parcelamento e da ocupação do solo urbano); art. 182 (competência executiva em matéria urbanística atribuída ao poder público municipal, e competência normativa atribuída ao Plano Diretor); e art. 183 (requisitos e vedações para usucapião, como modo originário de aquisição do direito real de propriedade).

Aspecto que se destaca no texto constitucional, por seu caráter expresso, refere-se à competência executiva em matéria urbanística atri-

---

[5] SALEME, E. R. *Comentários ao Estatuto da Cidade*. Destaques às Leis nº 11.977/09, nº 12.587/2012, nº 12.608/2012, nº 13.089/2015 e nº 13.465/17. Belo Horizonte: Arraes Editores, 2018. p. 54-55.

[6] BASTOS, C. R. *Curso de direito constitucional*. 19. ed. São Paulo: Saraiva, 1998. p. 310-311.

NOVOS PARADIGMAS DA REGULARIZAÇÃO FUNDIÁRIA URBANA

buída ao poder público municipal e à competência normativa atribuída exclusivamente ao Plano Diretor – aprovado pela Câmara Municipal:

> Art. 182. A política de desenvolvimento urbano, executada pelo Poder Público municipal, conforme diretrizes gerais fixadas em lei, tem por objetivo ordenar o pleno desenvolvimento das funções sociais da cidade e garantir o bem-estar de seus habitantes.
>
> § 1º O plano diretor, aprovado pela Câmara Municipal, obrigatório para cidades com mais de vinte mil habitantes, é o instrumento básico da política de desenvolvimento e de expansão urbana.
>
> § 2º A propriedade urbana cumpre sua função social quando atende às exigências fundamentais de ordenação da cidade expressas no plano diretor.

Tem-se, desse modo, que a política urbana constitucional[7] confere um papel preponderante ao município como ente federativo para atuar nos campos legislativo, administrativo e econômico na promoção das políticas de desenvolvimento urbano, no planejamento e ordenamento de uso e ocupação de seu território (urbano e rural), e na promoção de políticas públicas que propiciem o pleno desenvolvimento das funções sociais da cidade e da propriedade e do bem-estar de seus habitantes.

É ao município que compete planejar e executar sua política de desenvolvimento urbano. Essa atribuição não retira responsabilidades e competências da União ou dos Estados, mas as delimita, até mesmo porque o ente federal e o estadual não seriam capazes de elaborar ou gerir o planejamento de cada um dos municípios brasileiros.

À União e aos Estados não é dado conhecer as particularidades e interesses locais, os recursos disponíveis ou a concretude do território e de suas relações jurídicas. Tais organizações também não estão aptas a perceber as consequências de certas determinações para o atendimento das necessidades e direitos dos habitantes das cidades.

Nesse cenário, cada ente federativo possui seu papel e nível de abrangência quando se trata da política urbana, de seus instrumentos e de sua interlocução com demais direitos, garantias e sistemas jurídicos. À União, por exemplo, cabe editar normas gerais de direito urbanístico

---

[7] LIBÓRIO, D. C.; JÚNIOR, nº S. *Princípios e instrumentos de política urbana*. São Paulo, 2017.

e diretrizes para o desenvolvimento urbano, enquanto ao município cabe promover adequado ordenamento territorial, mediante planejamento e controle do uso, do parcelamento e da ocupação do solo urbano.

Cabe destacar que, mesmo com a prevalência do interesse social, o planejamento urbano não pode nem deve coagir pessoas públicas ou privadas a determinado uso de seu imóvel ou mesmo a seu perdimento fora das hipóteses normativas constitucionais que regem a possibilidade de apropriação na forma da usucapião (art. 183) ou mesmo da desapropriação (art. 5º, XXIV, e art. 182, § 4º, III). Deve haver, portanto, o equilíbrio entre os valores constitucionalmente postos.

Como visto, a política urbana constitucional possui como fundamentos: (1) a função social da propriedade (art. 5º, XXIII; art. 170, III); (2) o planejamento urbano (art. 182, *caput*); (3) o bem-estar dos habitantes das cidades (art. 182, *caput*); (4) o direito à cidade (art. 182, *caput*); (5) modelo de repartição de competências com papel predominante conferido ao município (art. 24, I; art. 30, I e VIII; art. 182, *caput*); (6) a competência normativa do Plano Diretor (art. 182, § 1º); (7) a vinculação da função social da propriedade urbana ao atendimento das exigências do Plano Diretor (art. 182, § 2º); e (8) os limites impostos pelo direito de propriedade (art. 5º, XXII e XXIV, art. 170, II; art. 182, §§ 3º e 4º; art. 183).

De modo geral, esse é o panorama do modelo de cidade escolhido e fixado pelo constituinte, assentado em novos critérios econômicos, sociais e ambientais, a ser respeitado e promovido pelas normas e políticas federais, estaduais e municipais que disserem respeito à urbanística. Todavia, conforme segue, não foi o que fez a Lei nº 13.465, de 2017[8].

Em 2015, 27 anos após a promulgação da Constituição Federal, e quatorze anos após o Estatuto da Cidade, dos 5.570 municípios, 2.783 possuem Plano Diretor, e 691 deles estavam em processo de elaboração[9].

---

[8] Ação Direta de Inconstitucionalidade X Lei nº 13.465/17, 5.883. STF, 23 jan. 2018.

[9] IBGE. Pesquisa de Informações Básicas Municipais, 2015.

NOVOS PARADIGMAS DA REGULARIZAÇÃO FUNDIÁRIA URBANA

5. A Lei nº 13.465/2017 – Regularização Fundiária de Áreas Urbanas: Antecedentes

A Política Nacional de Apoio à Regularização Fundiária surge com a criação do Ministério das Cidades, em 2002[10], com décadas de atraso, haja vista que os processos de ocupação irregular das cidades e suas regiões metropolitanas intensificaram-se a partir da década de 1970[11].

De fato, a preponderância do Estado – de acordo com a repartição de poderes constitucional – na produção do espaço urbano é inegável. É dele o controle a regulamentação e o controle sobre o solo e a ocupação do solo[12], considerando o arranjo federativo de distribuição de competências legislativa e material.

A primeira norma geral de regularização fundiária urbana foi o Capítulo III da Lei Federal nº 11.977/2009, originada da Medida Provisória nº 459/2009, que, por sua vez, surge de parte do Projeto de Lei nº 3.057/99, que tem por objeto a revisão da Lei nº 6.766/79. Esse Projeto de Lei também é conhecido como Projeto de Lei de Responsabilidade Territorial Urbana[13].

Essa legislação caracterizava-se por: a) ser a primeira norma nacional de regularização fundiária; b) estabelecer princípios e procedimentos próprios de regularização fundiária urbana; c) reafirmar a competência municipal para o estabelecimento de programas e procedimentos de regularização fundiária urbana, incluindo o licenciamento urbanístico e ambiental; d) criação de procedimentos para novos instrumentos de regularização fundiária e titulação: demarcação fundiária e legitimação de posse e sua conversão em direito de propriedade, de uso exclusivo pelos municípios; e) criação de regras de registro de imóveis visando ao registro dos projetos de regularização fundiária urbana.

---

[10] FERNANDES, E. Princípios, bases e desafios de uma política nacional de apoio à regularização fundiária sustentável. *Direito à moradia e segurança da posse no Estatuto da Cidade*. Belo Horizonte: Fórum, 2006. p. 309.

[11] MARTINS, M. R. *Moradia e mananciais – tensão e diálogo na metrópole*. São Paulo: FAUUSP/LABHAB, 2006.

[12] MARICATO, E. *Para entender a crise urbana*. São Paulo: Expressão Popular, 2015. p. 25.

[13] MASCARENHAS, M. P. *Projeto de lei de responsabilidade territorial urbana*: a construção de um referencial normativo comum em torno do parcelamento do solo urbano e da regularização fundiária sustentável. São Paulo: Faculdade de Arquitetura e Urbanismo da Universidade de São Paulo, 2012.

6. A INCIDÊNCIA DA LEI FEDERAL Nº 13.465/2017 NO PROCESSO DE REVISÃO...

Efetivamente, é inegável o protagonismo do município nos procedimentos de regularização fundiária após a Lei nº 11.977/2009. Nesse sentido:

> A nova Lei estabelece que o Município passe a protagonizar as ações que conduzirão, junto ao Ofício de Imóveis competente, à demarcação da gleba que foi objeto de parcelamento, e por elas responsável, cuidando da apuração dos seus limites e área, definindo sua localização exata, além da identificação dos seus confrontantes (...). (SARTORETTO, HERNANDES & LUZ, 2013).

Embora já estivesse previsto no Estatuto da Cidade, a Lei nº 11.977/ /2009 estabeleceu nacionalmente o conceito de Zona Especial de Interesse Social (ZEIS). Além desses aspectos, a Lei Federal nº 11.977/2009, introduziu pela primeira vez a distinção entre regularização fundiária de interesse social, voltada para assentamentos de baixa renda e de regularização fundiária de interesse específico, tendo por objeto assentamento de média e alta renda.

A fim de dar concretude a esse novo marco normativo, foi estabelecido o conceito de regularização fundiária, a partir da definição doutrinária clássica da renomada jurista Betânia Alfonsin[14]:

> Regularização fundiária é o processo de intervenção pública, sob os aspectos jurídico, físico e social, que objetiva legalizar a permanência de populações moradoras de áreas urbanas ocupadas em desconformidade com a lei para fins de habitação, implicando acessoriamente melhorias no ambiente urbano do assentamento, no resgate da cidadania e da qualidade de vida da população beneficiária.

Dessa forma, essa definição doutrinária – que já vinha sendo largamente utilizada nas práticas de regularização fundiária – passa a ser incorporada ao ordenamento jurídico brasileiro por meio do art. 46 da Lei Federal nº 11.977/2009, através de um caminho para a construção do marco legal para política pública nas terras urbanas brasileiras[15].

---

[14] ALFONSIN, B. *Direito à moradia*. Rio de Janeiro, 1997.
[15] IMPARATO, E. A regularização fundiária no município de São Paulo. In: NALINI, J. R.; LEVY, W. *Regularização fundiária*: de acordo com a Lei 12.615/2012 – Novo Código Florestal, com a redação dada pela Lei 12.727/2012. Rio de Janeiro: Forense, 2013.

NOVOS PARADIGMAS DA REGULARIZAÇÃO FUNDIÁRIA URBANA

Soma-se ainda a introdução do conceito de *área urbana: parcela do território, contínua ou não, incluída no perímetro urbano pelo Plano Diretor ou por lei municipal específica* (art. 47, I); de *área urbana consolidada: parcela da área urbana com densidade demográfica superior a 50 (cinquenta) habitantes por hectare e malha viária implantada e que tenha, no mínimo, 2 (dois) dos seguintes equipamentos de infraestrutura urbana implantados: a) drenagem de águas pluviais urbanas; b) esgotamento sanitário; c) abastecimento de água potável; d) distribuição de energia elétrica; ou, e) limpeza urbana, coleta e manejo de resíduos sólidos;* (art. 47, II); de *assentamentos irregulares:* ocupações inseridas em parcelamentos informais ou irregulares, localizadas em áreas urbanas públicas ou privadas, utilizadas predominantemente para fins de moradia (art. 47, VI).

Estabeleceu-se ainda o *conteúdo mínimo do projeto de regularização:*

I – as áreas ou lotes a serem regularizados e, se houver necessidade, as edificações que serão relocadas;

II – as vias de circulação existentes ou projetadas e, se possível, as outras áreas destinadas a uso público;

III – as medidas necessárias para a promoção da sustentabilidade urbanística, social e ambiental da área ocupada, incluindo as compensações urbanísticas e ambientais previstas em lei;

IV – as condições para promover a segurança da população em situações de risco, considerado o disposto no parágrafo único do art. 3º da Lei nº 6.766, de 19 de dezembro de 1979; e

V – as medidas previstas para adequação da infraestrutura básica.

Esse conteúdo mínimo do projeto de regularização fundiária previsto na legislação em apreço, esclareça-se, *não* se caracteriza como de atendimento obrigatório pelos municípios. Faz-se como uma espécie de norma padrão nos casos de municípios que não tivessem a obrigatoriedade constitucional de elaboração de Plano Diretor e legislação urbanística decorrente ou mesmo já estivessem concluídos seus planos diretores, ou como norma de apoio a ser disponibilizada na elaboração de planos diretores ou legislações outras de planejamento urbano dos municípios que assim tivessem tal interesse.

Salienta-se que o Conselho Nacional das Cidades instituiu a Resolução nº 25/2005, determinando o conteúdo mínimo dos planos diretores municipais. Contudo, por ser anterior à edição da Lei nº 11.977/2009, por óbvio não constam na Resolução dispositivos atinentes a esta lei.

Fundamental ainda mencionar o fato de que a regularização fundiária até a edição da Lei Federal nº 11.977/2009 era processada via judicial (apesar de ser caracterizado como procedimento administrativo). Com isso, os procedimentos eram disciplinados por meio de Provimentos emanados pelos Tribunais de Justiça, e seu registro por mandado de registro da regularização fundiária expedido pelo respectivo juiz corregedor. Também nesse aspecto, a Lei nº 11.977/2009 representou um grande avanço, na medida em que desjudicializou o procedimento da regularização fundiária urbana, passando a ser processada diretamente junto ao Cartório de Registro de Imóveis, a requerimento do interessado:

> Art. 65. O registro do parcelamento resultante do projeto de regularização fundiária de interesse social deverá ser *requerido ao registro de imóveis*, acompanhado dos seguintes documentos. (Grifo nosso.)

No final do ano de 2016, no dia 23 de dezembro, foi editada a Medida Provisória nº 759, de autoria do Poder Executivo federal, versando sobre inúmeras matérias relacionadas à questão da terra: regularização fundiária rural, regularização fundiária de áreas urbanas e procedimentos de avaliação e alienação de imóveis da União. Do ponto de vista das áreas urbanas, essa Medida Provisória representou grande repercussão nas potenciais formas de produzir as cidades e o território.

A MP nº 759/2016 alterou dezenove atos normativos federais editados entre os anos de 1946 a 2015, dentre os quais todas as disposições sobre regularização fundiária da Lei Federal nº 11.977/2009, que têm sido usadas como base normativa no Brasil e que consolidaram nosso país como referência internacional[16].

Em 11 de julho de 2017, foi publicada a Lei nº 13.465, produto da conversão da MP nº 759/2016, alcunhada como a nova Lei da Regularização Fundiária, com 109 artigos, versando sobre a regularização fundi-

---

[16] TIERNO, R. REURB em área de preservação permanente: análise da compatibilidade das normas no ordenamento jurídico diante das disposições trazidas pela Lei nº 13.465/17. *Revista Brasileira de Direito Urbanístico – RBDU*. Belo Horizonte: Fórum, ano 3, nº 6, p. 177--192, jan./jun. 2018.

ária urbana, no Título II, arts. 9º a 82. A lei especifica duas modalidades de regularização: a REURB-S, que se aplica à regularização fundiária de interesse social voltada aos assentamentos de população de baixa renda; e a REURB-E, que se aplica à regularização fundiária de interesse específico, que tem por alvo os assentamentos formados por população de média e alta renda.

Como analisado acima, caberá à Lei nº 13.465/2017 disciplinar aspectos gerais da matéria de regularização fundiária urbana, cabendo aos municípios a utilização dos instrumentos mais adequados à sua especificidade socioterritorial.

Nesse sentido, ressaltam-se as lições de Luís Fernando Massonetto[17], Professor Doutor de Direito Econômico e Direito Urbanístico da Faculdade de Direito da Universidade de São Paulo:

> A lei geral, nesse sentido, não apresenta uma decisão concreta a ser aplicada no território das cidades. Ela apenas descreve abstratamente os instrumentos de intervenção e suas hipóteses de incidência, cabendo ao poder público municipal definir, concretamente, sua aplicação no território. Fazendo uso de metáfora já bastante gasta, a lei geral pode até constituir a caixa de ferramentas, mas quem decide quais devem ser utilizadas é o poder público municipal como artífice constitucional do território das cidades. Daí a centralidade do Plano Diretor (do latim tardio, *diretor, oris* no sentido de guia, dirigente). Conforme sublinhado anteriormente, a política de regularização fundiária urbana incide sobre os aspectos objetivo e subjetivo da propriedade, buscando ao mesmo tempo incorporar os núcleos urbanos informais ao ordenamento territorial urbano e estabilizar os vínculos de apropriação subjetiva da coisa por meio da titulação de seus ocupantes. Nesse sentido, a conceituação do art. 9º, *caput*, da lei sinaliza o caráter complexo da política, dado que a diretriz geral (incorporação dos núcleos urbanos informais) incide sobre matéria concreta da legislação urbanística municipal (ordenamento territorial urbano). Em outras palavras, a estrutura normativa da regularização fundiária assenta-se em diretrizes gerais formuladas pela lei nacional, apoia-se em instrumentos de intervenção instituídos também pela lei nacional, mas incide sobre relações jurídicas con-

---

[17] MASSONETO, L. F. Parecer encartado na Ação Direta de Inconstitucionalidade *versus* Lei nº 13.465/17, 5.883. Supremo Tribunal Federal, 2018.

6. A INCIDÊNCIA DA LEI FEDERAL Nº 13.465/2017 NO PROCESSO DE REVISÃO...

cretas moldadas pelo conteúdo da política de desenvolvimento urbano definida pelo poder local.

Nesse aspecto, a Lei nº 13.465/2017 adentra esferas de exclusiva competência municipal no trato da formulação de sua política urbana. Esse assunto ganha relevância nos processos de revisão do Plano Diretor que os municípios venham a realizar a partir da edição da Lei nº 13.465/2017. Essa lei, por tratar de inúmeros instrumentos de regularização fundiária, questiona-se se os mesmos devem ser integralmente recepcionados pelos municípios. E mais, se os municípios podem vir a alterá-los de modo a adaptá-los à sua política urbana de acordo com suas especificidades (ou seus interesses locais).

Nesse diapasão, vale novamente o alerta de Luís Fernando Massonetto[18]:

> E ainda que faça menção genérica à competência de outros poderes públicos, ignora a competência estabelecida pela Constituição na disciplina concreta da política de desenvolvimento urbano. Ora, mesmo que o plano de reurbanização seja aprovado pela autoridade local, é inegável que o arcabouço da lei cria uma disciplina jurídica tendente ao reconhecimento de situações consolidadas, inibindo a faculdade de os Municípios estabelecerem aquilo que é mais adequado para o ordenamento territorial da urbe. Ainda que a incorporação de núcleos informais exija um regime jurídico mais flexível, as exceções ao regime urbanístico universal devem estar contidas no ordenamento local, que deve decidir concretamente suas hipóteses de incidência, sob pena de subsistir uma forte regulação territorial construída de baixo para cima, com os requisitos de gestão democrática e participação popular insculpidos na Lei nº 10.257, de 10 de Julho de 2001 ("Estatuto da Cidade") e outra regulação de exceção, flexível, imposta de cima para baixo, a pretexto de dar mais eficiência ao uso do solo urbano e que acaba usurpando a função diretiva vincada ao poder público local.

---

[18] MASSONETO, L. F. Parecer encartado na Ação Direta de Inconstitucionalidade *versus* Lei nº 13.465/17, 5.883. Supremo Tribunal Federal, 2018.

NOVOS PARADIGMAS DA REGULARIZAÇÃO FUNDIÁRIA URBANA

6. Conceitos e Instrumentos Previstos na REURB da Lei nº 13.465/2017 e sua Incidência sobre a Competência Legislativa Municipal
6.1. Da Alteração do Perímetro Urbano

Inciso I do art. 11:

> assentamento humano, com uso e características urbanas, constituído por unidades imobiliárias de área inferior à fração mínima de parcelamento prevista na Lei nº 5.868, de 12 de dezembro de 1972, independentemente da propriedade do solo, ainda que situado em área qualificada ou inscrita como rural.

Como se pode observar, a lei geral obliquamente permite a ampliação do perímetro urbano ao determinar que dispositivos da regularização fundiária urbana alcancem territórios rurais ou de desenvolvimento urbano, esvaziando o instrumento constitucional do Plano Diretor, de competência municipal[19].

Decerto, a disciplina do estabelecimento do perímetro urbano é matéria estritamente municipal, portanto, é recomendável que conste do Plano Diretor ou de outra legislação municipal o exato perímetro urbano, e quais os instrumentos que poderão ser aplicados em seu interior.

6.2. REURB-S

As zonas especiais de interesse social são poderosos instrumentos para a demarcação da REURB-S. Devem inclusive ser demarcadas em mapa anexo ao Plano Diretor, ser descritas e enumeradas também como anexo.

O art. 18 da Lei nº 13.465/2016 informa:

> O Município e o Distrito Federal poderão instituir como instrumento de planejamento urbano Zonas Especiais de Interesse Social (ZEIS), no âmbito da política municipal de ordenamento de seu território.

---

[19] MASSONETO, L. F. Parecer encartado na Ação Direta de Inconstitucionalidade *versus* Lei nº 13.465/17, 5.883. Supremo Tribunal Federal, 23 jan. 2018. Anexo da petição inicial. Disponível em: <http://portal.stf.jus.br/processos/detalhe.asp?incidente=534220>. Acesso em: 8 fev. 2019.

6. A INCIDÊNCIA DA LEI FEDERAL Nº 13.465/2017 NO PROCESSO DE REVISÃO...

E no § 1º é conceituada ZEIS como parcela de área urbana instituída pelo Plano Diretor ou definida por outra lei municipal, destinada preponderantemente à população de baixa renda e sujeita a regras específicas de parcelamento, uso e ocupação do solo.

Tanto o art. 18 como o seu § 1º estão em plena consonância com a competência legislativa geral determinada pela Constituição Federal à União. O mesmo não se pode dizer do § 2º, ao informar que "a Reurb não está condicionada à existência de ZEIS". Ora, essa decerto é uma condição que pode ser estabelecida pelo município no seu planejamento municipal materializado pelo Plano Diretor. Condicionar a regularização fundiária de interesse social à prévia existência de zoneamento de ZEIS torna efetivo o planejamento municipal, mesmo porque este é produto da gestão democrática da cidade, e, portanto, validado pela participação social.

Ressalte-se que a ZEIS deve ser caracterizada tecnicamente como um gênero de zoneamento, que permitirá a REURB nas condições estabelecidas pelo Plano Diretor e de acordo com os instrumentos ali previstos.

6.3. REURB-E

Essa modalidade de regularização fundiária permite a regularização de assentamentos de média e alta renda, cujos ônus da infraestrutura devem ser custeados pelos beneficiários (art. 33, II).

O inciso III do art. 33 informa:

> Na Reurb-E sobre áreas públicas, se houver interesse público, o Município poderá proceder à elaboração e ao custeio do projeto de regularização fundiária e da implantação da infraestrutura essencial, com posterior cobrança aos seus beneficiários.

De fato, causa espanto que um município, cujos recursos em regra são escassos e demandam decisões de gestão criteriosas, venha a se utilizar de recursos orçamentários para prestigiar a urbanização de assentamentos privilegiados, cuja população, dentre as inúmeras opções do mercado imobiliário, decidiu morar sem infraestrutura e em assentamento irregular. Isto em detrimento dos assentamentos onde vivem população de baixa renda, cuja ausência de infraestrutura pode ser fator determinante de morbidade, ou no limite, de indignidade.

NOVOS PARADIGMAS DA REGULARIZAÇÃO FUNDIÁRIA URBANA

Contudo, não se parece admissível que o município venha a custear a REURB-E, mesmo que seja ressarcida, sem que seja prevista anteriormente no Plano Diretor e sem que seja descrita a forma de cobrança e suas consequências em caso de inadimplemento.

6.3.1. Núcleo Urbano

O art. 11 estabelece alguns conceitos que serão utilizados na lei, dentre eles, os apontados neste tópico.

O inciso I informa:

> Núcleo urbano é aquele assentamento humano, com uso e características urbanas, constituído por unidades imobiliárias de área inferior à fração mínima de parcelamento prevista na Lei nº 5.868, de 12 de dezembro de 1972, independentemente da propriedade do solo, ainda que situado em área qualificada ou inscrita como rural.

Como já discorrido acima, caberá ao município, por meio de seu Plano Diretor, estender as normas relativas à regularização fundiária de áreas rurais. Isso porque a norma em comento pode ser instrumento potente para regularização de assentamentos que estejam situados em áreas rurais, como, por exemplo, aquela que possua toda a infraestrutura, com dinâmica de área urbana. Contudo, há núcleos em área rurais em que não há interesse do município de que sejam consolidados como áreas urbanas. As razões são diversas: seja porque o município não tem como estender a infraestrutura para essas áreas, seja porque não há interesse de consolidar tais assentamentos, seja porque se caracteriza por chácaras de recreio, e, portanto, com características rurais. Até mesmo por se tratar de área com interface em área ambientalmente protegida. Enfim, essa é mais uma ferramenta urbanística que o município pode ou não lançar mão para inclusão em seu ordenamento urbanístico municipal.

6.3.2. Núcleo Urbano Informal

O inciso II conceitua núcleo urbano informal como "aquele clandestino, irregular ou no qual não foi possível realizar, por qualquer modo, a titulação de seus ocupantes, ainda que atendida a legislação vigente à época de sua implantação ou regularização". O conceito em tela é vago, posto que a lei não distingue, por exemplo, núcleo clandestino de irregular.

6. A INCIDÊNCIA DA LEI FEDERAL Nº 13.465/2017 NO PROCESSO DE REVISÃO...

Segundo Sabino[20], bastaria uma declaração da Prefeitura certificando que a situação é consolidada e de difícil reversão. Vejamos:

Deverá a Prefeitura apresentar uma declaração certificando que a situação é consolidada e de difícil reversão ao *status quo*, isto é, à situação anterior das construções e das interferências ambientais e urbanísticas implementadas no imóvel, considerando alguns aspectos:

a) o tempo da ocupação com a verificação de eventuais documentos públicos ou privados, contas de luz, de água, tributos, intimações, embargos, contratos informais, fotos aéreas e do local, ofícios de órgãos públicos, ações judiciais, autuações criminais, que demostrem não se tratar de uma ocupação recente e, para fins de legitimação fundiária, esteja consolidada até 22/12/16;

b) a natureza das edificações tem por objetivo identificar se são construções de natureza permanente que demandem prejuízo a sua demolição ou desmanche, ou se são apenas ocupações temporárias, como tendas ou coberturas de madeiras, facilmente removíveis, as quais não atendem ao requisito de difícil reversão;

c) a existência das vias de circulação, com a menção de sua localização em planos administrativos, é um indicativo de situação consolidada, com a formação de um bairro, com ruas ou passagens que garantam acessibilidade aos ocupantes;

d) a presença de equipamentos públicos, mesmo em assentamentos clandestinos demonstra o reconhecimento da situação de fato do assentamento urbano, e é comum, pois no cumprimento dos direitos fundamentais ou sociais assegurados pela Constituição Federal, pode ser que no imóvel já exista rede de água, esgoto, drenagem ou iluminação pública e domiciliar executados pelo próprio Poder Público, além disso, nos loteamentos mesmo que clandestinos ou irregulares, pode ser que o loteador tenha executado a infraestrutura urbana, total ou parcialmente;

e) ainda podem ser incluídas outras circunstâncias a serem avaliadas pelo Município, tal como a existência de um cadastro imobiliário na Prefeitura para fins de lançamento individual do IPTU para cada unidade ocupada, o que é suficiente para demonstrar que o Município está reconhecendo e aceitando o assentamento, ou, ainda, podemos citar a concessão de

---

[20] SABINO, J. L. *Núcleo Urbano Informal Consolidado*, 2017.

NOVOS PARADIGMAS DA REGULARIZAÇÃO FUNDIÁRIA URBANA

títulos de posse ou a expedição de alvarás de construção, que também pressupõem o reconhecimento formal da situação consolidada e irreversível.

Ousemos discordar. Uma certidão somente tem o condão de certificar informações contidas em processos administrativos, cujos atos administrativos em si devem subsunção estrita a lei. Trata-se de atendimento ao princípio da legalidade, basilar em um Estado de Direito. Para tanto, nos socorremos das lições sempre majestosas do Professor Celso Antônio Bandeira de Mello[21]:

> Com efeito, enquanto o princípio da supremacia do interesse público sobre o interesse privado é da essência de qualquer Estado, de qualquer sociedade juridicamente organizada com fins políticos, o da legalidade é específico do Estado de Direito, é justamente aquele que o qualifica e que lhe dá a identidade própria. Por isso mesmo é o princípio basilar do regime jurídico-administrativo, já o Direito Administrativo (pelo menos aquilo que como tal se concebe) nasce com o Estado de Direito: é uma consequência dele. É o fruto da submissão do Estado à Lei. É em suma: a consagração da ideia de que a Administração Pública só pode ser exercida na conformidade da lei e que, de conseguinte, a atividade administrativa é atividade sublegal, infralegal, consistente na expedição de comandos complementares à lei.

Opor-se ao princípio da legalidade, pode-se dizer, é afrontar o sistema democrático sobre o qual está erigido o Estado brasileiro: "O princípio da Legalidade contrapõe-se, portanto, e visceralmente, a quaisquer tendências de exacerbação personalista dos governantes"[22].

Ainda, segundo o mesmo autor:

> O princípio da legalidade é o da completa submissão da Administração às leis. Este deve tão somente obedecê-las, cumpri-las, pô-las em prática. Daí que a atividade de todos os seus agentes, desde o que lhe ocupa a cúspide, isto é, o Presidente da República, até o mais modesto dos servidores, só pode ser a de dóceis, reverentes obsequiosos cumpridores das disposições gerais fixadas pelo Poder Legislativo, pois esta é a posição que lhes compete no Direito Brasileiro.

---

[21] MELLO, C. A. *Curso de direito administrativo*. 17. ed. São Paulo: Malheiros, 2013.
[22] MELLO, C. A. *Curso de direito administrativo*. 17. ed. São Paulo: Malheiros, 2013. p. 90-91.

6. A INCIDÊNCIA DA LEI FEDERAL Nº 13.465/2017 NO PROCESSO DE REVISÃO...

Portanto, em atendimento ao princípio da estrita legalidade, não basta manifestação caso a caso do poder público municipal, sendo absolutamente necessária a existência prévia de lei contendo o conteúdo e o alcance do instituto.

Há situações em que efetivamente foi efetuada a titulação, porém, o núcleo permanece informal. São os casos, por exemplo, de áreas tituladas no passado por meio de concessão de uso especial para fins de moradia ou concessão de direito real de uso pelo órgão municipal competente, mas que não possuem infraestrutura essencial implantada em sua integralidade.

Outro exemplo concreto é o loteamento Residencial Primavera, localizado na Cidade de Cunha, Estado de São Paulo, com 252.538.000 metros quadrados, que teve 252 lotes, que foi aprovado pela municipalidade e registrado em cartório, mesmo não tendo sua infraestrutura completa implantada e com divergências entre o projeto aprovado e o implantado. Por força de Ação Civil Pública[23] ajuizada pelo Ministério Público e julgada procedente, todas as matrículas dos lotes foram bloqueadas e o loteador foi obrigado a implantar as obras de infraestrutura.

Esse é um caso clássico que demonstra que "titulação" não significa regularização.

6.3.3. Núcleo Urbano Informal Consolidado e Reflexos na Legitimação Fundiária

O inciso III informa:

> Núcleo urbano informal consolidado é aquele de difícil reversão, considerados o tempo da ocupação, a natureza das edificações, a localização das vias de circulação e a presença de equipamentos públicos, entre outras circunstâncias a serem avaliadas pelo Município.

Como se pode observar, a conceituação desse tipo de núcleo é por demais vaga. Cabe indagação ao sentido e alcance da expressão *difícil reversão*. Da mesma forma quando se refere ao *tempo da ocupação; natureza das edificações*. A parte final do dispositivo é esclarecedora para o presente estudo: *outras circunstâncias a serem avaliadas pelo Município*. Considerando

---

[23] Processo judicial 0000409-43.2007.8.26.0159, que tramita perante a Vara única do Fórum de Cunha – TJSP.

a abstração das condições dessa espécie de assentamento, é quase imperioso que o município regule a conceituação de núcleo urbano consolidado, estabelecendo as condições de reversão, tempo da ocupação, natureza das edificações, a possibilidade de consolidação das vias de circulação ou, alternativamente, a exigência de projetos de requalificação, e a necessidade de implantação ou ampliação de equipamentos públicos.

Anote-se que a possibilidade de titulação por meio de *legitimação fundiária* está vinculada à localização do assentamento a ser titulado em núcleo urbano informal consolidado, a teor do art. 23 da Lei nº 13.465/2017:

> Art. 23. A legitimação fundiária constitui forma originária de aquisição do direito real de propriedade conferido por ato do poder público, exclusivamente no âmbito da Reurb, àquele que detiver em área pública ou possuir em área privada, como sua, unidade imobiliária com destinação urbana, *integrante de núcleo urbano informal consolidado existente em 22 de dezembro de 2016*. (Grifo nosso.)

Portanto, se o município pretende utilizar o instrumento da legitimação fundiária, é imprescindível que circunscreva com exatidão o alcance do conceito de núcleo informal urbano consolidado.

6.3.4. Núcleo Urbano Informal Consolidado para Fins de Regularização Fundiária em Área de Preservação Permanente (APP)

O Código Florestal, Lei Federal nº 12.651/2012, define APP no seu art. 3º, II:

> Área de Preservação Permanente – APP: área protegida, coberta ou não por vegetação nativa, com a função ambiental de preservar os recursos hídricos, a paisagem, a estabilidade geológica e a biodiversidade, facilitar o fluxo gênico de fauna e flora, proteger o solo e assegurar o bem-estar das populações humanas.

As espécies de áreas de preservação permanente são objeto de extensa listagem contida no art. 4º do Código Florestal. Essa norma, seguindo a mesma lógica das legislações que a antecederam, tem como regra a inviolabilidade das áreas de proteção permanente, e caso haja supressão da vegetação surge a responsabilização pela reparação integral.

6. A INCIDÊNCIA DA LEI FEDERAL Nº 13.465/2017 NO PROCESSO DE REVISÃO...

Contudo, a própria lei traz três exceções a essa regra a fim de admitir a intervenção nas APPs: nos casos de utilidade pública, interesse social e baixo impacto ambiental (art. 3º, VIII, IX e X).

O rol de atividades excepcionadas nos três casos é longo, importando para o presente estudo, que foi incluída como uma das hipóteses de intervenção de interesse social a regularização fundiária de assentamentos humanos ocupados predominantemente por população de baixa renda em áreas urbanas consolidadas, *observadas as condições estabelecidas na Lei nº 11.977/2009* (art. 3º, IX, *d*).

"Áreas Urbanas Consolidadas", referidas na hipótese acima, ressalte--se, são também definidas pelo Código Florestal, no inciso XXVI do art. 3º, como *aquela de que trata o inciso II do* caput *do art. 47 da Lei nº 11.977, de 7 de julho de 2009.*

Assim, como se pode deduzir, são condições para intervenção em APPs para fins de regularização fundiária: a) que sejam assentamentos humanos ocupados predominantemente por população de baixa renda; b) em áreas urbanas consolidadas; e c) observadas as condições estabelecidas no art. 3º, IX, *d*, da Lei nº 11.977/2009.

Pela análise do dispositivo em tela, por ser norma de exceção, a lei tem caráter restritivo, não admite interpretação extensiva, incidindo o princípio hermenêutico da *exceptiones sunt strictissimae interpretationis*, pelo qual se interpretam as exceções estritissimamente, conforme previsto no art. 6º da antiga Lei de Introdução, assim concebido: "A lei que abre exceção a regras gerais, ou restringe direitos, só abrange os casos que especifica".

Esse aspecto alcança relevância na medida em que apenas a regularização fundiária de assentamentos humanos ocupados predominantemente por população de baixa renda em áreas urbanas consolidadas nos termos das condições estabelecidas na Lei nº 11.977/2009 pode ser objeto de intervenção em APP, e não da Lei nº 13.465/2017 ou qualquer outra lei.

Por isso, apesar de o art. 64 do Código Florestal prever expressamente que nas REURB-S dos núcleos urbanos informais que ocupam áreas de preservação permanente pode ser aprovado o projeto de regularização fundiária, na forma da lei específica de regularização fundiária urbana, por se tratar de hipótese de exceção à regra de inviolabilidade, deveria estar expressamente prevista no art. 3º.

NOVOS PARADIGMAS DA REGULARIZAÇÃO FUNDIÁRIA URBANA

Contudo, admitindo que a pressa legislativa que caracterizou a elaboração da Lei nº 13.465/2017 impediu uma reanálise mais rigorosa das leis referenciadas, e que nesse mesmo esforço de exegese, se admitirmos que a hipótese prevista no art. 3º, IX, *d*, do Código Florestal[24] pode ser analogamente entendida como "regularização fundiária de núcleos urbanos informais consolidados", nos termos da Lei nº 13.465/2017, podemos inferir que caso o município pretenda efetuar o licenciamento ambiental para fins de REURB previsto nos arts. 12 e 13 da Lei nº 13.465/2017 e nos arts. 64 e 65 do Código Florestal, deverá, mais uma vez, especificar normativamente "núcleos urbanos informais consolidados", por meio de seu Plano Diretor.

De qualquer modo, repise-se, o Plano Diretor Municipal deverá incluir mapas anexos gravando a localização desses núcleos urbanos, sejam eles apenas informais, como os consolidados.

6.3.5. Do Procedimento Administrativo

Os arts. 28 a 33 da Lei nº 13.465/2017 tratam especificamente sobre o "procedimento da REURB". Como acima discorrido, por mandamento constitucional os municípios possuem autonomia legislativa e também executiva para gestão de seu território. Isso significa que os procedimentos administrativos de qualquer matéria devem ser emanados pelo ente da federação que irá executá-lo.

A inicial da ADI nº 5.883 esclarece a questão:

> Outro dado relevante é que a Lei esmiúça no Capítulo III do Título II o procedimento administrativo a ser seguido pelos Municípios, restringindo suas escolhas a atos burocráticos de implementação da regularização e tornando, assim, sua competência executiva em meramente administrativa.

Assim, quer nos parecer que as disposições acerca dos procedimentos da REURB previstos nos arts. 28 a 33 são meramente exemplificativos, podendo ser adotados pelos municípios de acordo com a previsão normativa sobre o tema previsto no Plano Diretor municipal ou em lei

---

[24] Código Florestal, art. 3º, IX, *d*: "a regularização fundiária de assentamentos humanos ocupados predominantemente por população de baixa renda em áreas urbanas consolidadas, observadas as condições estabelecidas na Lei nº 11.977, de 7 de julho de 2009".

6. A INCIDÊNCIA DA LEI FEDERAL Nº 13.465/2017 NO PROCESSO DE REVISÃO...

específica, inclusive considerando as especificidades da sua respectiva organização administrativa.

Por fim, não nos assemelha que disposições próprias sobre o tema pelos municípios incidiria em nulidade de seus atos administrativos visando à regularização de núcleos informais; contrariamente, os dispositivos que versam sobre procedimentos a serem adotados pelos municípios na Lei nº 13.465/2017 certamente são de constitucionalidade duvidosa, objeto, inclusive, da ADI nº 5.883, que ainda tramita perante o Supremo Tribunal Federal.

Conclusões

Por determinação constitucional, cabe à União legislar sobre normas gerais em matéria de direito urbanístico, e aos municípios, por meio do seu Plano Diretor, sobre planejamento e gestão urbana.

Assim, a análise da Lei nº 13.465/2017, editada pela União, padece de forte interferência na competência municipal de organização urbana de seu território.

Nesse sentido, valendo mais uma vez do conteúdo da petição inicial da ADI nº 5.883:

> Tem-se, assim, que a Lei em questão, ao definir e tratar da Regularização Fundiária Urbana (Reurb), em diversos dispositivos centrais (art. 9º, *caput*; art. 11, I; Capítulo III – Do Procedimento Administrativo; dentre outros), e também em seus silenciamentos, não se volta, como deveria, à regulamentação abstrata e nacional de princípios e determinações constitucionais da política urbana, imprimindo específico contorno social, econômico ou ambiental à matéria. Pelo contrário, consubstancia-se em verdadeiro manual de implementação passo a passo da Reurb para os Municípios, deixando pouca ou nenhuma escolha a quem a Constituição erigiu como protagonista do planejamento urbano; e impondo que o Plano Diretor e o contorno territorial das cidades se moldem à norma, em antagonismo aos ditames constitucionais. Consegue, desse modo, a um só tempo violar a competência executiva e normativa municipal.

Contudo, o Plano Diretor municipal pode e deve exercitar o cumprimento da autonomia sobre a matéria que lhe foi atribuída pela Carta Cidadã, revisitando os institutos e instrumentos previstos na Lei Federal nº 13.465/2017, técnica e democraticamente por meio da gestão democrática da cidade, prevista no Estatuto da Cidade, e incorporar os dispositivos que lhe forem pertinentes e atender ao seu interesse local.

Nesse sentido, a Lei nº 13.465/2017 se mostra uma verdadeira caixa de ferramentas que podem ser úteis aos assentamentos informais urbanos, desde que respeitados os critérios de repartição de competência constitucional.

Referências

ALFONSIN, B., *Direito à Moradia: Instrumentos e Experiências de Regularização Fundiária nas Cidades Brasileiras*, Rio de Janeiro, IPPUR/FASE, 1997.

BASTOS, C. R., *Curso de Direito Constitucional*, 19ª ed., São Paulo, Saraiva, 1998.

BRASIL, *Constituição da República Federativa do Brasil*, Brasília, DF, Senado, 1988.

–, *Estatuto da Cidade*, Brasília, DF, Senado, 2001.

–, Instituto Brasileiro de Geografia e Estatística (IBGE), Diretoria de Pesquisas, Coordenação de População e Indicadores Sociais, Pesquisa de Informações Básicas Municipais, 2015. Disponível em: <https://www.ibge.gov.br/estatisticas-novoportal/sociais/trabalho/10586-pesquisa-de-informacoes-basicas-municipais.html?edicao=16788&t=resultados>. Acesso em: 8 fev. 2019.

–, SUPREMO TRIBUNAL FEDERAL, Ação Direta de Inconstitucionalidade 5.883. Disponível em: <http://portal.stf.jus.br/processos/detalhe.asp?incidente=5342200>. Acesso em: 8 fev. 2019.

–, SUPREMO TRIBUNAL FEDERAL, Recurso Extraordinário nº 927.439, Rel. Min. Cármen Lúcia, Santa Catarina, 7 dez. 2015, *DJE*, 16/12/2015, p. 252.

–, Tribunal de Justiça do Distrito Federal e Regiões. Apelação Civil, APO 20100110489144, Rel. Carlos Rodrigues, 2 ago. 2015, *DJE* 18/09/2015, p. 207.

FERNANDES, E., "Princípios, Bases e Desafios de Uma Política Nacional de Apoio à Regularização Fundiária Sustentável", in *Direito à Moradia e Segurança da Posse no Estatuto da Cidade*, Belo Horizonte, Fórum, 2006.

IMPARATO, E. "A Regularização Fundiária no Município de São Paulo, in NALINI, J. R., LEVY, W., *Regularização Fundiária: de Acordo com a Lei 12.615/2012 – Novo Código Florestal, com a Redação Dada pela Lei 12.727/2012*, Rio de Janeiro, Forense, 2013.

LIBÓRIO, D. C., JÚNIOR, nº S., "Princípios e Instrumentos de Política Urbana", *Enciclopédia Jurídica da PUC-SP*, abr. 2017. Disponível em: <https://enciclopediajuridica.pucsp.br/verbete/76/edicao-1/principios-e-instrumentos-de-politica-urbana>.

6. A INCIDÊNCIA DA LEI FEDERAL Nº 13.465/2017 NO PROCESSO DE REVISÃO...

Maricato, E., *Para Entender a Crise Urbana*, São Paulo, Expressão Popular, 2015.

Martins, M. R., *Moradia e Mananciais – Tensão e Diálogo na Metrópole*, São Paulo, FAUUSP/LABHAB, 2006.

Mascarenhas, M. P., *Projeto de Lei de Responsabilidade Territorial Urbana: a Construção de Um Referencial Normativo Comum em Torno do Parcelamento do Solo Urbano e da Regularização Fundiária Sustentável*, São Paulo, Faculdade de Arquitetura e Urbanismo da Universidade de São Paulo, 2012.

Massoneto, L. F., Parecer Encartado na Ação Direta de Inconstitucionalidade *versus* Lei nº 13.465/17, 5.883. Supremo Tribunal Federal, 23 jan. 2018, Anexo da Petição Inicial. Disponível em: <http://portal.stf.jus.br/processos/deta-lhe.asp?incidente=534220>. Acesso em: 8 fev. 2019.

Mello, C. A., *Curso de Direito Administrativo*, 17ª ed., São Paulo, Malheiros, 2013.

Sabino, J. L., "Núcleo Urbano Informal Consolidado", *Âmbito Jurídico*, São Paulo, Rio Grande, v. XX, nº 167, 2017. Disponível em: <http://www.ambito-juridico.com.br/site/?n_link=revista_artigos_leitura&artigo_id=20025& revista_caderno=4>.

Sartoretto, A. C., Hernandes, C. D., Luz, M. D., "Regularização de Lote-amentos no Município de São Paulo: Aplicação Pioneira da Demarcação Urbanística", in Nalini, J. R., Levy, W. *Regularização Fundiária: de Acordo com a Lei 12.615/2012*, Rio de Janeiro, Forense, 2013.

Schasberg, Benny, Lopes, Alberto, "O Tema Metropolitano nos Plano Direto-res". In Santos Junior, O. A., Montandon, D. T., *Os Planos Diretores Munici-pais Pós-Estatuto da Cidade: Balanço Crítico e Perspectivas*, Rio de Janeiro, Letra Capital, 2011.

Silva, J. A. da, *Curso de Direito Constitucional Positivo*, 40ª ed., São Paulo, Malhei-ros, 2017.

Saleme, E. R., *Comentários ao Estatuto da Cidade. Destaques às Leis nº 11.977/09, nº 12.587/2012, nº 12.608/2012, nº 13.089/2015 e nº 13.465/17*, Belo Horizonte, Arraes Editores, 2018.

Tierno, R., "REURB em Área de Preservação Permanente: Análise da Compa-tibilidade das Normas no Ordenamento Jurídico diante das Disposições Tra-zidas pela Lei nº 13.465/17", *Revista Brasileira de Direito Urbanístico – RBDU*, Belo Horizonte, Fórum, ano 3, nº 6, jan./jun. 2018.

7. O Tratamento Jurídico do Bem Público como Objeto de Regularização Fundiária Urbana: Análise do Art. 71 da Lei Federal 13.465/2017

ANTONIO CECILIO MOREIRA PIRES
MARÍLIA GABRIEL MOREIRA PIRES

Introdução

A questão da regularização fundiária urbana é matéria extremamente complexa, ainda mais tratando-se de bens públicos que, em princípio, são inalienáveis, em razão do regime jurídico administrativo a que se submetem.

Embora complexa, é sabido e pacífico que a inalienabilidade do bem público é relativa, vez que sua alienação exige a desafetação e o rito constante o art. 17 da Lei 8.666/93.

Doutra parte, a Lei 13.465/17, em seu art. 71, dispõe que em se tratando de regularização fundiária urbana, encontra-se dispensado o requisito da desafetação para alienação do bem público, bem como dispensa os condicionantes do art. 17 da Lei 8.666/93.

No presente artigo, a disceptação que se põe a dúvida diz respeito à imposição dos Estados, do Distrito Federal e dos Municípios estarem obrigados a obedecer às prescrições do art. 71 da Lei 13.465/17.

Para responder a essa questão, sem, por óbvio, esgotá-la, tecemos considerações acerca do bem público e seu regime jurídico, inclusive no que diz respeito ao procedimento para a alienação, perpassando pelas questões de normas gerais de licitações e de direito urbanístico, para tomada de posição final.

1. Bens Públicos

Qualquer pesquisa que envolva o instituto dos bens públicos não é tarefa fácil, pois escassa é a literatura específica acerca do tema[1]. Contudo, não nos cabe, neste momento, polemizar o instituto dos bens públicos, motivo pelo qual vamos tratar da questão de maneira objetiva, partindo de um breve escorço histórico de modo a gizar a sua adequada moldura jurídica.

Maria Sylvia Zanella Di Pietro observa que, no direito romano, já encontramos referência aos bens públicos[2]. De sua vez, Cretella Junior ensina que, na Idade Média, os bens públicos eram de propriedade do rei, diferentemente do direito romano, em que os bens públicos eram de propriedade do provo – *res publicae* –, restando ao rei, tão somente, o poder de polícia[3].

Nos dias de hoje, no direito brasileiro, o Código Civil, tal qual a legislação anterior, com pouquíssimas diferenças, em seu art. 98, traz que são públicos os bens do domínio nacional pertencentes às pessoas jurídicas de direito público interno, ficando, os demais, considerados como bens particulares, seja qual for a pessoa jurídica a que pertencerem.

Em que pese o fato do Código Civil dizer que são bens públicos aqueles pertencentes às pessoas jurídicas de direito público, dando-se a ideia de que a posse seria levada a efeito como um dos condicionantes para se considerar o bem enquanto bem público, deixamos claro que não é esse o correto entendimento. Assim, vem a talho afirmar que o correto entendimento para se considerar determinada coisa, enquanto

---

[1] Na atualidade, válido é registrar as obras *Bens Públicos: função social e exploração econômica – o regime jurídico das utilidades públicas*, de Floriano de Azevedo Marques Neto, publicado pela Editora Fórum, e a *Função social da propriedade pública*, de Silvio Luís Ferreira da Rocha, publicado pela Malheiros.

[2] Maria Sylvia Zanella Di Pietro afirma que, na divisão das coisas apresentadas por Caio e Justiniano Institutas, já se falava "em *res nullius*, como coisas *extra commercium*, dentre as quais se incluíam as *res commmunes* (mares, portos, estuários, rios, insuscetíveis de apropriação privada), as *res publicae* (terras, escravos, de propriedade de todos e subtraída ao comércio jurídico) e *res universitas* (fórum, ruas, praças públicas). As *res publicae* pertenciam ao provo". *Direito administrativo*. 30ª ed. rev. atual. e ampl. Rio de Janeiro: Forense, 2017, p. 841.

[3] Cretella Junior, José. *Tratado do Domínio Público*. Rio de Janeiro: Forense, 1984, p. 24.

7. O TRATAMENTO JURÍDICO DO BEM PÚBLICO COMO OBJETO DE REGULARIZAÇÃO...

bem público, é a titularidade que, necessariamente, deve ser atribuída a uma pessoa jurídica de direito público[4].

Afora essa questão de ordem terminológica, a Lei Civil é extremamente precisa ao dispor que bens públicos são aqueles constantes do patrimônio das pessoas jurídicas de direito público, assim consideradas a União, os Estados, o Distrito Federal, os Municípios e suas respectivas autarquias e fundações públicas.

Logo a seguir, em seu art. 99, o Código Civil traz uma classificação dos bens públicos, assim considerados: i) os de uso comum do povo, tais como rios, mares, estradas, ruas e praças; ii) os de uso especial, tais como edifícios ou terrenos destinados a serviço ou estabelecimento da administração federal, estadual, territorial ou municipal, inclusive os de suas autarquias; iii) os dominicais, que constituem o patrimônio das pessoas jurídicas de direito público, como objeto de direito pessoal, ou real, de cada uma dessas entidades.

De sua vez, o art. 100 determina a inalienabilidade dos bens de uso comum do povo e de uso especial, enquanto persistir tal qualificação. Doutra parte, o art. 101 prevê a hipótese de alienação dos bens dominicais observadas as exigências legais. É dizer, segue-se o critério da afetação e desafetação da finalidade pública para efeito de se identificar a alienabilidade do bem público.

Encerra-se o Capítulo III do Código Civil Brasileiro dispondo que os bens públicos não podem ser alvo da usucapião, nos termos do art. 102 e, logo a seguir, em seu art. 103, traz em seu bojo que a utilização do bem de uso comum do povo pode ser de caráter gratuito ou oneroso, nos termos da Lei.

No passado, muitos juristas de nomeada se opuseram a que o Código Civil disciplinasse os bens públicos[5]. De igual forma, nos dias de hoje,

---

[4] José Cretella Júnior afirma, de forma inconteste, que "Compreende, pois, o domínio do Estado a titularidade sobre um conjunto de bens". *Bens públicos*. 2ª ed. aumentada e atualizada. São Paulo: Livraria Editora Universitária de Direito Ltda., 1975, p. 20.

[5] Clóvis Bevilácqua entendia que o código civil era "incompetente para discriminar os bens que pertencem à união, aos estados e aos municípios, e para lhe conferir a administração dos mesmos". *Em defesa do Projeto de Código Civil Brasileiro*. Rio de Janeiro: Francisco Alves, 1906, p. 83 (grafia utilizada na época). Themistócles Brandão Cavalcanti afirmava que "o Código não deve ir muito além, porque as coisas públicas devem gozar de privilégios que as colocam em situação singular, fora dos princípios e normas gerais a que devem obe-

NOVOS PARADIGMAS DA REGULARIZAÇÃO FUNDIÁRIA URBANA

Floriano de Azevedo Marques Neto tece severas críticas aos dispositivos do Código Civil Brasileiro que disciplinam os bens públicos pois, segundo seu entendimento, trazer definições de caráter explicativo não é suficiente para que todos entendam de que tipo de bem (e de uso) se trata. Outrossim, o autor considera que as generalizações, como por exemplo, a definição de bens de uso comum do povo, utilizando o vocábulo "vias", pode se referir tanto às vias férreas que, sem deixar de serem vias, caracterizam-se também como bens de uso especial. Por último, critica a insuficiência da classificação, pois ao dispor sobre os bens de uso especial limita-se a exemplificar aqueles considerados imóveis, sendo silente naquilo que diz respeito aos bens móveis afetados a uma destinação pública[6].

Ainda que as críticas colacionadas tenham a sua razão de ser, não nos parece que isso traga qualquer consequência funesta, visto que a Lei Civil limitou-se a disciplinar a propriedade, enquanto pública, trazendo consigo muitas características do instituto já consagradas no direito administrativo.

Registramos que concordamos com o prefalado autor, naquilo que diz respeito à insuficiência de classificação, pois quando o Código Civil Brasileiro se utiliza da terminologia "bens" isso não pode ficar restrito aos bens imóveis. Ao contrário, o entendimento deve ser extensivo, considerando-se como bens públicos aqueles corpóreos e incorpóreos, pelo que, certo é afirmar que, nessa categoria, temos os bens imóveis, móveis, semoventes, créditos, direitos e ações.

É importante ressaltar que, embora a matéria de bens esteja disciplinada no Código Civil Brasileiro e, em razão disso, possa dar a ideia de que o regime adotado é o de direito privado, se faz necessário lembrar que os bens públicos estão fundados no regime jurídico administrativo, caracterizado por suas prerrogativas e restrições.

Postas essas considerações, concluímos que bem público é todo aquele de titularidade da União, dos Estados, do Distrito Federal, dos Municípios e de suas respectivas autarquias e fundações públicas, com-

---

decer os bens de uso privado". *Tratado de direito administrativo*. 3ª ed. Rio de Janeiro: Freitas Bastos, 1956, v. 3, p. 319.

[6] MARQUES NETO, Floriano de Azevedo. *Bens públicos*: função social e exploração econômica – o regime jurídico das utilidades públicas. Belo Horizonte: Fórum, 2009, p. 109.

7. O TRATAMENTO JURÍDICO DO BEM PÚBLICO COMO OBJETO DE REGULARIZAÇÃO...

preendendo os de natureza corpórea ou incorpórea, assim entendidos os bens móveis, imóveis, semoventes, créditos, direitos e ações, sob regime de direito público.

2. A Questão da Alienação do Bem Público

Em linhas gerais, conforme a Lei de 8.666/93 (arts. 17, 18, 19), a alienação do bem público está subordinada à existência de interesse público, devidamente justificado e precedida de avaliação prévia, exigindo para os bens imóveis a licitação na modalidade de concorrência e, para os bens móveis inservíveis para a Administração, a modalidade de leilão.

Válido observar que o art. 19 da Lei 8.666/93 exige que o leilão de bem imóvel deve, necessariamente, decorrer do procedimento judicial de retomada ou dação em pagamento.

O art. 17 disciplina diversas hipóteses de licitação dispensada, a título de exceção à regra do princípio licitatório. Cumpre-nos enfatizar que as hipóteses contempladas no art. 17 não se constituem em uma possibilidade de dispensa de licitação, tendo-se em vista que o legislador, previamente, já dispensou o certame licitatório, tratando-se, pois, de licitação vedada[7].

---

[7] Art. 17. A alienação de bens da Administração Pública, subordinada à existência de interesse público devidamente justificado, será precedida de avaliação e obedecerá às seguintes normas:
I – quando imóveis, dependerá de autorização legislativa para órgãos da administração direta e entidades autárquicas e fundacionais, e, para todos, inclusive as entidades paraestatais, dependerá de avaliação prévia e de licitação na modalidade de concorrência, dispensada esta nos seguintes casos:
a) dação em pagamento;
b) doação, permitida exclusivamente para outro órgão ou entidade da administração pública, de qualquer esfera de governo, ressalvado o disposto nas alíneas f, h e i;
c) permuta, por outro imóvel que atenda aos requisitos constantes do inciso X do art. 24 desta Lei;
d) investidura;
e) venda a outro órgão ou entidade da administração pública, de qualquer esfera de governo;
f) alienação gratuita ou onerosa, aforamento, concessão de direito real de uso, locação ou permissão de uso de bens imóveis residenciais construídos, destinados ou efetivamente utilizados no âmbito de programas habitacionais ou de regularização fundiária de interesse social desenvolvidos por órgãos ou entidades da administração pública;

NOVOS PARADIGMAS DA REGULARIZAÇÃO FUNDIÁRIA URBANA

Considerando a finalidade da presente discussão, não se faz necessário discorrer sobre todos os condicionantes para a alienação do bem público constantes do art. 17 da Lei 8.666/93, haja vista que os elementos trazidos à baila são suficientes para a tomada de posição.

Por conseguinte, é preciso perquirir se as hipóteses contempladas no precitado dispositivo legal se constituem em normas gerais ou normas especiais e, portanto, aplicáveis tão somente à União. Melhor dizendo, a questão que se põe em exame é se a União, mediante lei federal, pode dispor sobre a alienação de bens dos Estados, do Distrito Federal e dos Municípios.

3. O Conceito de Normas Gerais

As normas gerais são aquelas que vinculam todos os entes federativos às suas disposições e, portanto, de obediência obrigatória. Deveras,

g) procedimentos de legitimação de posse de que trata o art. 29 da Lei nº 6.383, de 7 de dezembro de 1976, mediante iniciativa e deliberação dos órgãos da Administração Pública em cuja competência legal inclua-se tal atribuição;

h) alienação gratuita ou onerosa, aforamento, concessão de direito real de uso, locação ou permissão de uso de bens imóveis de uso comercial de âmbito local com área de até 250 m² (duzentos e cinquenta metros quadrados) e inseridos no âmbito de programas de regularização fundiária de interesse social desenvolvidos por órgãos ou entidades da administração pública;

i) alienação e concessão de direito real de uso, gratuita ou onerosa, de terras públicas rurais da União e do Incra, onde incidam ocupações até o limite de que trata o § 1º do art. 6º da Lei nº 11.952, de 25 de junho de 2009, para fins de regularização fundiária, atendidos os requisitos legais; e

II – quando móveis, dependerá de avaliação prévia e de licitação, dispensada esta nos seguintes casos:

a) doação, permitida exclusivamente para fins e uso de interesse social, após avaliação de sua oportunidade e conveniência socioeconômica, relativamente à escolha de outra forma de alienação;

b) permuta, permitida exclusivamente entre órgãos ou entidades da Administração Pública;

c) venda de ações, que poderão ser negociadas em bolsa, observada a legislação específica;

d) venda de títulos, na forma da legislação pertinente;

e) venda de bens produzidos ou comercializados por órgãos ou entidades da Administração Pública, em virtude de suas finalidades;

f) venda de materiais e equipamentos para outros órgãos ou entidades da Administração Pública, sem utilização previsível por quem deles dispõe.

7. O TRATAMENTO JURÍDICO DO BEM PÚBLICO COMO OBJETO DE REGULARIZAÇÃO...

a Constituição Federal, em seu art. 22, inciso XXVII, estabelece competência privativa da União para legislar sobre normas gerais de licitações e contratos administrativos, ficando para os Estados, o Distrito Federal e os Municípios a competência para editar normas especiais. No dizer de Marçal Justen Filho:

> Rigorosamente, a disciplina do art. 22, XXVII, da CF/88 não produz maiores efeitos ou inovações na sistemática geral, A União dispõe de competência para editar normas gerais – seja por força do art. 22, inc. XXVII, seja por efeito do art. 24. Existe a competência privativa dos entes federativos para editar normas especiais. A eventual omissão da União em editar normas gerais não pode ser um obstáculo ao exercício pelos demais entes federativos de suas competências. Assim, por exemplo, a eventual revogação da lei nº 8.666, sem que fosse adotado outro diploma veiculador de normas gerais, não impediria que os demais entes federativos exercitassem competência legislativa plena[8].

A lição do autor é cristalina ao dizer sobre a competência de Estados, Municípios e Distrito Federal legislarem sobre normas especiais, inclusive na hipótese de omissão da União, quanto ao exercício da competência para a edição de normas gerais.

Impende considerar que é impossível traçar uma perfeita separação entre normas gerais e especiais, tendo em vista que as aludidas normas gerais se constituem em um conceito indeterminado, plurissignificativo, onde sempre existira uma zona de nebulosa de incerteza. Celso Antonio Bandeira de Mello observa em seu magistério:

> Ninguém duvida que são normas gerais as que estabelecem diretrizes, que firmam princípios, que modelam apenas o suficiente para identificar a tipicidade de um instituto jurídico ou de um objeto legislado, conferindo-lhe um tratamento apenas delineador da compostura de seu regime, sem entrar em particularidades, minúcias ou especificações peculiarizadoras. Deveras, tanto é claro que a mera fixação de um perfil normativo lato responde a uma norma geral quanto é claro que qualquer especialização regulatória includente de situações particulares em princípio refoge ao caráter

---

[8] JUSTEN FILHO, Marçal. *Comentários à lei de licitações e contratos administrativos.* 14ª ed. São Paulo: Dialética, 2010, p. 15.

de norma geral. A consideração casuística, o tratamento individualizador, a nominação personalizadora, constituem-se na antítese da norma geral[9].

Embora exista uma vasta doutrina que procura identificar aquilo que deve ser considerado norma geral, certo é dizer que o seu conteúdo jurídico se circunscreve àquelas de cunho principiológico, bem como aquelas que não descem a minúcias e maiores detalhamentos[10].

Ainda que possamos concluir pela dificuldade em se identificar o conteúdo das normas gerais, é impositivo, ao menos, conhecer o seu núcleo de certeza. Marçal Justen Filho, abordando a questão das normas gerais, com vistas a demonstrar o núcleo de certeza positiva, afirma:

> O núcleo de certeza e determinação do conceito de 'normas gerais' compreende os princípios e regras destinadas a assegurar um regime jurídico uniforme para as licitações e as contratações administrativas em todas as órbitas federativas. Trata-se de impor um modelo de licitação e contratação administrativa, a ser obrigatoriamente observado por todos os entes federa-

[9] MELLO, Celso Antonio Bandeira de. O conceito de normas gerais no direito constitucional brasileiro. *Interesse Público – IP*, Belo Horizonte, ano 13, n⁰ 66, mar./abr. 2011. Disponível em: <http://www.bidforum.com.br/PDI0006.aspx?pdiCntd=72616>. Acesso em: 4 mar. 2019.

[10] Diogo de Figueiredo Moreira Neto, enfrentando o problema das normas gerais, oferta uma tabulação das diversas colocações doutrinárias a saber; "a) estabelecem princípios, diretrizes, linhas mestras e regrar jurídicas gerais (Bühler, Maunz, Burdeau, Pontes, Pinto Falcão, Claudio Pacheco, Sahid Maluf, José Afonso da Silva, Paulo de Barros Carvalho, Marco Aurélio Greco); b) não podem entrar em pormenores ou detalhes nem, muito menos, esgotar o assunto legislado (Matz, Büheler, Maunz, Pontes, Manoel Gonçalves Ferreira Filho, Paulo de Barros Carvalho e Marco Aurélio Greco); c) devem ser regras nacionais, uniformemente aplicáveis a todos os entes públicos (pinto Falcão, Souto Maior Borges, Paulo de Barros Carvalho, Carvalho Pinto e Adilson de Abreu Dallari); d) devem ser regras uniformes para todas as situações homogêneas (Pinto Falcão, Carvalho Pinto e Adílson de Abreu Dallari); e) só cabem quando preencham lacunas constitucionais ou disponham sobre áreas de conflito (Paulo de Barros Carvalho e Geraldo Ataliba); f) devem referir-se a questões fundamentais (Pontes e Adilson de Abreu Dallari); g) são limitadas, no sentido de não poderem violar a autonomia dos Estados (Pontes, Manoel Gonçalves Ferreira Filhio, Paulo de Barros Carvalho e Adilson de Abreu Dallari); h) não são normas de aplicação direta (Burdeau e Cláudio Pacheco)". Competência concorrente limitada: o problema da conceituação de normas gerais. *Separata da Revista de Informação Legislativa 100*, ano 25, out./dez. 1988.

7. O TRATAMENTO JURÍDICO DO BEM PÚBLICO COMO OBJETO DE REGULARIZAÇÃO...

tivos. A uniformidade desse modelo fundamental se orienta à realização de dois fins.

(...)

Assim, pode-se afirmar que norma geral sobre licitação e contratação administrativa é um conceito jurídico indeterminado cujo núcleo de certeza positiva compreende a disciplina imposta pela União e de observância obrigatória por todos os entes federados (inclusive da Administração indireta) atinente à disciplina de:

a) requisitos mínimos necessários e indispensáveis à validade da contratação administrativa;

b) hipóteses de obrigatoriedade e de não obrigatoriedade de licitação;

c) requisitos de participação em licitação;

d) modalidades de licitação;

e) tipos de licitação;

f) regime jurídico da contratação administrativa[11].

Segundo o autor, a obrigatoriedade de licitação, incluída nesse contexto a alienação do bem público, bem como as hipóteses de licitação dispensada, dispensável e inexigível são normas gerais de licitação e, portanto, os Estados, o Distrito Federal e os Municípios estão vinculados a ela.

Por consequência, entendemos que a União pode, em razão da sua competência, dispor sobre as hipóteses de alienação do bem público, estabelecendo, assim, uma modelagem única e uniforme. Entretanto, em virtude da autonomia[12] de cada ente federado, consagrada no art. 18 de Constituição Federal, a União não pode estabelecer condicionantes para a gestão de seu patrimônio dos demais entes, cabendo a cada um deles decidir a destinação do bem público. Mais uma vez, Marçal Justen Filho:

---

[11] JUSTEN FILHO, Marçal. *Comentários à lei de licitações e contratos administrativos.* 14ª ed. São Paulo: Dialética, 2010, p. 15-16.

[12] Segundo a doutrina constitucionalista, autonomia dos entes federativos corresponde a: autoadministração, autolegislação, auto-organização e autogoverno.

NOVOS PARADIGMAS DA REGULARIZAÇÃO FUNDIÁRIA URBANA

Rigorosamente, uma lei federal não poderia imiscuir-se na disciplina da alienação de bens públicos estaduais, municipais e distritais. Uma das características da Federação reside na autonomia para decidir o destino jurídico dos próprios bens. As normas gerais editadas pela União apenas podem tornar concretos princípios e regras inerentes à estruturação constitucional para alienação – considerando-se especificamente o permissivo do art. 37, inc. XXI da CF/88 (que remete à lei federal a especificação das hipóteses em que a licitação prévia obrigatória poderia ser dispensada).

Daí se extrai que as regras do art. 17 vinculam, sem margem de dúvida, à União, que pode dispor legislativamente sobre o destino dos próprios bens. Qualquer interferência sobre a autonomia dos outros entes federativos para gerir os próprios bens seria incompatível com a Constituição. Já no tocante aos pressupostos de dispensa de licitação, a competência legislativa da União é mais ampla.

Partindo de tais pressupostos é possível produzir interpretação conforme, que evite a configuração de inconstitucionalidade e assegure a maior utilidade normativa para os dispositivos[13].

Sobreleva dizer que a intelecção do art. 17 da Lei de Licitações é bastante complexa, gerando as mais diversas intepretações, inclusive sobre a constitucionalidade de algumas exigências do dispositivo em questão[14].

De toda sorte, entendemos que a exigência e as hipóteses de dispensa de licitação são regras de norma geral, ficando para cada entende federativo a autonomia para disciplinar a conveniência e oportunidade para dispor sobre bens de sua titularidade.

---

[13] Ibidem, p. 229.

[14] Não podemos deixar de registrar que a intepretação do art. 17 é questão bastante polêmica. A exemplo Elival da Silva Ramos afirma "...não se discute, *in casu*, que a alienação de um imóvel pertencente ao poder público, é um ato compreendido na função administrativa. (...) Sucede, contudo, que o controle político do Parlamento sobre o Executivo e sua atividade típica exige previsão constitucional expressa. Na situação *sub examine*, a Constituição prevê autorização legislativa para alienação de terras públicas com área superior a 2.500 há, mas não contempla tal exigência no tocante à alienação de outros imóveis públicos que não se enquadrem nos conceitos de 'terras públicas'. Ao contrário, dispensa a autorização legislativa para a alienação de terras públicas com área inferior a 2.500 há ou para fins de reforma agrária. Tudo isso não leva a concluir que a exigência de previa autorização legislativa para alienação indiscriminada dos imóveis federais é inconstitucional." Aspectos gerais do patrimônio imobiliário do Poder Público. *Cadernos FUNDAP*, ano 9, nº 17, p. 16-31, dez. 1989, p. 26.

7. O TRATAMENTO JURÍDICO DO BEM PÚBLICO COMO OBJETO DE REGULARIZAÇÃO...

4. As Competências Legislativas Urbanísticas na Constituição Federal

No que diz respeito às competências legislativas, o art. 22 da Constituição Federal elenca as competências da União, com possibilidade de delegação aos Estados, nos termos do parágrafo único do mesmo dispositivo; o art. 25, § 1º, traz as competências residuais para os Estados; o art. 30, I, contempla a competência municipal para assuntos de interesse local; quanto à competência concorrente da União, Estados e Municípios, ela se encontra grafada nos arts. 24 e 30, II; e, por último, a competência do Distrito Federal, englobando a dos Estados e Municípios, com supedâneo no art. 32, § 1º, da Constituição Federal[15].

No que concerne às normas de direito urbanístico, conforme arts. 24 e 30, II, de nossa Lei Fundamental, ficou estabelecido, como dito, a competência concorrente entre União, Estados e Distrito Federal para legislar e competência do Município para suplementar a legislação federal e estadual, no que couber.

Contudo, o art. 24, § 1º, estabelece que, no âmbito da legislação concorrente, a União limitar-se-á a editar normas gerais. Impõe-se, aqui, delimitar, ainda que em rápidas pinceladas, o que são normas gerais em matéria de direito urbanístico.

Nos termos do art. 25, § 3º, a União, ao editar normas gerais de direito urbanístico, deve respeitar as competências privativas dos Estados para a instituição de regiões metropolitanas e aglomerações urbanas e microrregiões, e, nos termos do art. 30, II, a competência privativa dos Municípios para legislar sobre assuntos de interesse predominantemente local, isso sem falar das suplementação das legislação federal e estadual.

Ricardo Marcondes Martins, ao se debruçar sobre o tema das normas gerais de direito urbanístico, observa:

> (...) observa-se, primeiramente, a existência de três tipos de normas gerais federais de Direito urbanístico: 1) as normas gerais editadas com base no § 1º do artigo 24, que podem ser regulamentadas e complementadas pelos Estados e Distrito Federal no exercício da competência suplementar prevista no §2º ou, no caso de omissão da União, por estes editadas para

---

[15] TAVARES, André Ramos. *Curso de direito constitucional.* 10ª ed. rev. e atual. São Paulo: Saraiva, 2012, p. 1153-1154.

NOVOS PARADIGMAS DA REGULARIZAÇÃO FUNDIÁRIA URBANA

atendimento de suas peculiaridades, no exercício da competência plena prevista no §3º – normas gerais federais de Direito urbanístico fruto da competência concorrente com os Estados e Distrito Federal; 2) as normas gerais editadas com base no artigo 21, XX que não são passíveis de serem editadas, nem regulamentadas, nem complementadas por outra entidade federativa – normas gerais federais de Direito urbanístico fruto da competência privativa da União; 3) e as normas gerais editadas com base no artigo 182, que podem ser regulamentadas e complementadas pelos Municípios ou, no caso de omissão pela União, por estes editadas para atendimento de suas peculiaridades – normas gerais federais de Direito urbanístico fruto da competência concorrente com os Municípios[16].

Com sustentáculo nas competências constitucionais, o autor, ao final de seu texto, conclui que as normas gerais de direito urbanístico possuem um elemento formal e um elemento material, ainda que quanto a este último tenhamos uma imprecisão, em razão da ponderação dos princípios da igualdade e da segurança jurídica[17].

Conquanto louvemos o esforço do autor e, com o respeito devido, parece-nos que não se logrou êxito em delinear o conteúdo jurídico das normas gerais de direito urbanístico que, repita-se mais uma vez, revestem-se da mais alta complexidade.

Ainda que não se esgote o tema das normas gerais, mas com o objetivo de gizar os seus contornos jurídicos, temos para nós que assiste razão José Afonso da Silva ao afirmar que as aludidas normas gerais em matéria de direito urbanístico trazem em seu bojo aquelas de natureza principiológica, trançando diretrizes, bem como fixando os seus conceitos básicos[18].

As ponderações de José Afonso da Silva leva-nos a afirmar que o conteúdo jurídico das normas gerais se constitui em diretrizes genéricas, que determinam a adequada estruturação da população e das atividades econômicas nas cidades, objetivando o desenvolvimento urbano nacional, bem como dispor sobre os instrumentais urbanísticos.

---

[16] MARTINS, Ricardo Marcondes. As normas gerais de direito urbanístico. *Revista de Direito Administrativo*, 2005, p. 78. Disponível em: <http://bibliotecadigital.fgv.br/ojs/index.php/rda/article/view/43857/44716>. Acesso em: 5 mar. 2019.

[17] Op. cit., p. 83-84.

[18] SILVA, José Afonso da. *Direito ambiental constitucional*. São Paulo: Malheiros, 2009, p. 30.

7. O TRATAMENTO JURÍDICO DO BEM PÚBLICO COMO OBJETO DE REGULARIZAÇÃO...

Postas essas considerações, passemos, pois, a nos debruçar sobre a questão da regularização fundiária urbana.

5. A Regularização Fundiária Urbana como Matéria de Direito Urbanístico

Importa, em um primeiro momento, verificar se a regularização fundiária urbana, é matéria de direito urbanístico. Com efeito, a resposta encontra-se grafada no art. 4º, inciso V, alínea "q" do Estatuto da Cidade, onde se insere a regularização fundiária como um dos instrumentos da política urbana.

Sobremais disso, acresça-se as lições de Adilson de Abreu Dallari que, enfrentando a questão, afirma:

> O art. 4º do Estatuto da cidade enumeram rola de instrumentos que são colocados à disposição do Poder Público visando à organização conveniente dos espaços habitáveis e ao cumprimento das funções sociais da propriedade e da cidade.
>
> (...)
>
> O mais importante, porém, é destacar a instrumentalização da atuação do Poder Público em matéria urbanística. Ou seja, a institucionalização de um conjunto de meiose instrumentos expressamente vocacionados para a intervenção urbanística, possibilitando ao Poder Público uma atuação vigorosa e concreta neste setor.
>
> (...)
>
> Essas considerações também se aplicam ao instrumento jurídico ou político de atuação em matéria urbanística designado pelo Estatuto da Cidade como regularização fundiária[19].

Para nós, o só fato da regularização fundiária urbana, dentre outros instrumentais, trazer consigo a finalidade de organização dos espaços habitáveis, cumprindo assim as funções sociais da propriedade e da cidade, se revelam em elementos mais do que suficientes para se concluir que o instituto em questão encontra-se no campo do direito urbanístico.

---

[19] DALARI, Adilson de Abreu. Instrumentos da Política Urbana. In: O Estatuto da Cidade: comentários à Lei Federal 10.257/2001. Coordenação de Adilson de Abreu Dallari e Sérgio Ferraz. São Paulo: Malheiros, 2002, pp. 72-73, p. 82.

NOVOS PARADIGMAS DA REGULARIZAÇÃO FUNDIÁRIA URBANA

6. A Reforma Fundiária Urbana na Lei 13.465/17

A Lei 13.465/17[20], dentre outras coisas, dispõe sobre a regularização fundiária rural e urbana, sobre a liquidação de créditos concedidos aos assentados da reforma agrária e sobre a regularização fundiária no âmbito da Amazônia Legal, instituindo, ainda, mecanismos para aprimorar a eficiência dos procedimentos de alienação de imóveis da União[21].

De seu turno, o art. 71 do Diploma Legal sobredito determina expressamente que, para fins da Regularização Fundiária Urbana (Reurb), ficam dispensadas a desafetação e as exigências previstas no inciso I do *caput* do art. 17 da Lei no 8.666, de 21 de junho de 1993.

Pari passu, o art. 9º dispõe sobre a instituição de normas gerais e procedimentos aplicáveis à Reurb, a qual abrange medidas jurídicas, urbanísticas, ambientais e sociais destinadas à incorporação dos núcleos urbanos informais ao ordenamento territorial urbano e à titulação de seus ocupantes.

É de se ver o que o dispositivo legal precitado é de cristalina clareza aos dispor sobre a instituição de normas gerais sobre regularização fundiária urbana e, portanto, sob normas de direito urbanístico, no contexto do art. 24, I, § 1º da Constituição Federal.

---

[20] Dispõe sobre a regularização fundiária rural e urbana, sobre a liquidação de créditos concedidos aos assentados da reforma agrária e sobre a regularização fundiária no âmbito da Amazônia Legal; institui mecanismos para aprimorar a eficiência dos procedimentos de alienação de imóveis da União; altera as Leis nºs 8.629, de 25 de fevereiro de 1993, 13.001, de 20 de junho de 2014, 11.952, de 25 de junho de 2009, 13.340, de 28 de setembro de 2016, 8.666, de 21 de junho de 1993, 6.015, de 31 de dezembro de 1973, 12.512, de 14 de outubro de 2011, 10.406, de 10 de janeiro de 2002 (Código Civil), 13.105, de 16 de março de 2015 (Código de Processo Civil), 11.977, de 7 de julho de 2009, 9.514, de 20 de novembro de 1997, 11.124, de 16 de junho de 2005, 6.766, de 19 de dezembro de 1979, 10.257, de 10 de julho de 2001, 12.651, de 25 de maio de 2012, 13.240, de 30 de dezembro de 2015, 9.636, de 15 de maio de 1998, 8.036, de 11 de maio de 1990, 13.139, de 26 de junho de 2015, 11.483, de 31 de maio de 2007, e a 12.712, de 30 de agosto de 2012, a Medida Provisória nº 2.220, de 4 de setembro de 2001, e os Decretos-Leis nºs 2.398, de 21 de dezembro de 1987, 1.876, de 15 de julho de 1981, 9.760, de 5 de setembro de 1946, e 3.365, de 21 de junho de 1941; revoga dispositivos da Lei Complementar nº 76, de 6 de julho de 1993, e da Lei nº 13.347, de 10 de outubro de 2016; e dá outras providências.

[21] A Lei 13.465/17 encontra-se sendo alvo de três ADI, a saber: ADI nº 5771, ADI nº 5787 e ADI nº 5883.

7. O TRATAMENTO JURÍDICO DO BEM PÚBLICO COMO OBJETO DE REGULARIZAÇÃO...

Sobreleva concluir, para que não reste qualquer dúvida, que a questão da regularização fundiária urbana, por se constituir em um dos instrumentos de direito urbanístico, elencado no art. 4º do Estatuto da Cidade, é norma geral de direito urbanístico e, portanto, de competência privativa da União, podendo os entes federados, no uso de suas competências legislativas, editar, apenas e tão somente, normas especiais.

Contudo, a questão não é tão simples, e, por conta disso, poderia levar o intérprete a erro, pois o art. 71, em verdade, não trata de matéria urbanística propriamente dita mas, sim, sobre a alienação do bem público, na medida em que alterou-se as disposições do art. 17 da Lei 8.666/93, que trata da alienação de bem público.

Por assim dizer, poder-se-ia afirmar, de forma desatenta, que os demais entes federados não estariam obrigados a seguir as determinações do art. 71 da Lei 13.465/17. Contudo, o que se demanda é dispensar os requisitos constantes do art. 17 da Lei 8.666/93, norma de direito administrativo que, conforme dito anteriormente, se constitui em norma geral de licitações, de competência privativa da União e, por conseguinte, aplicável a todos os entes federados.

Destarte, se os Estados, os Municípios e o Distrito Federal dispuserem em suas respectivas constituições estaduais e lei orgânica, conforme o caso, a necessidade de autorização legislativa e instauração de procedimento licitatório, a norma constante do art. 71 da Lei 13.465/17 deve se sobrepor a esses eventuais condicionantes, de forma a dispensá-los, atendendo assim a finalidade do legislador ordinário federal, simplificando o procedimento de regularização fundiária urbana.

Resta-nos, contudo, examinar a questão da desafetação, instituto típico de direito administrativo e que também se encontra contemplado no art. 71 da Lei Federal 13.465/17. Mais uma vez, a questão que se põe em dúvida é se as prescrições do art. 71, no sentido de dispensar a desafetação, aplicam-se aos demais entes federados.

Irene Patrícia Nohara, ao discorrer sobre o tema da afetação e desafetação, ensina:

> A afetação é um instituto típico do Direito Administrativo, não havendo similar no direito privado. Consiste em ato ou fato pelo qual se consagra um bem à produção efetiva de utilidade (destinação) pública. Trata-se de mecanismo em virtude do qual um bem é incorporado ao uso de gozo públicos.

163

Ela pode ser expressa ou tácita. Expressa é a afetação que resulta de ato administrativo ou lei contendo a manifestação de vontade da Administração nesse sentido. Tácita é a afetação que advém da atuação direta da Administração, sem manifestação explícita de sua vontade, ou de fato da natureza[22].

Para a autora, a afetação e a desafetação dependem de ato administrativo ou lei que venha a manifestar a vontade da Administração Pública, no sentido de dar uma destinação pública ao bem ou então de torná-lo disponível, e, portanto, sem qualquer finalidade pública.

Anote-se que a questão da afetação e desafetação é significativamente dinâmica e varia conforme o interesse público que, pela sua própria natureza, é mutável. Com esse pensamento, José dos Santos Carvalho Filho não concebe a afetação e a desafetação enquanto ato, mas, sim, enquanto fato:

> Afetação e desafetação são os fatos administrativos dinâmicos que indicam a alteração das finalidades do bem público. Se o bem esta afetado e passa a desafetado do fim público, ocorre a desafetação; se, ao revés, um bem desativado passar a ter alguma utilização pública, poderá dizer-se que ocorreu a afetação.
>
> (...)
>
> Por fim, deve-se destacar que a afetação e a desafetação constituem fatos administrativos, ou seja, acontecimentos ocorridos na atividade administrativa independentemente da forma com que se apresentem. Embora alguns autores entendam a necessidade de haver ato administrativo para consumar-se a afetação ou a desafetação, não é essa a melhor doutrina em nosso entender. O fato administrativo tanto pode ocorrer mediante a prática de ato administrativo formal, como através de fato jurídico de diversa natureza[23];

Nessa mesma linha de entendimento, Marçal Justen Filho preleciona:

> É possível diferenciar casos de desafetação constitutiva negativa e desafetação declaratória. No primeiro caso, existe um ato formal de desafetação do bem, que o submete ao regime de bem dominical, inclusive para o efeito

---

[22] NOHARA, Irene Patrícia. *Direito administrativo*. 3ª ed. São Paulo: Atlas, 2013, p. 692.
[23] CARVALHO FILHO, José dos Santos. *Manual de direito administrativo*. 18ª ed. rev. ampl. e atual. Rio de Janeiro: Lumen Juris, 2007, p. 993.

7. O TRATAMENTO JURÍDICO DO BEM PÚBLICO COMO OBJETO DE REGULARIZAÇÃO...

de uma eventual alienação. Nesse caso, existe um ato jurídico com efeitos constitutivos negativos A terminologia significa que a alteração do regime jurídico aplicável ao bem foi produzida por um ato formal, cujos efeitos são produzidos para o futuro.

Mas pode haver casos em que a natureza do bem ou a sua própria destinação conduzem à supressão fática de sua capacidade de satisfazer a necessidade pública. Se isso vier a ocorrer, a prática de um ato de desafetação terá efeitos meramente declaratório. Ou seja, o bem já estava desafetado concretamente e o ato formal apenas regulariza e formaliza uma situação preexistente[24].

Admite a doutrina que o ato de afetação e desafetação prescindem de um ato formal, pois há casos em que a própria natureza do bem ou até mesmo o exercício da atividade administrativa podem levar à desafetação fática do bem.

Temos para nós que as disposições do art. 71 da Lei 13.465/17 dispensou o ato declaratório da desafetação, optando, propositadamente, pela retirada de eventual finalidade pública em razão da atividade administrativa. É dizer, de outro modo, optou-se pela desafetação fática, tendo por objetivo acelerar o procedimento da regularização fundiária urbana.

Doutra parte, não podemos olvidar a existência de diplomas legais estaduais e municipais que exigem ato formal de desafetação para efeito de alienação do bem público. Contudo, com a finalidade de se atender a um interesse público maior, consistente na regularização fundiária urbana, parece-nos possível que a formalidade da desafetação pode ser dispensada com sustentáculo na doutrina e no princípio do interesse público.

Conclusão

O atual Código Civil, tal qual como a vetusta legislação civil, ao dispor sobre os bens públicos, tornou-se alvo das mais diversas críticas de administrativistas de escol. Conquanto seja possível apontar uma ou outra questão que poderia se tornar problemática, não entendemos que isso possa trazer resultados funestos, até porque muitas das disposições

---

[24] JUSTEN FILHO, Marçal. *Curso de direito administrativo*. 11ª ed. rev. atual. e ampl. São Paulo: Ed. Revista dos Tribunais, 2015, p. 1182.

da atual Lei Civil consagram questões há muito pacificadas no direito administrativo.

Quanto à alienação do bem público, a matéria vem regulada pelo art. 17 da Lei de Licitações e Contratos, de observância obrigatória para todos os entes federados, eis que sob o manto da competência privativa da União para editar normas gerais. Dito de outra forma, Estados, Distrito Federal e Municípios, respeitadas as normas gerais, poderão editar normas especiais para licitações e contratos, no âmbito da respectiva competência legislativa.

A questão das normas gerais de direito urbanístico é matéria complexa e intricada. Contudo, em nossa acepção, firmamos entendimento de que as normas gerais urbanísticas se constituem em diretrizes genéricas e gerais, que determinam as linhas mestras da política urbana, objetivando o desenvolvimento urbano nacional.

O instrumental da regularização fundiárias urbana, nos termos do art. 4º, inciso V, alínea "q" do Estatuto da Cidade, é instrumento de política urbana e, portanto, norma geral de direito urbanístico, pelo que os demais entes federados somente poderão editar normas especiais a esse respeito.

No que diz respeito ao art. 71, da Lei 13.465/17, embora mencione expressamente a questão da regularização fundiária urbana, o dispositivo em questão não se constitui em norma geral de direito urbanístico, na medida em que disciplina a alienação de bem público, alterando as disposições do art. 17 da Lei 8.666/93, norma geral, de competência privativa da União, pelo que as suas prescrições são de observância obrigatória pelos demais entes federados.

Releva registrar que se os Estados, o Distrito Federal e os Municípios, nas respectivas constituições ou leis orgânicas, registrarem a necessidade de autorização legislativa e licitação, o art. 71 da Lei 13.465/17 deve se sobrepor a tais condicionantes, por se tratar de norma geral de licitação, cabendo privativamente à União dispor sobre tal matéria.

Por derradeiro, quanto à exigência de desafetação, parece-nos que, em razão de um interesse público maior, consistente na regularização fundiária urbana, a formalidade da desafetação pode ser dispensada com sustentáculo na doutrina, e no princípio do interesse público.

Referências

BEVILACQUA, Clóvis, *Em defesa do Projeto de Código Civil Brazileiro*, Rio de Janeiro, Francisco Alves, 1906.

CARVALHO FILHO, José dos Santos, *Manual de direito administrativo*, 18ª ed. rev. ampl. e atual., Rio de Janeiro, Lumen Juris, 2007.

CAVALCANTI, Themistócles Brandão, *Tratado de direito administrativo*, vol. 3, 3ª ed., Rio de Janeiro, Freitas Bastos, 1956.

CRETELLA JÚNIOR, José, *Bens públicos*, 2ª ed. aumentada e atualizada, São Paulo, Livraria Editora Universitária de Direito Ltda., 1975.

–, *Tratado do domínio público*, Rio de Janeiro, Forense, 1984.

DALARI, Adilson de Abreu, "Instrumentos da Política Urbana", in *O Estatuto da Cidade*: comentários à Lei Federal 10.257/2001, São Paulo, Malheiros, 2002.

DI PIETRO, Maria Sylvia Zanella Di Pietro, *Direito administrativo*, 30ª ed. rev. atual. e ampl., Rio de Janeiro, Forense, 2017.

JUSTEN FILHO, Marçal, *Comentários à lei de licitações e contratos administrativos*, 14ª ed., São Paulo, Dialética, 2010.

–, *Curso de direito administrativo*, 11ª ed. rev. atual. e ampl., São Paulo, Editora Revista dos Tribunais, 2015.

MARQUES NETO, Floriano de Azevedo, *Bens públicos*: função social e exploração econômica – o regime jurídico das utilidades públicas, Belo Horizonte, Fórum, 2009.

MARTINS, Ricardo Marcondes, "As normas gerais de direito urbanístico", *in Revista de Direito Administrativo*, (2005), pp. 78. Disponível em: <http://bibliotecadigital.fgv.br/ojs/index.php/rda/article/view/43857/44716>. Acesso em: 5 mar. 2019.

MELLO, Celso Antonio Bandeira de, "O conceito de normas gerais no direito constitucional brasileiro", in Interesse Público – IP, Belo Horizonte, ano 13, nº 66, (2011). Disponível em: <http://www.bidforum.com.br/PDI0006.aspx?pdiCntd=72616>. Acesso em: 4 mar. 2019.

MOREIRA NETO, Diogo de Figueiredo, "O problema da conceituação de normas gerais", in *Separata da Revista de Informação Legislativa 100*, ano 25, (1988).

RAMOS, Elival da Silva, "Aspectos gerais do patrimônio imobiliário do Poder Público", in *Cadernos FUNDAP*, ano 9, nº 17, (1989).

SILVA, José Afonso da, *Direito ambiental constitucional*, São Paulo, Malheiros, 2009.

TAVARES, André Ramos, *Curso de direito constitucional*, 10ª ed. rev. e atual., São Paulo, Saraiva, 2012.

8. A Aplicação de Reurb-S em Edifícios Públicos: Edifício 9 de Julho Localizado no Centro de São Paulo

CELSO APARECIDO SAMPAIO
MARCELO BONILHA CAMPOS

Introdução

O presente trabalho busca situar a regularização fundiária no âmbito da pesquisa sobre os fenômenos urbanos provocados pela ocupação de imóveis vazios no centro de São Paulo para fins habitacionais. Desde os anos 1990, os movimentos de moradia no intuito de sensibilizar politicamente os agentes públicos e a sociedade vêm ocupando imóveis públicos e privados que tenham em seu histórico recente o abandono e a ociosidade.

Muitas políticas foram empreendidas nos últimos 30 anos, no entanto, o déficit cresce numa progressão muito maior do que o Estado é capaz de acompanhar e prover, dessa forma, mesmo empreendendo políticas sociais de atendimento e financiamento público para reformas e construções novas, os resultados ainda não atendem à demanda. Em decorrência de avaliações judiciais que inviabilizam a compra de imóveis pelo Poder Público e vacâncias jurídicas que envolvem espólio ou herdeiros, a cidade mantém um patrimônio construído que, caso fosse disponibilizado e ofertado à sociedade, minimizaria os efeitos crescentes do déficit habitacional e urbano. Se essa disponibilização, por um lado, pode atender à população que possui condições de pagar um aluguel ou realizar uma compra, por outro, pode deixar boa parte dessa população que ocupa imóveis vazios numa situação sem saída.

NOVOS PARADIGMAS DA REGULARIZAÇÃO FUNDIÁRIA URBANA

A regularização fundiária poderia ser uma modalidade de acesso prevista no arcabouço legal; dito isso, o presente artigo apresenta uma breve pesquisa sobre o tema. No Brasil, a regularização fundiária é a disciplina na qual aprendemos a trabalhar os processos de urbanização de favelas e concessão de direito de uso, desde os anos 1980. A Lei nº 13.465/2017 abre caminhos cunhados por processos recentes para regularizar imóveis ociosos e ocupados, para fins de moradia, desde que sejam ocupados por famílias de baixa renda, obtendo direito de moradia por meio da regulamentação da posse.

1. O Direito à Moradia

O déficit habitacional no país, conforme dados computados pela Fundação João Pinheiro, é da ordem de 6.355.000 moradias no ano de 2015. Tal cálculo leva em conta domicílios improvisados ou rústicos, situações de coabitação familiar, famílias com rendimento de até três salários mínimos e gasto superior a 30% da renda comprometidos com aluguel ou imóveis com adensamento excessivo de moradores[1].

Nesse contexto, e levando-se em consideração que a falta de moradias sempre foi uma das mazelas que assolam o país, após o declínio do Banco Nacional de Habitação e do Sistema Financeiro de Habitação, foram criados o Sistema Nacional de Habitação de Interesse Social (Lei nº 11.124/2005), o Plano Nacional de Habitação e, em 2009, por meio da Lei nº 11.977/2009, o programa Minha Casa Minha Vida, com o intuito de, por intermédio de recursos governamentais, fomentar a criação de moradias para a população de baixa renda do país.

Entretanto, verifica-se que, mesmo após a implementação dos referidos programas, o déficit habitacional brasileiro não diminuiu, ao contrário, aumentou entre os anos de 2014 e 2015, saltando de 6.068.000 moradias para os números atuais, supramencionados. Saliente-se que o ônus excessivo com aluguel das famílias com renda de até três salários mínimos corresponde a 50% do déficit habitacional registrado. É evidente, portanto, que as políticas públicas governamentais de acesso à moradia não tiveram o alcance desejado no tocante à produção de habitação de interesse social para famílias de baixa renda.

---

[1] Disponível em: <http://fjpdados.fjp.mg.gov.br/deficit/#dados>. Acesso em: 10 jun. 2018.

170

8. A APLICAÇÃO DE REURB-S EM EDIFÍCIOS PÚBLICOS: EDIFÍCIO 9 DE JULHO...

Conforme Simone Gatti, "não se trata somente de suprir o déficit habitacional, mas de encontrar formas adequadas de responder às necessidades de uma população vulnerável economicamente e socialmente"[2].

No mais, são crescentes os conflitos, sobretudo nas cidades, em relação à posse de terrenos e imóveis ocupados por movimentos sociais. Saliente-se que grande parte da população atuante nesses movimentos é de baixa renda e ocupa para deixar de pagar aluguel.

Para Nelson Saule Junior, a explicação se dá em razão da forma como foi tratada a questão da propriedade imobiliária no Brasil, tendo em vista que a Lei de Terras de 1850 atribuiu a propriedade da terra à obtenção de justo título. Para José Roberto Nalini:

> Esse modo de apropriação da propriedade implantado em nosso país também foi aplicado para o acesso da propriedade urbana nas cidades brasileiras, que por meio das legislações urbanas do início da República brasileira no final do século XIX passaram a privilegiar os interesses do mercado imobiliário emergente, permitindo apenas o acesso à terra urbanizada e à propriedade formal aos setores da sociedade dotados de renda e patrimônio[3].

Por esse motivo, é crítica recorrente que os programas habitacionais propostos dentro de uma lógica de mercado, exigindo a assunção de dívidas imobiliárias pela população mais pobre, tornam-se excludentes e perversos, pois impedem o exercício do direito à moradia, previsto na Constituição em nome de uma lógica capitalista, que alavanca o direito à propriedade à condição de direito humano fundamental e o lucro como objetivo último da vida em sociedade.

Entretanto, no Brasil, o ordenamento jurídico pressupõe a intervenção do Estado no domínio econômico, sendo ele o principal indutor do desenvolvimento econômico e social, limitando a propriedade privada.

Define o art. 3º da Constituição Federal que os objetivos da República Federativa do Brasil são construir uma sociedade livre, justa e

---

[2] GATTI, Simone F., *Entre a Permanência e o Deslocamento. ZEIS 3, como Instituto para a Manutenção da População de Baixa Renda em Áreas Centrais*, Tese (Doutorado), São Paulo, FAU-USP, 2015, p. 261.

[3] NALINI, José Roberto (Org.), *Regularização Fundiária*, 2ª ed., São Paulo, Atlas, 2014.

NOVOS PARADIGMAS DA REGULARIZAÇÃO FUNDIÁRIA URBANA

solidária; garantir o desenvolvimento nacional; erradicar a pobreza e a marginalização; e reduzir as desigualdades sociais e regionais, promovendo o bem de todos, sem preconceitos ou quaisquer outras formas de discriminação.

Lenio Luiz Streck e José Luis Bolzan de Morais, comentando o art. 3º da Constituição, dispõem o seguinte:

> Nitidamente a Constituição brasileira aponta para a construção de um Estado Social de índole intervencionista, que deve pautar-se por políticas públicas distributivistas, questão que exsurge claramente na dicção do art. 3º do texto magno. Desse modo, a noção de Constituição que se pretende preservar, nesta quadra da história, é aquela que contenha uma força normativa capaz de assegurar esse núcleo de modernidade tardia não cumprida. Esse núcleo consubstancia-se exatamente nos fins do Estado estabelecidos no aludido art. 3º da Constituição[4].

No mesmo sentido é a lição de Gilberto Bercovici:

> A Constituição Federal de 1988 possui expressamente um plano de transformação da sociedade brasileira com o reforço dos direitos sociais, a proteção do mercado interno (artigo 219), o desenvolvimento e a erradicação da miséria e das desigualdades sociais e regionais (art. 3º e 170) como objetivos da República, isto é, com a inclusão do programa nacional desenvolvimentista no seu texto[5].

Dentro desse contexto, o art. 6º da Constituição Federal reconhece como direitos sociais a educação, a saúde, a alimentação, o trabalho, a moradia, o transporte, o lazer, a segurança, a previdência social, a proteção à maternidade e à infância, a assistência aos desamparados, classificando-os como direitos fundamentais. Sobre a disposição legal, Ingo Wolfgang Sarlet assevera que:

---

[4] STRECK, Lênio L.; MORAIS, José Luís Bolzan de, Comentários ao artigo 3º. In: CANOTILHO, J.J. Gomes; MENDES, Gilmar F.; SARLET, Ingo W.; _____ (coords.) Comentários à Constituição do Brasil. São Paulo: Editora Saraiva/Almedina 2013, p. 149.

[5] BERCOVICI, Gilberto, "Estado Intervencionista e Constituição no Brasil: o Silêncio Ensurdecedor de um Diálogo entre Ausentes", in *Vinte anos da Constituição de 1988*, Rio de Janeiro, Lumen Juris, 2009.

O artigo 6º da CF insere-se num contexto normativo-constitucional mais amplo: o Preâmbulo já evidencia forte compromisso da Constituição e do Estado com a Justiça Social, comprometimento este reforçado pelos princípios fundamentais positivados no Título I da CF, dentre os quais se destaca a dignidade da pessoa humana (art. 1º, III), positivada como fundamento do próprio Estado Democrático de Direito. Tal princípio, para além de outros aspectos dignos de nota, atua como verdadeiro fio condutor relativamente aos diversos direitos fundamentais, reforçando a existência de uma recíproca complementariedade entre os direitos individuais (direitos de liberdade) e os direitos sociais (direitos de igualdade), na medida em que todos eles densificam parcelas do conteúdo e dimensões do princípio da dignidade humana, ainda que a ela não se reduzam[6].

Especificamente sobre o direito à moradia, pondera o referido autor:

Hoje, contudo, não há mais dúvidas de que o direito à moradia é um direito fundamental autônomo, de forte conteúdo existencial, considerado até mesmo um direito de personalidade (pelo menos naquilo que vinculado à dignidade da pessoa humana e às condições para o pleno desenvolvimento da personalidade, não se confundindo com o direto à (e de) propriedade, já que se trata de direitos distintos[7].

O art. 23, IX, da Constituição Federal fixa como competência comum da União, dos Estados, do Distrito Federal e dos Municípios "promover programas de construção de moradias e a melhoria das condições habitacionais e de saneamento básico".

Portanto, o Poder Público está autorizado a elaborar políticas públicas para atendimento habitacional, conforme a lição de Maria Paula Dallari Bucci:

Política pública é programa de ação governamental que resulta de um conjunto de processos juridicamente regulados – processo eleitoral, pro-

---

[6] SARLET, Ingo W, Comentários ao artigo 6º. In: CANOTILHO, J.J. Gomes; MENDES, Gilmar F., STRECK, Lênio L.; _____ (coords.) Comentários à Constituição do Brasil. São Paulo: Editora Saraiva/Almedina 2013, p. 540.
[7] SARLET, Ingo W, Comentários ao artigo 6º. In: CANOTILHO, J.J. Gomes; MENDES, Gilmar F., STRECK, Lênio L.; _____ (coords.) Comentários à Constituição do Brasil. São Paulo: Editora Saraiva/Almedina 2013, p. 547.

cesso de planejamento, processo de governo, processo orçamentário, processo legislativo, processo administrativo, processo judicial, visando coordenar os meios à disposição do Estado e as atividades privadas, para a realização de objetivos socialmente relevantes e politicamente determinados[8].

É dentro desse contexto normativo que estão inseridas as políticas públicas no Brasil, que representam a intervenção do Estado no sentido de promover o desenvolvimento nacional por meio da erradicação da pobreza e da redução das desigualdades sociais. Desse modo, garantindo direitos fundamentais à população por meio de atuação do Estado, é que está posto o desenho constitucional.

Nesse sentido, o art. 182 da Constituição Federal determina que a política de desenvolvimento urbano, executada pelo Poder Público municipal, conforme diretrizes gerais fixadas em Lei, tem por objetivo ordenar o pleno desenvolvimento das funções sociais da cidade e garantir o bem-estar de seus habitantes.

De outra parte, não se pode esquecer que o direito à propriedade está vinculado ao cumprimento de sua função social, que, na visão de Eugenio Facchini Neto, "trata-se de perceber que além do direito de propriedade existe também o direito à propriedade, como uma das possíveis concretizações do direito fundamental social do direito à moradia (artigo 6º da Constituição Federal)"[9].

2. A Disputa pelo Lugar

A disputa pelo lugar mais bem localizado e por uma infraestrutura instalada vem alimentando a luta pelos territórios nas cidades, e não se trata de exclusividade da realidade brasileira ou paulista. Enquanto a cidade se espraia e os bolsões de pobreza se constituem nos lugares mais distantes e com menor infraestrutura urbana, o Estado não consegue prover moradia digna à população mais pobre nas regiões mais consolidadas, reafirmando, então, o caráter de exclusão dessa popula-

[8] Bucci, Maria Paula, "O Conceito de Políticas Públicas em Direito", in *Políticas Públicas*: Reflexões sobre o Conceito Jurídico, São Paulo, Saraiva, 2006, p. 39.
[9] Neto, Eugênio Facchini, Comentários ao artigo 170, III. In: Canotilho, J.J. Gomes; Mendes, Gilmar F.; Sarlet, Ingo W.; Streck, Lenio L. (coords.) Comentários à Constituição do Brasil. São Paulo: Editora Saraiva/Almedina 2013, p. 1799.

8. A APLICAÇÃO DE REURB-S EM EDIFÍCIOS PÚBLICOS: EDIFÍCIO 9 DE JULHO...

ção para além dos muros formais da cidade legal, seja com a construção de novos conjuntos habitacionais, seja com a falta de política que iniba ou discipline a ocupação irregular do solo urbano. Flavio Villaça, discutindo Castells, na investigação sobre "a participação do território urbano – ou o espaço – tanto na luta de classes como na luta pela dominação social", considera segundo, ou o espaço urbano, como produto do trabalho social humano.

> (...) esse produto não são os edifícios de escritórios ou de residências, tampouco as ruas, as praças, os *shopping centers* ou as fábricas. Vimos que esse produto é a localização, ou a "terra-localização"[10].

O deslocamento dos centros administrativos e financeiro da cidade promoveu um esvaziamento dos edifícios que deram suporte à dinâmica de centralidade em São Paulo durante todo o século XX e início do século XXI. A mudança de plantas e/ou a necessidade de se adequar a novas realidades impostas pela economia são fatores que influem na recolocação desses imóveis vazios no mercado imobiliário.

Desde os anos 1980, o movimento nacional pela reforma urbana começou a colher apoios e contribuições para a defesa de uma política urbana mais abrangente, conquistado somente na Constituição Federal de 1988. O marco legal não resultou em efeitos práticos imediatamente e o déficit habitacional no Brasil a partir dos anos 1980 passa a obrigar os movimentos sociais por moradia a buscar alternativas mais agressivas, na tentativa de forçar o Estado a propor novas políticas na área habitacional e cumprir muitas vezes o que reza a Carta Magna. Nessa década, grandes ocupações na região periférica de São Paulo, como Garagem São Miguel, em 1986, e Fazenda da Juta, em 1989, começaram a impulsionar políticas públicas voltadas à moradia no Governo do Estado e no Município de São Paulo. As duas ocupações deram origem ao Conjunto Garagem e ao Conjunto Fazenda da Juta.

Enquanto as políticas de urbanização de favelas passaram a ganhar a institucionalização durante os anos 1980 e 1990, Municípios, Estados e o Governo Federal criaram políticas de urbanização e regularização de ocupações de áreas ambientalmente frágeis e com ocupação precária.

---

[10] VILLAÇA, Flávio, "O Território e a Dominação Social", *Margem Esquerda*, São Paulo, Boitempo Editorial, nº 24 (2015), p. 31.

Trata-se de um conjunto de legislações que criou um marco regulatório da regularização fundiária, como a Constituição Federal, o Estatuto da Cidade, a Medida Provisória nº 2.220, a Lei do Sistema Nacional de Habitação de Interesse Social, a Lei de Acesso aos Imóveis da União, o Programa Minha Casa Minha Vida e a legitimação de posse e, atualmente, a Lei nº 13.465 (Reurb).

A entrada de infraestrutura pública de água, esgoto e energia cria no ambiente da favela um momento propício para a regularização física e jurídica das áreas, no entanto, o crescimento populacional também nas favelas traz dificuldades para os municípios resolverem os problemas urbanos decorrentes da formação desses núcleos. Nos anos 2000, sem capacidade de endividamento e sem recursos próprios para investir, os municípios, por meio de políticas federais, voltadas ao planejamento e à capacitação de equipes técnicas, passam a investir na organização e no planejamento de ações por meio de planos de urbanização municipal com recursos captados através do Governo Federal.

O Programa Habitar Brasil BID (HBB), realizado com os recursos previstos no Contrato de Empréstimo 1126 OC/BR, firmado entre a União Federal e o Banco Interamericano de Desenvolvimento (BID), investiu, no início dos anos 2000, recursos com o objetivo de promover intervenções em assentamentos subnormais, localizados em regiões metropolitanas, por meio de dois subprogramas, sendo o primeiro deles o Desenvolvimento Institucional, que

> Objetiva a criação, ampliação ou modernização da capacidade institucional dos municípios para atuar na melhoria das condições habitacionais das famílias de baixa renda, por meio da criação ou aperfeiçoamento de instrumentos urbanísticos, institucionais e ambientais que permitam a regularização dos assentamentos subnormais, e da capacitação técnica das equipes da prefeitura que atuam no setor. Visa, ainda, propiciar condições para a ampliação da oferta de habitações de baixo custo e implantar estratégias de controle e desestímulo à ocupação irregular de áreas[11].

O programa Habitar Brasil BID visava ao incentivo à geração de renda e ao desenvolvimento em assentamentos de risco ou favelas para

[11] Disponível em: <http://www1.caixa.gov.br/gov/gov_social/municipal/programas_habitacao/habitar_brasil_bid/>. Acesso em: 9 mar. 2019.

8. A APLICAÇÃO DE REURB-S EM EDIFÍCIOS PÚBLICOS: EDIFÍCIO 9 DE JULHO...

melhorar as condições habitacionais, promovendo ações como: construção de novas moradias, implantação de infraestrutura urbana e saneamento básico e recuperação de áreas ambientalmente degradadas.

O Desenvolvimento Institucional permitiu aos municípios o desenvolvimento de sistemas de monitoramento dos núcleos habitacionais, projetos urbanísticos, projetos de infraestrutura urbana, projetos habitacionais e de melhorias habitacionais e, com isso, a priorização de investimentos conforme disponibilidade de recursos e níveis de atendimento que cada comunidade exigia, possibilitando um programa claro e transparente de hierarquização de atendimento habitacional e de regularidade física e jurídica.

A Urbanização de Assentamentos Subnormais (UAS) era segundo subprograma do HBB, e tinha por objetivo a ação direta e prática sobre as comunidades organizadas nos núcleos habitacionais com a implantação de melhoria e processo de regularização física e fundiária.

> Objetiva a implantação, de forma coordenada, de projetos integrados de urbanização de assentamentos subnormais, que compreendam a regularização fundiária e a implantação de infraestrutura urbana e de recuperação ambiental nessas áreas, assegurando a efetiva mobilização e participação da comunidade na concepção e implantação dos projetos[12].

O entendimento sobre a precariedade em núcleos de assentamentos subnormais acabou por consolidar uma prática e um procedimento para a regularização de uma fração do tecido urbano, o que não acontece com as ocupações de edifícios urbanos.

Desde os anos 1990, os movimentos de moradia, no intuito de sensibilizar politicamente os agentes públicos e a sociedade civil, vêm ocupando imóveis públicos e privados que tenham em seu histórico recente o abandono e a ociosidade, e, estimulados por políticas sociais de atendimento e financiamento público para reformas e construções novas em centros urbanos consolidados, vêm investindo em projetos participativos por meio de processos autogestionários, como empreendimentos do Programa Minha Casa Minha Vida – Entidades (PMCMV-E).

---

[12] Disponível em: <http://www1.caixa.gov.br/gov/gov_social/municipal/programas_habitacao/habitar_brasil_bid/>. Acesso em: 9 mar. 2019.

NOVOS PARADIGMAS DA REGULARIZAÇÃO FUNDIÁRIA URBANA

A falta de moradia para os pobres e seu alto valor nas regiões mais consolidadas ou com melhor infraestrutura da cidade são recorrentes nos grandes centros urbanos, fatores responsáveis, na maioria das vezes, pela expulsão dessa população das áreas centrais. Os movimentos de moradia atentos à necessidade das famílias que se organizam no seu entorno atuam diretamente no conjunto de ocupações da cidade como uma rede de solidariedade e colaboração.

Um incêndio, ocorrido no dia 1º de maio de 2018, culminou no desabamento do Edifício Wilton Paes de Almeida, localizado na esquina da Avenida Rio Branco com a Rua Antônio de Godói, no Largo do Paissandu, em São Paulo, denunciando uma fragilidade política de se investir em moradia nas áreas mais preparadas da cidade.

A Prefeitura de São Paulo, após o ocorrido, por meio da Defesa Civil e da Secretaria de Habitação, mediante a Portaria nº 353, de 16 de maio de 2018, instituiu um "Grupo Executivo com o objetivo de realizar visitas técnicas nos imóveis edificados, públicos ou privados, objeto de ocupações irregulares". Foram 75 imóveis listados, sendo que, destes, 51 eram ocupados e visitados.

A partir desse trabalho em aproximadamente 50 ocupações na cidade de São Paulo, dados obtidos por meio do relatório "Situação das ocupações na Cidade de São Paulo", de julho de 2018, necessitam de intervenções para garantir a habitabilidade e a segurança pessoal. A instabilidade jurídica poderia ser enfrentada com a regularização fundiária, que garanta aos atuais moradores que zelam pelos prédios, alguns há mais de dez anos, uma solução para o litígio que se estabelece entre proprietários e ocupantes. Os movimentos de moradia oferecem alternativas de negociação com os proprietários, dentre elas um tipo de locação com gestão partilhada com o próprio movimento, por intermédio de uma poupança própria dos moradores. Muitos edifícios são públicos e foram ocupados pelo fato de apresentarem abandono, e, com isso, não cumprirem sua função social.

O problema econômico e social que o país atravessa nos últimos anos só fez crescer o número de ocupações e de famílias que se veem sem condições de optar por outra modalidade de atendimento habitacional.

As ocupações dos sem-teto e a luta pela moradia destes segmentos vêm, em certa medida, influenciando e transformando a face deste território,

8. A APLICAÇÃO DE REURB-S EM EDIFÍCIOS PÚBLICOS: EDIFÍCIO 9 DE JULHO...

uma vez que passaram a disputar, palmo a palmo, cada prédio abandonado, enfrentando interesses e obstáculos mais diversos, de setores conservadores, proprietários de imóveis vazios, do mercado imobiliário e do poder público[13].

Enquanto isso, o centro se esvazia de sua função principal e as plantas comerciais, que não servem mais para as mudanças que a região impõe, abastecida de infraestrutura urbana, vazia de gente e com edifícios igualmente vazios, passam a despertar interesse, colocando os movimentos de moradia na disputa pelos interesses de famílias oriundas da baixa renda.

Considerando que os processos de ocupação de imóveis vazios se intensificou nos últimos anos – levando-se em conta também o agravamento do problema habitacional – lideranças dos movimentos de moradia que atuam na região central estimam que ao longo dos últimos 18 anos teriam ocorrido mais de 200 ocupações de edifícios abandonados nesta região, envolvendo mais de 15 mil famílias, cerca de 60 mil pessoas[14].

As ocupações urbanas, como alternativa ao atendimento habitacional, cumprem o papel importante de dar acesso a uma acomodação mínima às famílias em limite de fragilidade social, no entanto, a irregularidade impõe um caráter temporário no atendimento, as famílias são tratadas no âmbito do atendimento assistencial ou na mediação de conflitos, dada a condição precária que a posse impõe, gerando uma tensão constante da reintegração, da suspensão ou corte de serviços básicos, como água e luz.

Diante desse quadro, uma alternativa que se ampare no novo marco legal da regularização fundiária colocaria as famílias atendidas hoje em São Paulo nessas 50 ocupações ou, mais precisamente, naquelas de propriedade pública, como o edifício que aqui analisamos, localizado a

---

[13] BARBOSA, Roberto Benedito, *Protagonismo dos Movimentos de Moradia no Centro de São Paulo*: Trajetória, Lutas e Influências nas Políticas Habitacionais, Santo André, Universidade Federal do ABC, 2014.

[14] BARBOSA, Roberto Benedito, *Protagonismo dos Movimentos de Moradia no Centro de São Paulo*: Trajetória, Lutas e Influências nas Políticas Habitacionais, Santo André, Universidade Federal do ABC, 2014.

NOVOS PARADIGMAS DA REGULARIZAÇÃO FUNDIÁRIA URBANA

Avenida Nove de Julho, 584, no centro de São Paulo, com a condição de regularizar sua situação de posse, garantindo, com isso, uma titulação que poderá lhe permitir, entre outros benefícios, o acesso a crédito e outros.

Esse edifício, de propriedade do Instituto Nacional de Seguro Social – INSS, construído durante a década de 1940, manteve a repartição pública até meados dos anos 1970, quando foi esvaziado, permanecendo dessa forma até 1997, ocasião da sua primeira ocupação. Depois de três reintegrações de posse, em 2016 o prédio foi reocupado por famílias oriundas do Movimento Sem Teto do Centro (MSTC).

Observando o cenário sobre a regularidade urbana e a regularização fundiária nos últimos anos, observa-se um avanço em relação às políticas que irão garantir a posse a uma função social, como a moradia. A leitura do marco regulatório sobre regularização fundiária e o histórico do processo de ocupação de prédios que os movimentos de moradia vão desenvolver como forma de pressionar ações e políticas de Estado desde os anos 1990, é possível estruturar novas formas de enfrentar a regularização fundiária e o acesso a propriedade e posse.

O histórico das favelas e o processo de institucionalização da urbanização e da regularização fundiária, associados à regularização e formalização do fornecimento dos serviços básicos, como água e luz, constituem marcos importantes na legitimação da posse dos anos de 1980 em diante.

Assim, associar as garantias previstas no marco legal com aquelas obtidas por meio da posse e do zelo aos imóveis durante o período da ocupação poderá, a exemplo das favelas, gerar um novo paradigma na legitimação da posse em causa de moradores de ocupações para fins de moradia no centro de São Paulo.

3. Regularização Fundiária, Reurb e Bens Públicos
Retomando a análise do arcabouço legal que dá sustentação à legalidade da posse urbana, a Lei Complementar nº 10.251/2001 (Estatuto das Cidades), editada para dar cumprimento ao comando constitucional, tem como objetivo ordenar o pleno desenvolvimento das funções sociais da cidade e da propriedade urbana, tomando como diretriz a "regularização fundiária e urbanização de áreas ocupadas por população de baixa

8. A APLICAÇÃO DE REURB-S EM EDIFÍCIOS PÚBLICOS: EDIFÍCIO 9 DE JULHO...

renda mediante o estabelecimento de normas especiais de urbanização, uso e ocupação do solo e edificação, consideradas a situação socioeconômica da população e as normas ambientais".

Para fazer frente ao déficit habitacional, no ano de 2005 foi criado o Sistema Nacional de Habitação de Interesse Social – SNHIS (Lei nº 11.124/2005), que traçava as linhas de uma política pública para o provimento de habitação de interesse social, tendo como objetivo viabilizar para a população de menor renda o acesso à terra urbanizada e à habitação digna e sustentável, implementar políticas e programas de investimento e subsídios, promovendo e viabilizando o acesso à habitação voltada para a população de menor renda, e articular, compatibilizar, acompanhar e apoiar a atuação das instituições e órgãos que desempenham funções no setor de habitação. Trata-se de um sistema destinado a centralizar todos os projetos de habitação de interesse social e que repassaria recursos para os demais entes federativos, com a finalidade de promover habitação popular.

Dentro desse escopo, o Fundo Nacional de Habitação de Interesse Social – FNHIS, criado pela Lei nº 11.124/2005, deveria ser usado para aquisição, construção, conclusão, melhoria, reforma, locação social e arrendamento de unidades habitacionais em áreas urbanas e rurais, regularização fundiária e urbanística em áreas de interesse social, bem como para aquisição de materiais para construção, ampliação e reforma de moradias e recuperação ou produção de imóveis em áreas encortiçadas, centrais ou periféricas, para fins habitacionais de interesse social, dentre outros objetivos indicados na lei.

Em 2009, foi instituído o Programa Minha Casa Minha Vida (PMCMV) por meio da Lei nº 11.977/2009, que tem por finalidade criar mecanismos de incentivo à produção e aquisição de novas unidades habitacionais ou requalificação de imóveis urbanos e produção ou reforma de habitações rurais para famílias com renda mensal de até dez salários mínimos. Trata-se de um sistema destinado a centralizar todos os projetos de habitação de interesse social e que repassaria recursos para os demais entes federativos, com a finalidade de promover habitação popular.

Para Nelson Saule Júnior, não há controvérsia quanto à aplicação da regularização fundiária em imóveis públicos.

NOVOS PARADIGMAS DA REGULARIZAÇÃO FUNDIÁRIA URBANA

A determinação da Constituição brasileira de 1988, de que toda propriedade – seja ela pública ou privada – deve submeter-se ao princípio da função social, também é um comando diretivo para a União, de modo que os seus bens imóveis tenham uma função social. O cumprimento da função social de uma propriedade pública deve estar associado às responsabilidades e obrigações do Estado brasileiro com a sociedade. Assim, a destinação e o uso dos bens públicos pertencentes à União devem ter o objetivo de contribuir para a redução das desigualdades sociais e territoriais e para a promoção da justiça social, tanto garantindo o direito à moradia como a geração de postos de trabalho e o incremento ao desenvolvimento local. Com fundamento nesse princípio constitucional, todos os bens imóveis da União, quer se localizem em área rural ou urbana, qualquer que seja sua destinação, devem ser utilizados de forma a priorizar o uso socioambiental do bem em benefício da coletividade, levando em consideração as grandes diferenças regionais, sociais, econômicas e culturais entre os diversos segmentos da sociedade brasileira[15].

São previstas duas modalidades de Reurb: a de interesse social (Reurb-S) e a específica, sendo certo que a primeira é destinada àqueles declarados de baixa renda pelo Poder Público, gerando a isenção de taxas e custas para registrar a propriedade. De outra parte, a Reurb específica é destinada às pessoas físicas, independente da renda.

Nos termos da legislação em vigor, são legitimados para requerer o procedimento junto ao ente responsável os ocupantes, a Defensoria Pública, o Ministério Público e os entes federativos.

O art. 23 da Lei nº 13.465 define a legitimação fundiária como forma originária de aquisição da propriedade, por ato do Poder Público, para aqueles que ocupam terreno público ou privado antes de 22 de dezembro de 2016, por alteração na Medida Provisória nº 2.220/2001, alterando-se, por conseguinte, as regras da concessão especial de uso para fins de moradia.

A grande inovação é a possibilidade de regularização fundiária em imóveis públicos com a transferência de propriedade ao particular de baixa renda e efetivo ocupante do imóvel, desde que não seja concessio-

---

[15] NALINI, José Roberto (Org.), *Regularização Fundiária*, 2ª ed., São Paulo, Atlas.

8. A APLICAÇÃO DE REURB-S EM EDIFÍCIOS PÚBLICOS: EDIFÍCIO 9 DE JULHO...

nário, foreiro ou proprietário de imóvel urbano ou rural ou já tenha sido anteriormente contemplado com legitimação de posse ou fundiária de imóvel urbano.

Quando o imóvel urbano não tiver finalidade residencial, caberá, para fins de Reurb-S, ao Poder Público reconhecer o interesse público da ocupação, concedendo a regularização aos ocupantes. Importante ressaltar que a União, os Estados, o Distrito Federal e os Municípios, quando titulares do domínio, podem, por autorização legal, reconhecer o direito de propriedade em favor dos ocupantes.

Como se vê, a Regulamentação Fundiária de Interesse Social busca a todo momento facilitar a regularização da posse, com sua conversão em propriedade, para a população de baixa renda. Atento a esse fato, o legislador buscou garantir a efetividade da norma no plano prático, determinando no art. 37 que o Poder Público competente deve implantar a infraestrutura essencial, equipamentos comunitários e as melhorias habitacionais, bem como arcar com as despesas e manutenção da ocupação regularizada.

Verifica-se, ainda, pelas regras do art. 61 da Lei nº 13.465/2017, que, quando em um único imóvel coexistirem construções de casas ou cômodos, um condomínio poderá ser constituído nos termos do Código Civil, com procedimento previsto na Lei nº 13.465/2017, tratando-se de regra que, a nosso ver, facilita a regularização por meio da legitimação fundiária de prédios públicos ocupados.

Portanto, é possível realizar Reurb-S em imóvel público, ainda que não seja originalmente destinado à moradia, podendo ser um prédio ocupado por movimento de moradia, devendo o Poder Público competente, após provocação dos legitimados, iniciar o procedimento administrativo da Reurb-S e prestar todo o apoio necessário para que o direito dos beneficiários possa se efetivar.

Conclusões
A regularização fundiária é tema de debates e de interesse de pesquisadores que analisam o percurso da legitimação da posse e do reconhecimento do direito à propriedade e, mais recentemente, da sua função social. Se, por um lado, a Lei de Terras de 1850 atribuiu à propriedade da terra a obtenção de justo título, por outro, isso permeou o ambiente urbano durante todo o século XX, privilegiando os interesses e o

NOVOS PARADIGMAS DA REGULARIZAÇÃO FUNDIÁRIA URBANA

acesso à terra e à propriedade a setores da sociedade providos de renda e patrimônio.

A Reforma Urbana defendida e trabalhada na sociedade e no Congresso Nacional durante anos culminou com a Constituição Federal de 1988, legitimando o direito universal do acesso à moradia e o Estatuto da Cidade de 2001 – Lei nº 10.257/2001 –, que detalhou esses preceitos imprimindo regras e instrumentos para o acesso democrático a terra e sua função social.

A regularização fundiária urbana, por meio das políticas de urbanização de favelas, ganhou a institucionalização durante os anos 1980 e 1990, quando Municípios, Estados e o Governo Federal criaram políticas de urbanização e regularização de ocupações de áreas ambientalmente frágeis e com ocupação precária, e as legislações definiram um marco regulatório da regularização fundiária urbana no Brasil, como a Constituição Federal, o Estatuto da Cidade, a Medida Provisória nº 2.220, a Lei do Sistema Nacional de Habitação de Interesse Social, A Lei de Acesso aos Imóveis da União, o Programa Minha Casa Minha Vida e a legitimação de posse, e, atualmente, a Lei nº 13.465 (Reurb).

Nossa análise buscou fundamentar na legislação existente a viabilidade de se desenvolver uma modalidade de atendimento e de reconhecimento da posse por meio da aplicação desse arcabouço legal em imóveis públicos vazios e sem atividade pública definida, muitos dos quais na cidade de São Paulo, ocupados por movimentos de luta por moradia, que desde os anos 1990 vêm recebendo uma resposta que não olha para a questão social, a reintegração do imóvel.

Se fosse aplicada a modalidade de Reurb de interesse social (Reurb-S), destinada àqueles declarados de baixa renda, pelo Poder Público, haveria a possibilidade de regularização fundiária em imóveis públicos com a transferência de propriedade ao particular de baixa renda e efetivo ocupante do imóvel.

Dessa forma, concluímos que a aplicação de Reurb-S se mostra possível em imóveis públicos que ainda não sejam destinados à moradia, mas que estejam ocupados e sejam reivindicados ao Poder Público competente por meio de uma provocação dos ocupantes para que se inicie esse procedimento administrativo.

A possibilidade dessa regularização abre novos campos de debates e discussões, como, por exemplo, a quem caberiam as melhorias e adequa-

8. A APLICAÇÃO DE REURB-S EM EDIFÍCIOS PÚBLICOS: EDIFÍCIO 9 DE JULHO...

ções dos imóveis para que garantam a habitabilidade e a segurança que a moradia requer. Parcerias e subprogramas dos governos municipal, estadual e federal poderiam contribuir com o financiamento de recursos para a contratação dessas obras em regime de autogestão, forma de parceria e gestão já experimentada pelos movimentos de moradia, por meio de programas que perpassam as três instâncias de governo, como o Programa Minha Casa Minha Vida Entidades (PMCMV-E), em que a entidade organizadora contratava o projeto e geria a obra em regime de autogestão com os futuros beneficiários.

Estratégias de poupança própria já experimentadas e defendidas pelos movimentos sociais também poderiam contribuir na parceria com outros agentes na composição de custos a serem investidos na melhoria e requalificação dos imóveis.

A quem caberia a gestão de um conjunto de moradias obtido por meio de Reurb-S, uma associação de moradores como uma organização condominial, já que a titularidade é pessoal e intransferível, ou pode-se pensar numa regularização coletiva vislumbrando a manutenção de um nível de organização já existente nos movimentos sociais com a perspectiva da propriedade coletiva.

Entendemos que o trabalho buscou identificar as questões candentes e que afligem a população que hoje, sem alternativa formal, optou pela ocupação de prédios vazios, visando identificar as novas regras que se apresentam mais flexíveis e inovadoras, como a alienação de imóveis públicos e a criação do instituto da legitimação fundiária, provocando o Estado a atuar mais ativamente nos processos de regularização e garantindo os direitos universais previstos na Constituição Federal no atendimento e na garantia do direito à moradia, priorizando, em situações como o caso analisado, políticas de regularização fundiária urbana de interesse social e abrindo caminhos para novas pesquisas que venham a contribuir com a ampliação do entendimento e da constituição de novas alternativas ao atendimento habitacional para a população de baixa renda.

Referências

ALVARENGA, Daniela das Neves e RESCHILIAN, Paulo Romano, "Financeirização da Moradia e Segregação Socioespacial: Minha Casa, Minha Vida em São José dos Campos, Taubaté e Jacareí/SP", *Urbe – Revista Brasileira de Gestão Urbana*, Curitiba, vol. 10, nº 3 (2018), pp. 473-484. Disponível em: <http://dx.doi.org/10.1590/2175-3369.010.003.ao01>.

Balbim, Renato, *Serviço de Moradia Social ou Locação Social*: Alternativas à Política Habitacional, Brasília/Rio de Janeiro, Ipea, 1990.

Barbosa, Roberto Benedito, *Protagonismo dos Movimentos de Moradia no Centro de São Paulo*: Trajetória, Lutas e Influências nas Políticas Habitacionais, Santo André, Universidade Federal do ABC, 2014.

Bercovici, Gilberto, "Estado Intervencionista e Constituição no Brasil: o Silêncio Ensurdecedor de um Diálogo entre Ausentes", in *Vinte Anos da Constituição de 1988*, Rio de Janeiro, Lumen Juris, 2009.

Brasil, *Constituição da República Federativa do Brasil*, Brasília, Senado Federal, Centro Gráfico, 1988.

Bucci, Maria Paula, "O Conceito de Políticas Públicas em Direito", in *Políticas Públicas*: Reflexões sobre o Conceito Jurídico, São Paulo, Saraiva, 2006.

Canotilho, J. J. et al. (Org.), *Comentários à Constituição do Brasil*, São Paulo, Saraiva, 2013.

Gatti, Simone F., *Entre a Permanência e o Deslocamento. ZEIS 3, como Instituto para a Manutenção da População de Baixa Renda em Áreas Centrais*, Tese (Doutorado), São Paulo, FAU-USP, 2015.

Nalini, José Roberto (Org.), *Regularização Fundiária*, 2ª ed., São Paulo, Atlas, 2014.

Neto, Eugênio Facchini, Comentários ao artigo 170, III. In: Canotilho, J.J. Gomes; Mendes, Gilmar F.; Sarlet, Ingo W.; Streck, Lenio L. (coords.) Comentários à Constituição do Brasil. São Paulo: Editora Saraiva/Almedina 2013, p. 1799.

São Paulo, Prefeitura do Município de São Paulo/Secretaria de Planejamento, *Secretaria de Habitação e Desenvolvimento Urbano, Secretaria de Implementação das Subprefeituras e Empresa Municipal de Urbanização*, São Paulo, Prefeitura do Município de São Paulo, 2001.

–, *Prefeitura do Município de São Paulo – Relatório "Situação das Ocupações na Cidade de São Paulo"*, São Paulo, 2018.

Sarlet, Ingo W, Comentários ao artigo 6º. In: Canotilho, J.J. Gomes; Mendes, Gilmar F., Streck, Lênio L.; _____ (coords.) Comentários à Constituição do Brasil. São Paulo: Editora Saraiva/Almedina 2013, p.540

Sarlet, Ingo W, Comentários ao artigo 6º. In: Canotilho, J.J. Gomes; Mendes, Gilmar F., Streck, Lênio L.; _____ (coords.) Comentários à Constituição do Brasil. São Paulo: Editora Saraiva/Almedina 2013, p.547

Saule Junior, Nelson, 16. Os caminhos para o desenvolvimento da função socioambiental da propriedade pública no Brasil. In: Nalini, José Renato; Levy, Wilson; Regularização Fundiária, 2ª edição, revista, atualizada e ampliada. Rio de Janeiro: Ed. Forense, 2014, disponível em https://integrada.minhabiblioteca.com.br/#/books/978-85-309-5194-8, acessado em 13.03.2019.

Silva, Renan Luiz dos Santos da, "Regularização Fundiária Urbana e a Lei 13.465/2017: Aspectos Gerais e Inovações", *Revista Cadernos do Desenvolvimento Fluminense*, Rio de Janeiro.

Streck, Lênio L.; Morais, José Luís Bolzan de, Comentários ao artigo 3º. In: Canotilho, J.J. Gomes; Mendes, Gilmar F.; Sarlet, Ingo W.; _____ (coords.) Comentários à Constituição do Brasil. São Paulo: Editora Saraiva/ Almedina 2013, p. 149.

Villaça, Flávio, "O Território e a Dominação Social", *Margem Esquerda*, São Paulo, Boitempo Editorial, nº 24 (2015), pp. 31-36.

ampliada. Rio de Janeiro: Ed. Forense, 2014, disponível em https://integrada.minhabiblioteca.com.br/#/books/978-85-309-5194-8, acessado em 13.03.2019.

SILVA, Renan Luiz dos Santos da, "Regularização Fundiária Urbana e a Lei 13.465/2017: Aspectos Gerais e Inovações", Revista Cadernos do Desenvolvimento Fluminense, Rio de Janeiro.

STRECK, Lênio L.; MORAIS, José Luis Bolzan de, Comentários ao artigo 5°. In: CANOTILHO, J.J. Gomes, MENDES, Gilmar F.; SARLET, Ingo W.; _____ (coords.) Comentários à Constituição do Brasil. São Paulo: Editora Saraiva/Almedina 2013, p. 149.

VILLAÇA, Flávio, "O Território e a Dominação Social", Margem Esquerda, São Paulo, Boitempo Editorial, n° 24 (2015), pp. 31-36.

9. Regularização Fundiária Urbana: Mulheres, Crianças e a Efetivação do Direito à Moradia

ANA CLÁUDIA POMPEU TOREZAN ANDREUCCI
LIA CRISTINA DE CAMPOS PIERSON
MICHELLE ASATO JUNQUEIRA

Introdução

A Lei nº 13.465/2017, objeto central da presente obra, altera dispositivos referentes à regularização fundiária urbana e rural. O Art. 9º, ao inaugurar o título II da Regularização Fundiária Urbana (Reurb) introduz dentre as suas normas gerais e procedimentos aplicáveis "medidas jurídicas, urbanísticas, ambientais e sociais destinadas à incorporação dos núcleos urbanos informais ao ordenamento territorial urbano e à titulação de seus ocupantes".

No que se refere aos objetivos da Reurb, o artigo 10 da lei em comento prescreve que tais deverão ser observados pela União, Estados, Distrito Federal e Municípios[1], cujo presente artigo acadêmico pousará

---

[1] Destaca-se a relevância do papel do Município cabendo citar que "a possibilidade de o município intervir nas exigências urbanísticas da Reurb é de extrema relevância, pois em termos urbanísticos, a lei federal 13.465/17, possibilitou uma menor exigibilidade de requisitos urbanísticos e ambientais para fins de regularização fundiária, o que caracteriza um retrocesso, eis que prioriza o reconhecimento da titulação da propriedade, sem se preocupar com eventuais impactos sociais, urbanos ou ambientais. Para minimizar tal situação, imprescindível, portanto, que os municípios intervenham de forma proativa e técnica nos processos de regularização fundiária, visando salvaguardar uma infraestrutura urbana condizente com as qualidades almejadas ou planejadas de cada cidade." OLIVESKI, Marco

com maior significância: "VI – garantir o direito social à moradia digna e às condições de vida adequadas" e "XI – conceder direitos reais, preferencialmente em nome da mulher".

A lógica adotada, já anteriormente assumida pelo "Projeto Minha Casa, Minha Vida" (Lei 11.977/2009), assume políticas públicas focalizadas em mulheres visando maior eficiência na superação da pobreza e das desigualdades sociais, de forma que impactam a sociedade como um todo, especialmente no que que condiz ao solo apropriado para o desenvolvimento infantil, cuja casa tem fator primordial para estabilidade e vida sadia.

Percorrendo os caminhos da discussão do feminino e a chefia do lar, bem como o direito à moradia e o princípio do melhor interesse da criança, que se entrelaçam no desenvolvimento infantil, o presente trabalho objetiva discutir essas relações sob o método indutivo, utilizando-se de material bibliográfico e documental.

1. Família, Novas Configurações e a Centralidade da Figura Feminina

Pensar sobre o direito humano à moradia levando em consideração o gênero feminino, ainda que tenha havido grandes progressos no campo do Direito, justifica-se por ainda haver um longo caminho a seguir para diminuir a enorme desigualdade entre homens e mulheres. Talvez a violência doméstica seja a face mais perversa dessa desigualdade que leva as mulheres a uma forte dependência financeira do companheiro e a grande dificuldade de se afirmar no mercado de trabalho.

Imperioso dizer que a temática da posse é de extrema importância para a compreensão da segurança jurídica das mulheres. Em uma incursão histórica oportuno informar que a CF/88 disciplinou no parágrafo 1o, do art. 183, que "O título de domínio e a concessão de uso serão conferidos ao homem ou à mulher, ou a ambos, independentemente do estado civil".

Aurelio et al.As políticas públicas de parcelamento e uso do solo urbano: uma análise da nova lei federal de regularização fundiária (13.465/17) e o direito à moradia em áreas urbanas(RE)PENSANDO DIREITO | Revista do Curso de Graduação em Direito da Faculdade CNEC Santo Ângelo, Ano 8, nº 15, jan./jul. 2018, p. 25-44. Disponível em http://local.cnecsan.edu.br/revista/index.php/direito/index. Acesso em 10.mar.2019.

9. REGULARIZAÇÃO FUNDIÁRIA URBANA: MULHERES, CRIANÇAS E A EFETIVAÇÃO...

Mais adiante em 2009, a Lei Federal no 11.977, que dispõe sobre o PMCMV (Programa Minha Casa Minha Vida) e a regularização fundiária de assentamentos localizados em áreas urbanas, determina que os contratos e os registros efetivados no âmbito do programa devem ser formalizados, preferencialmente, em nome da mulher. Em 2012 foi a vez da Lei no 12.693 determinar que, no caso de dissolução de união estável, separação ou divórcio, o título de propriedade do imóvel adquirido no âmbito do PMCMV, na constância do casamento ou da união estável, deverá ser registrado em nome da mulher ou a ela transferido.

Seguindo a trajetória de fortalecimento das mulheres, a Lei nº 13.465/2017, em seu título II, da Regularização Fundiária Urbana (Reurb) visa em seu artigo 10, inciso XI conceder direitos reais, preferencialmente em nome da mulher", protegendo-a, bem como a sua prole.

Cabe ressaltar que Organizações internacionais de atenção aos Direitos Humanos notadamente os das mulheres e crianças têm em comum a questão da moradia digna em condições de ser habitada e com acesso a serviços públicos essenciais, como na Agenda 2030 das Nações Unidas[2] que afirma:

> Reconhecemos que o desenvolvimento urbano e a gestão sustentáveis são fundamentais para a qualidade de vida do nosso povo. Vamos trabalhar com as comunidades e as autoridades locais de modo a fomentar a coesão das comunidades e a segurança pessoal e estimular a inovação e o emprego.

A previsão contida no inciso XI do artigo 10 da lei 13 645/2017 de conceder direitos reais preferencialmente em nome da mulher traz em si a atual mudança de paradigma no tocante ao desenvolvimento das cidades e o bem-estar dos seus cidadãos.

Essa previsão é resultado da desigualdade de gênero na esfera pública e também uma forma de ressignificar os velhos papéis atribuídos às mulheres na vida privada. Trata-se de uma forma de proteger

---

[2] ONU Transformando Nosso Mundo: A Agenda 2030 para o Desenvolvimento Sustentável, 2015 Disponível em: http://www.itamaraty.gov.br/images/ed_desenvsust/Agenda2030--completo-site.pdf. Acesso em 03.fev.2019.

NOVOS PARADIGMAS DA REGULARIZAÇÃO FUNDIÁRIA URBANA

as mulheres e suas proles[3]. Para Marta Farah é indispensável uma atenção privilegiada às mulheres "seja por seu papel na família, seja por sua presença decisiva nos assuntos ligados à moradia e ao bairro, seja ainda pela presença significativa de mulheres entre a população pobre – terá impacto na sociedade como um todo".[4]

Antes de fazermos uma reflexão sobre o crescente número de famílias sustentadas pelo trabalho de mulheres e dos reflexos de políticas públicas de habitação sobre a qualidade de vida das crianças será necessário pontuarmos alguns aspectos da condição da moradia no Brasil.

Para alguns pesquisadores (ONU, 2014) o PIB pode não medir exatamente o grau de desenvolvimento da população de um país, essa ideia vem sendo o pano de fundo do incremento do Índice de Desenvolvimento Humano como o referencial mais fidedigno das condições de vida das populações. O Fórum Econômico Mundial em 2018 discutiu a utilidade e a necessidade do PIB (GDP, em inglês) ocasião em que COYLE (2018) afirmou que está surgindo um consenso sobre a inutilidade dessas estatísticas que se usaram até agora.

No Brasil a PNUD contínua[5] mostrou que quanto à ocupação do domicílio, dos 47,4 milhões de domicílios brasileiros 145 mil totalizavam os casos de invasão (0,2%). Para o IBGE[6] a irregularidade fundiária urbana se expressa em um aglomerado subnormal[7], tal conceito

---

[3] RUEDIGER, Marco Aurélio; JANNUZZI, Paulo de Martino Coords. *Políticas públicas para o desenvolvimento sustentável [recurso eletrônico]: dos mínimos sociais dos objetivos de desenvolvimento do milênio à agenda multissetorial e integrada de desenvolvimento sustentável* – Rio de Janeiro: FGV DAPP, 2018 p.52. Disponível em: https://bibliotecadigital.fgv.br/dspace/handle/10438/20528

[4] FARAH, Marta. Gênero e políticas públicas. Revista Estudos Feministas, Florianópolis, 12 (1): 201 360, p. 47-71, janeiro/abril, 2004.

[5] INSTITUTO BRASILEREIRO DE GEOGRAFIA E ESTATÍTICA – IBGE – Pesquisa Nacional por Amostra de Domicílios Contínua – Características gerais dos domicílios e dos moradores 2017 Disponível em: https://biblioteca.ibge.gov.br/visualizacao/livros/liv101566_informativo.pdf.Acesso em 05.mar..2019.

[6] INSTITUTO BRASILEIRO DE GEOGRAFIA E ESTATÍSTICA – IBGE. Censo 2010: 11,4milhões de brasileiros (6,0%) vivem em aglomerados subnormais. Rio de Janeiro: IBGE, 2011. https://biblioteca.ibge.gov.br/visualizacao/livros/liv101566_informativo.pdf.Acesso em 05.mar.2019.

[7] Aglomeração subnormal é aquela composta por pelo menos 51 habitações de pessoas de baixa renda, constituídas ilegalmente em terreno privado ou público, com dificuldades de

9. REGULARIZAÇÃO FUNDIÁRIA URBANA: MULHERES, CRIANÇAS E A EFETIVAÇÃO...

de informalidade/irregularidade não oferece um conhecimento que abranja todos os casos, deixando de fora irregularidades tais como condomínios fechados em regiões valorizadas de grandes cidades.

A desigualdade econômico-social no Brasil atinge em cheio as mulheres pobres, negras e suas crianças e apenas na década de 1990 "que houve no Brasil a ampliação das políticas públicas destinadas a questões de gênero para além das áreas de saúde materno-infantil"[8].

Grande parte desses domicílios em aglomerados subnormais é sustentada por mulheres. Na última PNAD verificou-se o fenômeno do aumento dessa situação também em domicílios onde há um marido ou companheiro.

Ao mesmo tempo em que as políticas públicas ampliavam seu espectro surgiram novos tipos de arranjos familiares nos quais se encontram mulheres chefes de família desde o arranjo unipessoal, passando por casais com filhos, monoparental feminino e grupos sem núcleo reprodutor e/ou sem laços de parentesco.

Para CAVENAGHI[9]

> Esse crescimento da chefia feminina, em muitos casos, ocorre em negociação com o marido/companheiro e reflete um reconhecimento da importância da mulher na família nuclear. Em outros, está relacionado a uma maior liberdade em responder sobre a chefia, sem seguir o senso comum, refém do comportamento patriarcal histórico.

---

acesso a serviços públicos essenciais e sem observância de padrões urbanísticos. Disponível emhttps://censo2010.ibge.gov.br/noticiascenso?view=noticia&id=3&idnoticia=2057&busca=&t=censo-2010-11-4-milhoes-brasileiros-6-0-vivem-aglomerados-subnormais. Acesso em 05.mar.2019.

[8] RUEDIGER, Marco Aurélio; JANNUZZI, Paulo de Martino Coords. *Políticas públicas para o desenvolvimento sustentável [recurso eletrônico]: dos mínimos sociais dos objetivos de desenvolvimento do milênio à agenda multissetorial e integrada de desenvolvimento sustentável* – Rio de Janeiro: FGV DAPP, 2018 p.53. Disponível em: https://bibliotecadigital.fgv.br/dspace/handle/10438/20528.Acesso em 04.março.2019.

[9] CAVENAGHI, Suzana *Mulheres chefes de família no Brasil: avanços e desafios*. Rio de Janeiro: ENS-CPES, 2018.

NOVOS PARADIGMAS DA REGULARIZAÇÃO FUNDIÁRIA URBANA

Ainda que se considere a discussão entre os demógrafos[10] quanto ao papel atribuído à mulher pelos programas e políticas públicas voltadas para elas e, por via de consequência às crianças, fortalecendo o seu papel de servidoras da família e guardiã dos valores da virtude moral e do altruísmo, no atual momento há que se considerar que mesmo com essas possíveis críticas é muito importante a manutenção das conquistas havidas no plano dos direitos das mulheres e de crianças e adolescentes desde pelo menos os anos 1990.

A hipótese apresentada por ROLNIK[11] apresenta um dos grandes problemas relativos à Regularização Fundiária:

> A hegemonia da propriedade individual escriturada e registrada em cartório sobre todas as demais formas de relacionamento com o território habitado constitui um dos mecanismos poderosos da máquina de exclusão territorial e de despossessão em marcha no contexto de grandes projetos (...). Na linguagem contratual das finanças, os vínculos com o território são reduzidos à unidimensionalidade de seu valor econômico e à perspectiva de rendimentos futuros, para os quais a garantia da perpetuidade da propriedade individual é uma condição. Desta forma, enlaçam-se os processos de expansão da fronteira da financeirização da terra e da moradia com as remoções e deslocamentos forçados.

De algum modo estamos em uma situação contraditória, em que vivemos a tentativa de manutenção do modelo de propriedade/habitação como um bem social através de mecanismos de mercado. A atribuição do título à mulher prevista na lei 13.465/2017 parece ser uma importante proteção para a mulher. Mas estaria ela também ingressando nas engrenagens do valor econômico da propriedade?

Neste momento mulheres que precisam de creches, que dependem de vagas em escolas públicas, estão à mercê de toda sorte de dificuldades quanto à manutenção de um lugar para morar. A insegurança em relação ao futuro da família, que em ocupações irregulares podem ser desalojadas de um dia para o outro, traz como consequência um ambiente

---

[10] ARRIAGADA, I.; MATHIVET, C. *Los programas de alivio a la pobreza Puente y Oportunidades. Una mirada desde los actores. Série Políticas Sociales*, nº 134. Santiago do Chile: CEPAL, 2007.

[11] ROLNIK, Raquel. *Guerra dos Lugares: A colonização da terra e da moradia na era das finanças* Editora Boitempo, São Paulo, 2015 p. 13.

9. REGULARIZAÇÃO FUNDIÁRIA URBANA: MULHERES, CRIANÇAS E A EFETIVAÇÃO...

familiar tenso e sujeito à violência intrafamiliar de toda natureza. O desenvolvimento infantil é poderosamente influenciado pela situação emocional familiar e a falta de condições de crescimento saudável fere diversas convenções internacionais assinadas pelo Brasil.

Mas como então considerar o direito à moradia como mínimo existencial, entregar a proteção à mulher e essa sua nova família sem que tudo se entranhe nas regras do mercado?

2. Direito à Moradia como Mínimo Existencial para o Bem Viver Infantil

Saneamento precário. Adensamento populacional. Instabilidade familiar. Baixo rendimento escolar. Desenvolvimento de doenças. Todos estes elementos quando somados levam à vulnerabilidade infantil e são decorrentes, entre outros direitos ausentes, em especial, na não concretização pragmática do direito à moradia.

Segundo estudos do Banco Nacional de Desenvolvimento Econômico e Social, 65% das internações de pacientes com menos de 10 anos são provocadas por males oriundos da deficiência ou inexistência de esgoto e água limpa, bem como crianças que vivem em áreas precárias de moradia apresentam índices 18% menores de rendimento escolar.[12]

No mesmo sentido, em pesquisa realizada no ano de 2010 a Secretaria Nacional de Habitação informou que havia 6,5 milhões de famílias em domicílios precários, em situação de coabitação, aluguel caro para seus orçamentos, ou adensamento excessivo (três ou mais pessoas por dormitório). Entre as muitas consequências do adensamento habitacional encontra-se a instabilidade familiar fator gerador de violências físicas e psicológicas para os seus moradores, em especial, para as crianças, sujeitos de direito em formação.[13]

Também o Censo de 2010 do IBGE trazia dados preocupantes pois a proporção de crianças até 4 anos vivendo em favelas era de 7,2%, com

---

[12] Disponível em http://primeirainfancia.org.br/criancaeoespaco/eixos/moradia-e-saneamento. Acesso em 04.mar.2019.
[13] Disponível em http://primeirainfancia.org.br/criancaeoespaco/eixos/moradia-e-saneamento. Acesso em 04.mar.2019.

NOVOS PARADIGMAS DA REGULARIZAÇÃO FUNDIÁRIA URBANA

uma infinidade de irregularidades urbanísticas, gerando insegurança e precariedade na moradia de infantes.[14]

A moradia está ligada ao existencial humano, à necessidade de o homem ocupar um determinado lugar no espaço territorial, que estabeleça condições de se estabelecer. É o espaço de vida do indivíduo.

A Observação Geral nº 04 do Comitê de Direitos Econômicos, Sociais e Culturais das Nações Unidas prescreve: o direito a uma moradia adequada significa dispor de um lugar onde se possa asilar, caso o deseje, com espaço adequado, segurança, iluminação, ventilação, infraestrutura básica, uma situação adequada em relação ao trabalho e o acesso aos serviços básicos, todos a uma custo razoável[15].

A Declaração Universal dos Direitos Humanos de 1948 já sinalizava em seu art. XXV, I, que:

> Toda pessoa tem direito a um padrão de vida capaz de assegurar a si e a sua família saúde e bem-estar, inclusive alimentação, vestuário, habitação, cuidados médicos e os serviços sociais indispensáveis, e direito à segurança em caso de desemprego, doença, invalidez, viuvez, velhice ou outros casos de perda dos meios de subsistência fora de seu controle.

Propriedade e moradia são conceitos que não se confundem. A propriedade de raiz individualista e liberal é aperfeiçoada no Estado Social de modo que possa ser conjugada com a busca de melhores condições de vida, de forma que ganhará um atributo, a função social da propriedade, de modo que o liberal e o social passam a ser conjugados.

A Constituição Imperial (1824) absteve-se de tratar da moradia, tratando unicamente do direito de propriedade, em sua perspectiva clássica individualista. Em 1891, pela primeira vez, o texto constitucional trata a casa como asilo inviolável, dispositivo que se repetirá em todos os demais textos das Constituições que virão. A Constituição de 1934, por sua vez, ao mudar a lógica do constitucionalismo brasileiro, instituindo o

---

[14] Disponível em http://primeirainfancia.org.br/criancaeoespaco/eixos/moradia-e-saneamento. Acesso em 04.mar.2019.

[15] BRASIL. Secretaria de Direitos Humanos da Presidência da República. *Direito à moradia adequada*. – Brasília: Coordenação Geral de Educação em SDH/PR, Direitos Humanos, Secretaria Nacional de Promoção e Defesa dos Direitos Humanos, 2013.

9. REGULARIZAÇÃO FUNDIÁRIA URBANA: MULHERES, CRIANÇAS E A EFETIVAÇÃO...

Constitucionalismo Social, passa a vincular o direito de moradia ao bem-estar social[16].

Vale ainda citar a proposta do artigo 368 do anteprojeto da Comissão Afonso Arinos, de 1986: "É garantido a todos o direito, para si e para sua família, de moradia digna e adequada, que lhe preserve a segurança, a intimidade pessoal e familiar". O dispositivo, todavia, não foi acolhido pela Constituição de 1988[17].

Embora a Constituição de 1988 tenha se estruturado sob a lógica da dignidade humana, apenas a Emenda Constitucional nº 26/2000 elevou o direito à moradia ao *status* constitucional de Direito Fundamental Social. Contudo, o direito à moradia não era novidade ao ordenamento infraconstitucional brasileiro, a exemplo da lei que cria o Sistema Financeiro da Habitação em 1964; o Código Civil (1916 e 2002); o Estatuto da Terra; a Lei de Locação de Imóveis Urbanos (1991); o Estatuto da Cidade (2001); Lei de Registros Públicos, além da Lei nº 10.840/2005 que cria o Programa Especial de Habitação Popular – PEHP e 11.124/2005, que dispõe sobre o Sistema Nacional de Habitação de Interesse Social – SNHIS, que cria o Fundo Nacional de Habitação de Interesse Social – FNHIS, bem assim a Lei nº 13.465/2017, que é o foco da presente obra e o fundamento da reflexão que aqui se apresenta.

No âmbito constitucional brasileiro registre-se que o direito à moradia possui categoria de direito social previsto no art. 6º da Carta Magna de 1988, o que se traduz como uma necessidade proativa do Estado na sua consecução[18]. Neste cenário a moradia se faz necessária para o

---

[16] PANSIERI, Flávio. Do conteúdo à fundamentalidade do direito à moradia. *In:* OLIVEIRO NETO, Francisco José Rodrigues de; COUTINHO, Jacinto Nelson de Miranda; MEZZAROBA, Orides; BRANDÃO, Paulo de Tarso (orgs.). *Constituição e Estado Social:* os obstáculos à concretização da Constituição. São Paulo: Editora Revista dos Tribunais; Coimbra: Editora Coimbra, 2008, pp. 112-113.

[17] Ibidem, p. 113.

[18] Para Canotilho a questão do protagonismo Estatal na concretização dos direitos sociais se faz de maneira imperativa cabendo citar: "O entendimento dos direitos sociais, econômicos e culturais como direitos originários implica, como já foi salientado, uma mudança na função dos direitos fundamentais e põe com acuidade o problema da sua efectivação. Não obstante se falar aqui da efectivação dentro de uma "reserva do possível", para significar a dependência dos direitos econômicos, sociais e culturais não se reduz a um simples "apelo" ao legislador. Existe uma verdadeira imposição constitucional, legitimadora, entre outras coisas, de transformações econômicas e sociais na medida em que estas forem necessárias

NOVOS PARADIGMAS DA REGULARIZAÇÃO FUNDIÁRIA URBANA

desenvolvimento de uma existência digna, não se considerando apenas como habitação ou morada, mas envolvendo um caleidoscópio de outros direitos que dialogam entre si, tais como transporte, saneamento, segurança, educação, entre outros.

Ingo Sarlet entende que uma das facetas do direito à moradia compreende a proteção da dignidade da pessoa humana e fruição do direito ao mínimo existencial:

> Sempre haveria como reconhecer um direito fundamental à moradia como decorrência do princípio da dignidade da pessoa humana (art.1º, III da CF/88), já que este reclama, na sua dimensão positiva, a satisfação das necessidades existenciais básicas para uma vida com dignidade, podendo servir até mesmo como fundamento direto e autônomo para o reconhecimento de direitos fundamentais não expressamente positivados, mas inequivocamente destinados à proteção da dignidade e do assim chamado mínimo existencial.[19]

Assim como já mencionada a distinção da moradia com propriedade, o direito à moradia também difere do direito à habitação. Pansieri ao citar Sérgio Iglesias Nunes:

> Direito à moradia está conectado com a pessoa, com os direitos da personalidade, fundado na garantia da dignidade da pessoa humana. Enquanto habitação vem sendo utilizada para se referir às questões de cunho patrimonial ligadas ao morar[20].

Importante finalizar o presente panorama com uma diagramação relevante, na medida em que, embora fundamental, o direito social à moradia, como direito de segunda dimensão, possui, de conformidade

para a efectivação desses direitos." CANOTILHO, José Joaquim Gomes. *Direito Constitucional e Teoria da Constituição*. 7 ed. Coimbra: Almedina, 2003, p. 478.

[19] SARLET, Ingo Wolfgang. O direito fundamental à moradia aos vinte anos da Constituição Federal de 1988: notas a respeito da evolução em matéria jurisprudencial, com destaque para a atuação do Supremo Tribunal Federal. *Revista Brasileira de Estudos Constitucionais – RBEC*, Ano 2, nº 8, outubro/dezembro de 2008, p. 55-92.

[20] PANSIERI, Flávio. Do conteúdo à fundamentalidade do direito à moradia. *In*: OLIVEIRO NETO, Francisco José Rodrigues de; COUTINHO, Jacinto Nelson de Miranda; MEZZAROBA, Orides; BRANDÃO, Paulo de Tarso (orgs.). *Constituição e Estado Social*: os obstáculos à concretização da Constituição. São Paulo: Editora Revista dos Tribunais; Coimbra: Editora Coimbra, 2008, p. 116.

9. REGULARIZAÇÃO FUNDIÁRIA URBANA: MULHERES, CRIANÇAS E A EFETIVAÇÃO...

com os instrumentos nacionais e internacionais que o regulam, natureza programática, afastando a judicialidade imediata, uma vez que sua eficácia pode ser diferida.

A natureza programática do direito à moradia não afasta, porém, a necessidade do Estado, configurado sob o modelo de Estado Social e Democrático de Direito, como o desenhado em 1988, de propor medidas legislativas e políticas públicas visando a implementação progressiva do direito.

No âmbito dos direitos infanto-juvenis deve ser sinalizada a importância do ECA – Estatuto da Criança e do Adolescente, construído em exata adstrição à Declaração Universal dos Direitos da Criança, à Convenção Internacional sobre os Direitos da Criança e o mandamentos constitucionais de 1988, que identificam crianças e adolescentes como sujeitos de direito em desenvolvimento, agasalhados por bases principiológicas, em especial, da proteção integral[21], da prioridade absoluta e da primazia do melhor interesse.

A fonte mais importante da doutrina da proteção integral da criança e do adolescente, no direito brasileiro, é, sem dúvida, o artigo 227 da Carta Constitucional que expressamente prevê ser

> dever da família, da sociedade e do Estado assegurar à criança, ao adolescente e ao jovem, com absoluta prioridade, o direito à vida, à saúde, à alimentação, à educação, ao lazer, à profissionalização, à cultura, à dignidade, ao respeito, à liberdade e à convivência familiar e comunitária, além de colocá-los a salvo de toda forma de negligência, discriminação, exploração, violência, crueldade e opressão.

Destaca-se que a necessidade de proteção especial se justifica em virtude da "falta de maturidade física e mental", consoante a Declaração

---

[21] Quanto ao tema, indispensáveis são as lições de Emilio Garcia Méndez *"La doctrina de la protección integral incorpora em forma vinculante para los países signatarios todos los principios fundamentales del derecho a la nueva legislación para la infancia. En otras palabras, esta nueva doctrina de legítima política, y sobre todo jurídicamente, el viejo derecho de menores, colocando paradójicamente en situación totalmente irregular. Enormes son todavía, los esfuerzos de difusión a ser realizados para su cabal comprensión por parte del mundo jurídico. De la vigencia de la doctrina de la protección integral, es posible deducir algunas pautas básicas y esenciales (...). El reconocimiento del niño y el adolescente como sujeto pleno de derechos constituye el punto neurálgico del nuevo derecho".* Derecho de la infância/adolescencia en América Latina: de la situación irregular a la protección integral. Forum Pacis, Colombia, 1997, p. 10.

199

NOVOS PARADIGMAS DA REGULARIZAÇÃO FUNDIÁRIA URBANA

Universal dos Direitos da Criança. Assim, além dos direitos fundamentais comuns a toda pessoa humana, podemos identificar alguns especiais relativos à criança e ao adolescente, direitos estes albergados sob o manto principiológico e a doutrina do que se convencionou chamar "doutrina da proteção integral".

Impõe-se, notadamente o princípio nuclear do ECA, relativo à doutrina da proteção integral, um enquadramento principiológico no sistema jurídico na medida em que se constitui em elemento de interpretação desse mesmo sistema, de modo a apontar para o ideal social e jurídico. Outro princípio de notória importância é o da prioridade absoluta que se encontra disposto constitucionalmente no art. 227 da CF/88, bem como se estabelece nos arts. 4º e 100, parágrafo único, II, da Lei 8069/90.A garantia da prioridade consiste em receber, primeiramente, proteção e socorro, em quaisquer circunstâncias; atendimento preferencial nos serviços públicos e de relevância pública; prioridade na formulação e execução de políticas sociais públicas; destinação preferencial de recursos públicos nas áreas de atendimento à infância e à adolescência. Estabelece assim que há a primazia em favor das crianças e dos adolescentes em todas as esferas de interesse, quer seja, judicial, extrajudicial, administrativo, social ou familiar, o interesse infanto-juvenil deve preponderar.

O princípio do melhor interesse encontra-se previsto na Convenção Internacional dos Direitos da Criança de 1989, e estabelece e

> opera de espécie análoga ao princípio da dignidade humana e foi expressamente acolhido pelo Estatuto como um dos princípios que regem a aplicação de medidas de proteção afirmando-se que a intervenção do Estado deve atender prioritariamente aos interesses e direitos da criança e do adolescente.[22]

Mais contemporaneamente, o Brasil recepcionou a promulgação de uma nova lei em solo nacional, notadamente adjetivada pela inovação e pioneirismo Vanguarda, de Marco Legal da Primeira Infância, Lei nº 13.257/2016, tendo por foco a instituição de políticas públicas voltadas a crianças de 0 a 6 anos de idade.

---

[22] FONSECA, Antonio Cezar Lima da. *Direitos da Criança e do Adolescente*. São Paulo: Atlas, 2011, p. 13.

9. REGULARIZAÇÃO FUNDIÁRIA URBANA: MULHERES, CRIANÇAS E A EFETIVAÇÃO...

A novel legislação sublinhou os 72 meses iniciais de vida, ou seja, de zero a seis anos, como um momento de extrema relevância para o desenvolvimento não apenas infantil, mas também como um marco inicial para o desenvolvimento pleno do ser humano e para tal mister se faz necessário um conjunto de ações voltadas à promoção do desenvolvimento infantil com a participação da sociedade, e que prevê a criação de políticas, planos, programas e serviços que visam garantir o desenvolvimento integral de mais de 20 milhões de brasileiros nesta faixa etária. A preocupação mais pujante é o direito de ter uma infância saudável, desenvolvendo seu aprendizado sim, mas vivenciando essa época, brincando e convivendo harmonicamente com a família e com a sociedade, uma simbiose importante para a formação mais apropriada da mesma.

Contudo há um absoluto hiato entre a rede dogmática de proteção e a práxis social. Pode-se dizer que na realidade concreta políticas públicas ainda não efetivam o direito à moradia, como um dos corolários do desenvolvimento dos direitos infanto-juvenis, tem-se como mostra os dados apresentados estatísticos apresentados no início deste item. O que nos preocupa notadamente é que o não acesso ao direito à moradia digna leva à ocorrência de um outro fenômeno, a pobreza. Pobreza deve ser compreendida como um fenômeno de natureza plúrima e multidimensional e deve ser entendido não apenas como carência de renda, mas também como limitação no exercício da vida humana digna. Considerada como privação de capacidades, a pobreza alija sujeitos por meio de restrições à fruição de bens jurídicos, impedindo-os do desenvolvimento saudável e pleno. Como ato de consequências a privação das crianças[23] à moradia acaba por desembocar na pobreza extrema, gerada pela falta do conhecimento, oportunidades e desenvolvimento como

---

[23] Quanto ao tema deve ser destacada a absoluta relação entre o acesso a direitos fundamentais, direito de participação e reprodutibilidade da pobreza: "a pobreza é um fenômeno multidimensional em que há a falta do que é necessário para o bem-estar material. Associa-se a esse conceito a falta de voz, poder e independência dos pobres, que os sujeita à exploração; à propensão à doença; à falta de infraestrutura básica; à falta de ativos físicos, humanos, sociais e ambientais; e à maior vulnerabilidade e exposição ao risco. *In:* CRESPO, Antônio Pedro Albernaz; Gurovitz, Elaine (2002). Administração pública – a pobreza como fenômeno multidimensional. Versão eletrônica 1, n.2, jul./dez.pp.11. Acesso em 02.fev.2019.

NOVOS PARADIGMAS DA REGULARIZAÇÃO FUNDIÁRIA URBANA

sujeito de direito. Nesse sentido, é imperiosa a promoção de políticas públicas vivificadoras dos direitos sociais de salvaguarda à moradia como forma de desenvolvimento pleno e sustentável.

No sentido de não confluência entre arcabouço teórico dogmático e eficácia social, Jacques Távola Alfonsin reflete que:

> A distância atualmente verificada entre as promessas de modernidade no que se refere às garantias de bem-estar juridicamente devidas a todas as pessoas, e a quantidade de gente ainda necessitada de alimentos e habitação em todo o mundo, revela deficiências graves do planejamento e de interpretações que se fazem dos ordenamentos jurídicos vigentes, incompatíveis com a dignidade da pessoa humana, como o que se proclama sejam o estágio da civilização já alcançado e o chamado Estado Democrático de Direito.[24]

A partir do ideário da prioridade absoluta e da proteção integral podemos destacar a dimensão do direito à moradia como essencial para o desenvolvimento infantil, familiar e erradicação da pobreza, sendo premente a construção de políticas públicas com respeito aos direitos fundamentais essenciais destes sujeitos na busca dogmática e pragmática pela reconstrução de conceitos que operam como bússolas para a compreensão do ser criança em todo o seu desenvolvimento.

O direito à moradia também pode ser vislumbrado como pressuposto do direito à vida e desenvolvimento, pois sua ausência pode acarretar a incolumidade física do próprio recém-nascido, da criança e também do adolescente:

> Seriam tais direitos possíveis de serem exercidos, se não houvesse o direito à moradia como elemento base de proteção àquela criança ou adolescente? Não, porque o direito à moradia é basilar, assim como o direito à vida, posto que, sem aquele, outros direitos ficariam impossibilitados de serem exercidos à altura de condições dignas de existência – questão esta central sob o enfoque dos direitos da personalidade.[25]

---

[24] ALFONSIN, Jacques Távora. *O acesso à terra como conteúdo de direitos humanos fundamentais à alimentação.* Porto Alegre: Fabris, 2003, p. 15.

[25] SOUZA, Sérgio Iglesias Nunes de. *Direito à moradia e de habitação: análise comparativa e suas implicações teóricas e práticas com os direitos da personalidade.* 2. ed. São Paulo: Revista dos Tribunais, 2008, p. 197.

9. REGULARIZAÇÃO FUNDIÁRIA URBANA: MULHERES, CRIANÇAS E A EFETIVAÇÃO...

Ainda a novel legislação da urbanização trata da participação popular em todas as etapas do processo e a pergunta que devemos enfrentar é: sendo crianças e adolescentes sujeitos de direito estariam legitimados para tal participação?

Para Alfredo Tonucci, autor italiano e mentor do Projeto "Cidades Educadoras", a voz e participação deve incluir crianças e adolescentes em todas as searas de seus direitos, em especial, no direito à cidade e destaca que "a palavra deve estar com as crianças, sendo que conceder a palavra às crianças não significa fazer-lhes perguntas e fazer com que respondam, mas conceder a elas a palavra para expressarem sobre coisas que conhecem, sobre o bairro onde vivem e suas necessidades" [26] e que o processo de escuta pressupõe práticas colaborativas, uma vez que:

> Escutar significa precisar da contribuição do outro. Não basta haver interesse, motivação, convicção de que seja uma boa técnica para envolver as crianças que seja uma boa técnica para envolver as crianças; é preciso sentir sincera e urgentemente essa necessidade. É necessário precisar das crianças, reconhecer que são capazes de dar opiniões, ideias e de fazer propostas uteis para nós adultos, capazes de nos ajudar a resolver problemas.[27]

Contudo, em que se pese o direito à manifestação estar previsto em inúmeros dispositivos normativos nacionais e internacionais, ainda o conceito "menor" subsiste no tocante à participação conforme salienta Gimeno Sacristán:

> Ao acreditarmos que são "menores", sua voz não nos importa e não os consultarmos para elaborar ou reconstruir a idéia que temos sobre quem eles são. Os adultos definem a si mesmos, e os menores são definidos pelos adultos. Se eles não falam, somos nós, os adultos que fazemos isto por eles. É lógico que a explicação de sua experiência esteja muito intermediada pelas visões que temos deles. [28]

---

[26] TONUCCI. Francesco. *Quando as crianças dizem: agora chega*. Porto Alegre: Penso, 2005, p. 17.

[27] Idem, p. 18.

[28] GIMENO SACRISTÁN, José. *O Aluno Como Invenção*. Tradução de Daisy Vaz de Moraes. Porto Alegre: Artemed, 2005, p. 12.

NOVOS PARADIGMAS DA REGULARIZAÇÃO FUNDIÁRIA URBANA

Assim, em especial no direito à moradia dar voz à criança antes de mais nada é um direito. Direito de não mera informação, mas direito à comunicação que pressupõe a compreensão global e interpretativa da informação trazida. Neste contexto direito à comunicação é o pressuposto para a existência infantile e a leitura do mundo por meio dos seus olhos com o abandono gradual da intermediação de um adulto como o responsável por traduzir os anseios e vontades destes sujeitos de direito:

> As crianças não estão envolvidas, desde a expressão de suas realidades, como vozes principais para projetos de políticas que se relacionam com suas condições de vida, deixando-as em uma posição onde são vistas, mas não escutadas, dificultando seu reconhecimento como interlocutoras válidas e evidenciando uma situação na qual predomina a posição dos sujeitos adultos[29].

Nestes termos, a escuta deve ser determinada pelo 'sujeito aprendiz" que ao receber a informação, terá não mais uma atitude de mero receptor, mas sim de ator social, buscando por meio da ação e da reflexão a troca de experiências a desembocar em um processo participativo e dinâmico considerado como "contexto de escuta".[30] Partindo-se de tal compreensão é possível destacar que direito à comunicação é o pressuposto primeiro para manifestação e a deliberação consagrados para o exercício da cidadania e da transformação[31].

Conclusões

O direito à moradia adequada que não abrange apenas a propriedade titulada do imóvel em que se encontra a moradia, mas também impedir

[29] DIAZ, S. P. *Participar como niña o niño em el mundo social. Revista Latinoamericana de Ciencias Sociales, Niñez y Juventud*, 8(2), 2010. pp. 1149-1157.

[30] RINALDI, Carla. *Diálogos Com Reggio Emillia. Escutar, investigar, e aprender*. Tradução. Vania Cury. 1. Ed. São Paulo: Paz e Terra. 2012, p. 125.

[31] Neste sentido cabe citar ainda que "a criança atuante é aquela que tem um papel ativo na constituição das relações sociais em que se engaja, não sendo, portanto, passiva na incorporação de papéis e comportamentos sociais. Reconhecê-lo é assumir que ela não é um "adulto em miniatura", ou alguém que treina para a vida ativamente com os adultos e as outras crianças, com o mundo, sendo parte importante na consolidação dos papéis que assume e de suas relações". COHN, Clarice. *Antropologia da criança*. Rio de Janeiro: Zahar, 2005, p. 121.

9. REGULARIZAÇÃO FUNDIÁRIA URBANA: MULHERES, CRIANÇAS E A EFETIVAÇÃO...

que as moradias já existentes se percam em remoções forçadas, frequentemente atingindo grupos mais vulneráveis.

A ausência da previsão de participação popular e de parceiros públicos em todos os níveis fere a Lei 10 257/2001 notadamente no tocante ao Plano Diretor, excelente instrumento de efetivação do direito à moradia digna. Sobre essa lei, a pesquisa de DECARLI et alter[32]:

> O Estatuto da Cidade, Lei nº 10.257/2001, veio regular os arts. 182 e 183 da Constituição Federal, de forma a possibilitar o desenvolvimento de uma política urbana com a aplicação de instrumentos de reforma urbana voltados a promover a inclusão social e territorial nas cidades brasileiras. Um dos mais relevantes instrumentos previstos no Estatuto é o Plano Diretor, previsto com o desiderato de estruturar o planejamento do território municipal como um todo, bem como fazer valer demais instrumentos que o próprio Estatuto estabelece. Desse modo, o Plano Diretor no Estatuto da Cidade *é um instrumento criado para permitir a participação social no âmbito da gestão dos interesses públicos, uma vez que para sua efetivação é fundamental que exista, na sua formulação, a participação popular.* Em suma, a pesquisa tem o fito de sobressaltar uma importante inovação jurídica, que vem para favorecer uma concreta política de desenvolvimento e expansão urbana, em atenção à função social da cidade e, por conseguinte, à garantia do bem-estar de seus habitantes. (grifamos)

É no tocante à participação popular que a mulher tem a melhor oportunidade de fazer valer os direitos previstos em lei quanto à titularidade do imóvel. No entanto, mesmo se essa previsão se efetivasse em todos os casos, não houve na lei atual avanço na questão da pós-titulação que poderia provocar o aumento da gentrificação[33], notadamente em regiões da cidade objeto de políticas de revitalização.

---

[32] DECARLI, Nairane e FERRAREZI FILHO, Paulo Plano Diretor no Estatuto da Cidade: uma forma de participação social no âmbito da gestão dos interesses públicos *in Senatus*, Brasília, v. 6, nº 1, p. 35-43, maio 2008.

[33] Esses processos de gentrificação têm sido classificados como "culturais" ou "socioculturais", já que formulados com base em transformações sofridas pelas grandes metrópoles após o declínio do modelo econômico industrial e da ascensão do setor de serviços, verificado a partir dos anos 1970. Tais mudanças reconfigurariam os usos do solo urbano em função de escolhas residenciais, de consumo e de sociabilidade de profissionais de alta renda, geralmente ligados a profissões emergentes de áreas como finanças, tecnologia e comunica-

NOVOS PARADIGMAS DA REGULARIZAÇÃO FUNDIÁRIA URBANA

No momento as políticas públicas de reurbanização urbana estão com sua concretização dificultada por questões legais relacionadas à lei 13 465/ 2017 o que atinge as mulheres e crianças e suas necessidades, principalmente quanto aos equipamentos sociais de que necessitam para que seus direitos sejam respeitados e efetivados.

Neste cenário o direito à moradia surge como instrumento de transformação social, erradicação da pobreza e desigualdades. Como ato de consequências a privação das crianças a esse direito acaba por desembocar na pobreza extrema, gerada pela falta do conhecimento, oportunidades e desenvolvimento como sujeito de direito. Nesse sentido, é imperiosa a promoção de políticas públicas vivificadoras dos direitos sociais de salvaguarda à moradia como forma de desenvolvimento pleno e sustentável e a nova legislação Reurb tem por vocação atender a tal apelo.

Referências

ALCÂNTARA, Maurício Fernandes Enciclopédia de Antropologia FFLCH-USP. Disponível em: http://ea.fflch.usp.br/conceito/gentrifica%C3%A7%C3%A3o

ALFONSIN, Jacques Távora. *O acesso à terra como conteúdo de direitos humanos fundamentais à alimentação*. Porto Alegre: Fabris, 2003.

ARRIAGADA, I.; MATHIVET, C. Los programas de alivio a la pobreza Puente y Oportunidades. Una mirada desde los actores. *Série Políticas Sociales*, n. 134. Santiago do Chile: CEPAL, 2007.

BRASIL. Secretaria de Direitos Humanos da Presidência da República. *Direito à moradia adequada*. – Brasília: Coordenação Geral de Educação em SDH/PR, Direitos Humanos, Secretaria Nacional de Promoção e Defesa dos Direitos Humanos, 2013.

CANOTILHO, José Joaquim Gomes. *Direito Constitucional e Teoria da Constituição*. 7 ed. Coimbra: Almedina, 2003.

CAVENAGHI, Suzana *Mulheres chefes de família no Brasil: avanços e desafios* / Suzana Cavenaghi; José Eustáquio Diniz Alves. – Rio de Janeiro: ENS-CPES, 2018.

CRESPO, Antônio Pedro Albernaz; Gurovitz, Elaine (2002). Administração pública – a pobreza como fenômeno multidimensional. *ERA –eletrônica 1*, n.2, jul./dez.pp.11. Acesso em 02.fev.2019.

COHN, Clarice. *Antropologia da criança*. Rio de Janeiro: Zahar, 2005.

ções. ALCÂNTARA, Maurício Fernandes Enciclopédia de Antropologia FFLCH – USP. Disponível em: http://ea.fflch.usp.br/conceito/gentrifica%C3%A7%C3%A3o

DECARLI, Nairane e FERRAREZI FILHO, Paulo Plano Diretor no Estatuto da Cidade: uma forma de participação social no âmbito da gestão dos interesses públicos in *Senatus,* Brasília, v. 6, nº 1, p. 35-43, maio 2008.

DIAZ, S. P. *Participar como niña o niño em el mundo social. Revista Latinoamericana de Ciencias Sociales, Niñez y Juventud,* 8(2), 2010.pp. 1149-1157.

INSTITUTO BRASILEIRO DE GEOGRAFIA E ESTATÍSTICA – IBGE. Censo 2010: 11,4milhões de brasileiros (6,0%) vivem em aglomerados subnormais. Rio de Janeiro: IBGE, 2011. Disponível em: https://censo2010.ibge.gov.br/noticiascenso?view=noticia&id=3&idnoticia=2057&busca=&t=censo-2010-11-4-milhoes-brasileiros-6-0-vivem-aglomerados-subnormais.

– Pesquisa Nacional por Amostra de Domicílios Contínua – Características gerais dos domicílios e dos moradores 2017 Disponível em: https://biblioteca.ibge.gov.br/visualizacao/livros/liv101566_informativo.pdf

GIMENO SACRISTÁN, José. *O Aluno Como Invenção.* Tradução de Daisy Vaz de Moraes. Porto Alegre: Artemed, 2005.

MÉNDEZ, Emilio Garcia. *Derecho de la infância/adolescencia en América Latina*: de la situación irregular a la protección integral. Forum Pacis, Colombia, 1997.

OLIVESKI, Marco Aurelio et al.*As políticas públicas de parcelamento e uso do solo urbano: uma análise da nova lei federal de regularização fundiária (13.465/17) e o direito à moradia em áreas urbanas.* (RE)PENSANDO DIREITO, Revista do Curso de Graduação em Direito da Faculdade CNEC Santo Ângelo, Ano 8, nº 15, jan./jul. 2018, p. 25-44. Disponível em http://local.cnecsan.edu.br/revista/index.php/direito/index. Acesso em 10.mar.2019.

ONU – UNU-IHDP and UNEP Inclusive Wealth Report 2014. *Measuring progress toward sustainability. Summary for Decision-Makers.* Delhi: UNU-IHDP, 2014.

ONU Transformando Nosso Mundo: *A Agenda 2030 para o Desenvolvimento Sustentável,* 2015 Disponível em: http://www.itamaraty.gov.br/images/ed_desenvsust/Agenda2030-completo-site.pdf

PANSIERI, Flávio. Do conteúdo à fundamentalidade do direito à moradia. *In:* OLIVEIRO NETO, Francisco José Rodrigues de; COUTINHO, Jacinto Nelson de Miranda; MEZZAROBA, Orides; BRANDÃO, Paulo de Tarso (orgs.). *Constituição e Estado Social:* os obstáculos à concretização da Constituição. São Paulo: Editora Revista dos Tribunais; Coimbra: Editora Coimbra, 2008, pp. 111-136.

RINALDI, Carla. *Diálogos Com Reggio Emillia. Escutar, investigar, e aprender.* Tradução. Vania Cury. 1. Ed. São Paulo: Paz e Terra. 2012.

ROLNIK, Raquel *Guerra dos Lugares: A colonização da terra e da moradia na era das finanças* Editora Boitempo, São Paulo, 2015.

RUEDIGER, Marco Aurélio; JANNUZZI, Paulo de Martino Coords. *Políticas públicas para o desenvolvimento sustentável [recurso eletrônico]: dos mínimos sociais dos objetivos de desenvolvimento do milênio à agenda multissetorial e integrada de desen-*

NOVOS PARADIGMAS DA REGULARIZAÇÃO FUNDIÁRIA URBANA

volvimento sustentável – Rio de Janeiro: FGV DAPP, 2018. Disponível em: https://bibliotecadigital.fgv.br/dspace/handle/10438/20528

SARLET, Ingo Wolfgang. O direito fundamental à moradia aos vinte anos da Constituição Federal de 1988: notas a respeito da evolução em matéria jurisprudencial, com destaque para a atuação do Supremo Tribunal Federal. *Revista Brasileira de Estudos Constitucionais* – RBEC, Ano 2, nº 8, outubro/dezembro de 2008, p. 55-92.

SOUZA, Sérgio Iglesias Nunes de. *Direito à moradia e de habitação: análise comparativa e suas implicações teóricas e práticas com os direitos da personalidade.* 2ª ed. São Paulo: Revista dos Tribunais, 2008.

TONUCCI. Francesco. *Quando as crianças dizem: agora chega.* Porto Alegre: Penso, 2005.

10. O Impacto da Governança na Regularização Fundiária Urbana

ANA FLÁVIA MESSA

Introdução

O presente trabalho tem por objetivo o estudo do impacto da governança na regularização fundiária urbana, com análise dos principais aspectos. As vantagens e desvantagens da governança são inseridas no contexto do problema do desenvolvimento urbano com crescimento sustentável.

1. Boa Administração

Como paradigma jurídico abrangente de critérios mínimos de uma atuação administrativa que visa a resultados úteis para a coletividade[1], a boa administração pública possui duas dimensões: a subjetiva e a objetiva.

Na dimensão subjetiva, a boa administração é vista como um direito fundamental[2], com eficácia projetada na esfera individual de direitos.

---

[1] RODRÍGUEZ-ARANA, Jaime. *El derecho fundamental a la buena administración en el marco de la lucha contra la corrupción*, p. 19. Disponível em: <http://derecho.posgrado.unam.mx/congresos/ConIbeConMexDA/ponyprog/JaimeRodriguezArana.pdf>. Acesso em: 3 abr. 2015; GIUFFRIDA, Armando. *Il "diritto" ad una buona amministrazione pubblica e profili sulla sua giustiabili*. Torino: G. Giappichelli Editore, 2012, p. 15.

[2] "Trata-se do direito fundamental à administração pública eficiente e eficaz, proporcional cumpridora de seus deveres, com transparência, motivação, imparcialidade e respeito à moralidade, à participação social e à plena responsabilidade por suas condutas omissivas e comissivas. A tal direito corresponde o dever de a administração pública observar, nas rela-

NOVOS PARADIGMAS DA REGULARIZAÇÃO FUNDIÁRIA URBANA

Nessa dimensão, permite-se a verificação da observância pela Administração Pública dos princípios e deveres que lhe são impostos pelo ordenamento jurídico, como mecanismo de defesa da cidadania para garantir os direitos e interesses fundamentais[3].

O reconhecimento da boa administração como um direito fundamental autônomo a partir da Carta de Nice no contexto europeu inaugura uma nova maneira de conceber a relação da Administração Pública com o cidadão[4], de forma a considerar o cidadão como um sujeito participativo na configuração dos interesses gerais, e a Administração Pública uma estrutura funcionalizada na promoção do bem-estar do povo por meio de uma atuação responsável, eficaz e direcionada à consecução dos interesses da coletividade.

Na dimensão objetiva, o enfoque é analisar como a Administração Pública, no desenvolvimento de sua função administrativa, deve garan-

---

ções administrativas, a cogência da totalidade dos princípios constitucionais que a regem" (FREITAS, Juarez. *Discricionariedade administrativa e o direito fundamental à boa administração pública*. São Paulo: Malheiros, 2009).

[3] Como parâmetro da atividade administrativa, o imperativo da boa administração pública apresentada, de certo modo com uma intenção revolucionária, opera afinal uma revolução "tradicionalista", visto que foi diluída por meio de princípios e deveres previstos na Constituição Federal e contemplados pelo Direito Comunitário que conduzem a uma administração pública eficiente, eficaz, proba, imparcial, dialógica, transparente e capaz de assegurar a concretização dos direitos fundamentais (ALLO LOMBARTE, Artemi. "Buena administracion". In: MALLÉN, Beatriz Tomás. *El derecho fundamental a una buena administración*. Madrid: INAP, 2004; ANDRADE, José Carlos Vieira de. *O dever de fundamentação expressa de actos administrativos*. Coimbra: Almedina, 2007; MALLÉN, Beatriz Tomás. *El derecho fundamental a una buena administración*. Madrid: Instituto Nacional de Administración Pública, 2004, p. 42; HACHEM, D. W. *Tutela administrativa efetiva dos direitos fundamentais sociais*. 2014. 614f. Tese (Doutorado) – Universidade Federal do Paraná, Curitiba, 2014).

[4] "El derecho fundamental a la buena administración, tal y como está redactado en el artículo 41 de la Carta de los Derechos Fundamentales de la Unión Europea de diciembre de 2000, trae consigo un replanteamiento del derecho administrativo en su conjunto. Ahora, desde la centralidad del ciudadano y desde su participación activa en la conformación de los intereses generales, el derecho administrativo y sus principales categorías deben ser nuevamente formulados puesto que ahora la relevancia de los derechos fundamentales de la persona sugiere nuevas formas de comprender el sistema del derecho administrativo" (RODRÍGUEZ-ARANA, Jaime. La buena administración como principio y como derecho fundamental en Europa. *Misión Jurídica – Revista de Derecho y Ciencias Sociales*, Bogotá, nº 6, p. 23-56, jan.-dez. 2013).

10. O IMPACTO DA GOVERNANÇA NA REGULARIZAÇÃO FUNDIÁRIA URBANA

tir a boa administração, no sentido de adequar o seu modo de administrar aos fins que o ordenamento jurídico destina ao Estado[5]. Trata-se de uma dimensão integrante de um contexto político-jurídico de desenvolvimento do melhor exercício da função administrativa na satisfação do interesse público.

Na dimensão objetiva, a Administração Pública deve garantir a boa administração em homenagem a uma atuação administrativa vinculada aos princípios constitucionais consagrados, realizando, no maior grau possível, o atendimento do interesse público[6]. *Deve*, pois é uma finalidade da Administração Pública representativa de maior qualidade no exercício da função administrativa para servir da melhor forma possível os interesses da coletividade[7]; *pode*, porque não há obstáculos dogmáticos à concepção de uma Administração Pública provedora da boa administração baseada numa maior eficácia e efetividade das ações estatais e orientada pela principiologia dos direitos fundamentais[8].

Se ao mesmo tempo afirmarmos que a Administração Pública tem o encargo de prover a boa administração, dentro do contexto de análise da dimensão objetiva, só se pode confirmar a existência dessa dimensão se se reconhecer o direito das pessoas de terem garantida a referida boa administração, o que, aliás, é objeto de análise de outra dimensão, a subjetiva.

2. Dimensão Objetiva da Boa Administração

A boa administração encontra fundamentação para solucionar entraves burocráticos e, assim, contribuir para a melhoria na gestão dos bens e

---

[5] VALLE, Vanice Regina Lírio do. *Direito fundamental à boa administração e governança*. Belo Horizonte: Fórum, 2011, p. 24.

[6] GIUFFRIDA, Armando. *Il "diritto" ad una buona amministrazione pubblica e profili sulla sua giustiziabili*. Torino: G. Giappichelli Editore, 2012, p. 15.

[7] CASSESE, Sabino. Il diritto alla buona amministrazione. *European Review of Public Law*, vol. 21, nº 3, Otoño de 2009, p. 1037 y ss.; PRATS, Joan. Derecho y management en las administraciones públicas. *Ekonomiaz: Revista Vasca de Economía*, nº 26, 1993, p. 130-143.

[8] "Não satisfaz às aspirações da Nação a atuação do Estado de modo compatível apenas com a mera ordem legal, exige-se muito mais: necessário se torna que a administração da coisa pública obedeça a determinados princípios que conduzam à valorização da dignidade humana, ao respeito à cidadania e à construção de uma sociedade justa e solidária" (STJ, REsp 579.541/SP, 1ª Turma, Rel. Min. José Delgado, j. 17.02.2004, *DJ* 19.04.2004, p. 165).

NOVOS PARADIGMAS DA REGULARIZAÇÃO FUNDIÁRIA URBANA

interesses qualificados da comunidade, no Brasil, a partir de 1995, com o Plano Diretor da Reforma do Estado. Com efeito, a eficiência com o fim de (re)estruturar o modo de agir da Administração Pública no cumprimento de seus deveres no campo da garantia aos direitos fundamentais ressalta, numa perspectiva econômica, os resultados da ação dos órgãos que constituem o arranjo do aparelho do Estado, com o uso de menos recursos para mais bens.

Trata-se de uma visão que, embora contribua para modernizar e agilizar a Administração Pública na realização do interesse público da melhor maneira possível, dentro da noção de eficiência instrumental, revela-se insuficiente para responder às demandas da sociedade, visto que a capacidade administrativa não pode ser avaliada apenas pelos resultados das políticas, mas pela forma por meio da qual a Administração Pública exerce sua gestão. Nesse sentido, a dimensão objetiva, no rumo do melhor atendimento do interesse público, envolve a *governança*[9].

Embora não haja um acordo na doutrina quanto ao conceito de *governança*, pode-se afirmar que o termo, no âmbito público, indica um mecanismo de gestão governamental caracterizado por quatro elementos[10]: (a) subjetivo: que considera os sujeitos responsáveis e inseridos no estado de interação: "governança" é exercida por atores governamentais e não governamentais; (b) material: que considera a atividade exercida:

---

[9] O termo "governança", que provém do latim *gubernare* e do grego *kybernan* ou *kubernetes*, não pertence apenas ao léxico dos juristas, sendo utilizado em diversos campos do conhecimento, como na Ciência da Administração, Economia, História, Ciências Políticas, Ciências Sociais, cada qual com suas especificidades e epistemologias, bem como por instituições internacionais, como o Banco Mundial (VAN KERSBERGEN, Kees; VAN WAARDEN, Frans. "Governance" as a bridge between disciplines: Cross-disciplinary inspiration regarding shifts in governance and problems of governability, accountability and legitimacy. *European Journal of Political Research*, 43, p. 143-171, 2004; WORLD BANK. *Governance and development*. Washington: Oxford University Press, 1992).

[10] "(...) o termo governança é aceito aqui como uma nova geração de reformas administrativas e de Estado, tendo como objeto a ação conjunta, implementadas de forma eficiente, eficaz e efetiva, com transparência e ética, e compartilhada pelo Estado, pelo setor privado, terceiro setor e pela sociedade civil, na busca de desenvolver ações e medidas inovadoras para resolver os problemas sociais e gerando oportunidades de um desenvolvimento futuro sustentável para todos os seus integrantes" (MATIAS-PEREIRA, J. *Governança no setor público*. São Paulo: Atlas, 2010, p. 92).

10. O IMPACTO DA GOVERNANÇA NA REGULARIZAÇÃO FUNDIÁRIA URBANA

a "governança" será atividade que tem por objeto coordenar as necessidades e os interesses interdependentes com criação e implementação de políticas e projetos de desenvolvimento de interesse público; (c) formal: que considera o regime jurídico: a "governança" seria aquela exercida sob regime de parâmetros legais e legítimos; (d) finalístico: é uma gestão destinada a resolver problemas sociais e gerar oportunidade de um futuro desenvolvimento sustentável.

3. Governança como Paradigma do Agir Administrativo

Pelo conceito clássico, ligado às primeiras organizações políticas, governança compreendia a atividade estatal de exercer o poder, de forma que o conceito de *governance* era entendido como similar ao de *government*.

Com a evolução, surgiram formas diversificadas de exercício do poder, até chegar em um conceito moderno de governança organizacional, primeiramente no setor privado[11], migrando, posteriormente, para o setor público. Independente do setor em que o conceito de origem econômica é aplicado, o tema da governança está intimamente associado à noção de bom governo da organização[12].

---

[11] A origem do termo governança surgida no mundo das empresas para descrição de protocolos de coordenação diferentes dos mercados foi atribuída por Ronald Coase em 1937 com a publicação do artigo "The Nature of the Firm", e retomada nos anos 1970 por Oliver Wiliamson. Um sistema pelo qual as organizações são dirigidas, monitoradas e incentivadas, envolvendo os relacionamentos entre proprietários, Conselho de Administração, Diretoria e órgãos de controle, com a finalidade de aperfeiçoar o desempenho da empresa e facilitar o acesso ao capital, a governança corporativa como expressão, associada à pulverização do controle da empresa norte-americana, e o crescimento do poder dos gestores em relação aos investidores aparecem com Richard Eells na década de 1960 (INSTITUTO BRASILEIRO DE GOVERNANÇA CORPORATIVA. *Governança corporativa*. Disponível em: <http://www.ibgc.org.br>; INSTITUTO BRASILEIRO DE GOVERNANÇA CORPORATIVA. *Código das melhores práticas de governança corporativa*. Disponível em: <http://www.ibgc.org.br>; DOBIJA, Dorota. *Emergence of Corporate Contract Set, Governance and Accountability: Standing Orders of the East India Company*, 2008, p. 1600-1621. Disponível em: <http://papers.ssrn.com/sol3/papers.cfm?abstract_id=1159928>. Acesso em: 19 mar. 2011; TRINDADE, Luana Zanetti; BIALOSKORSKI NETO, Sigismundo. *Uma análise da separação entre a propriedade e a gestão nas cooperativas de crédito brasileiras*. Disponível em: <http://www.brasilcooperativo.coop.br/downloads/Gecom/ebpc/II_EBCP_Luana_Zanetti_Trindade_e_Sigismundo_Bialoskorski_Neto.pdf>. Acesso em: 5 out. 2015).

[12] A construção desse bom governo no âmbito da gestão pública foi concebida na década de 1970, no Reino Unido e nos Estados Unidos da América, sob a denominação de *New*

NOVOS PARADIGMAS DA REGULARIZAÇÃO FUNDIÁRIA URBANA

Com a inserção da governança corporativa no contexto da globalização, destacando-se nos anos 1980 com o reconhecimento dos excessos corporativos e relatórios da mídia sobre altos lucros nos casos de fraude[13], a preocupação com a qualidade de gestão transparente e responsável foi mantida, inclusive com o apoio de organismos internacionais por meio da *good governance*.

Ao propor uma condução responsável na administração dos recursos econômicos e sociais, com transparência, equidade e prestação de contas, as orientações de interesse comum no âmbito global das organizações internacionais, embora sejam *soft law*, são diretivas que estimulam o desenvolvimento. Nesse cenário, a governança aparece em documentos do Banco Mundial quanto à forma de gerir os problemas da sociedade e os seus assuntos, visando a efetividade na implementação de políticas e na consecução de metas coletivas de desenvolvimento[14]. As regras, os processos e os comportamentos previstos nessa regulação jurídica dos organismos internacionais, inspiradas nas boas práticas da governança corporativa, influenciam os Estados Nacionais na adoção de mecanismos internos e externos de controle.

4. Governança no Quadro das Reformas Administrativas: Alternativa ao Paradigma Gerencialista?

É preciso considerar, no entanto, que, desde os anos 1970[15], com maior expressão nos anos 1980 e 1990, reformas administrativas ocorrem em diferentes contextos espaciais e temporais, sob a guarda de diferentes

Public Management (NPM), e, posteriormente, incorporada no Brasil com o nome de Nova Administração Pública (NAP), com fundamento da aplicação no setor público de técnicas do setor privado e numa estratégia desenvolvimentista fundamentada na descentralização da ação pública para fora dos limites das instituições formais do Estado.

[13] MELLO, Gilmar Ribeiro de. *Governança corporativa no setor público brasileiro*. 2006. 119f. Dissertação (Mestrado em Ciências Contábeis) – Faculdade de Economia, Administração e Contabilidade. Universidade de São Paulo, São Paulo, 2006.

[14] BANCO MUNDIAL. *Governance and development*. Washington D.C.: World Bank, 1992.

[15] A partir da década de 1970 é presenciado, no âmbito da administração pública, um movimento geral de "modernização administrativa" em diversos países, direcionado a recriar e a inovar a estrutura administrativa do modelo burocrático weberiano, a fim de redução do déficit público e diminuição do crescimento do setor estatal. Essa onda reformista decorre da crise do Estado de Bem-Estar, em face do expansionismo administrativo distorcido na gestão de uma imensa quantidade de atividades econômicas, sociais e culturais e ao pro-

10. O IMPACTO DA GOVERNANÇA NA REGULARIZAÇÃO FUNDIÁRIA URBANA

escopos e valores, com inovações em políticas públicas de gestão e no desenho de organizações programáticas, expressas na introdução de práticas típicas de mercado na administração pública, bem como em prescrições para melhoria da efetividade da gestão pública[16].

Diante do cenário de desgaste no modelo do Estado de desenvolvimento[17], surgem, a partir do final dos anos 1970, alternativas para a reforma dos Estados Ocidentais, no sentido de redefinir seu papel administrativo na gestão pública, visando fundamentalmente eliminar as disfunções inerentes ao modelo burocrático[18]. No processo de reconstrução surge a necessidade de práticas de gestão compatíveis com a satisfação das necessidades da coletividade extraídas não apenas da crescente falta de recursos financeiros, mas da conjuntura globalizada e informatizada, e das mudanças culturais e sociais que induziram nos cidadãos a exigência de um melhor setor público[19].

Essa redefinição da administração pública é uma constante que ganhou destaque após a Segunda Guerra Mundial em razão dos modelos pós-burocráticos, dentre os quais se destacam os modelos gerenciais[20] e o de governança pública.

Em termos gerais, embora as reformas sob o influxo do paradigma gerencial envolvam um caráter abrangente e variável, chegando ao

---

cesso de globalização, a administração pública revela-se incapaz de satisfazer as demandas sociais.

[16] SECCHI, Leonardo. Modelos organizacionais e reformas da administração pública. *Revista de Administração Pública*, Rio de Janeiro, vol. 43, nº 2, p. 347-369, mar.-abr. 2009.

[17] "(...) o Estado social-burocrático assumiu três formas: o Estado do Bem-Estar nos países desenvolvidos; o Estado Desenvolvimentista nos países subdesenvolvidos; e o Estado Burocrático nos países estadistas" (BRESSER PEREIRA, Luiz Carlos. *Reforma do Estado para a cidadania*: a reforma gerencial brasileira na perspectiva internacional. São Paulo: Ed. 34; Brasília: ENAP, 1998).

[18] "A administração burocrática aparece como uma verdadeira casta, isolada do resto da sociedade, e que pretende, com a ajuda das suas prerrogativas, impor a sua lei aos administrados" (CHEVALIER, J. *Science administrative*. Paris, 2002, p. 343 e ss.).

[19] REGO, G. *Gestão empresarial dos serviços públicos* – Uma aplicação ao sector da saúde. Porto: Vida Económica, 2008; BRASIL. *Plano Diretor da Reforma do Aparelho do Estado*. Brasília: MARE, 1995, p. 21.

[20] "Na verdade, embora a gerência tenha sido inventada há milhares de anos, ela somente foi descoberta depois da Segunda Guerra Mundial" (DRUCKER, Peter. *Sociedade pós-capitalista*. São Paulo: Pioneira Editora, 1994, p. 23).

NOVOS PARADIGMAS DA REGULARIZAÇÃO FUNDIÁRIA URBANA

extremo de alguns críticos afirmarem que a nova gestão pública parece uma tela vazia em que se pode pintar o que nela quiser, é possível afirmar que as mudanças foram identificadas em contraposição ao paradigma da burocracia tradicional com medidas instrumentais ligadas ao racionalismo econômico.

Com o advento do *New Public Management*, a gestão pública incorpora princípios e mecanismos de mercado em consonância com a visão neoliberal. Trata-se da adequação estrutural e funcional da administração pública às técnicas da gestão do setor privado no sentido de buscar a eficiência pública.

Enquanto os modelos gerenciais, no âmbito das reformas administrativas, vêm vinculados às técnicas de gerenciamento do mercado com a aplicação de regras do setor privado no setor público, abordando questões administrativas e econômicas[21], a governança pública, por sua vez, foca nas redes, parcerias e valores administrativos com participação, deliberação e democracia[22].

Em complemento a uma visão economicista de gestão pública, a ideia da governança do início dos anos 1990 é, nitidamente, uma reivindicação dos sistemas administrativos para o incremento da participação da sociedade civil na contribuição do atingimento dos interesses coletivos. Esse fenômeno da governança está vinculado ao movimento de propos-

---

[21] Num processo de adaptação às modificações ocorridas na sociedade, a administração gerencial surge a partir da crise do modelo burocrático caracterizado pela neutralidade e racionalidade, com o controle rígido dos procedimentos administrativos, para uma administração pública que, influenciada pelas técnicas gerenciais das organizações empresariais, busque controle nos resultados com avaliação de desempenho administrativo para aferição da qualidade na prestação dos serviços públicos, e norteada por objetivos de simplificação, eficiência e transparência. O *New Public Management* possui preceitos teóricos mínimos para sua caracterização e aplicação na condução da gestão pública. Hood aponta os seguintes preceitos mínimos: profissionalização da gestão nas organizações públicas; padrões de desempenho e medidas de avaliação, com objetivos mensuráveis e claramente definidos; ênfase no controle e nos resultados; desagregação das grandes unidades do setor público; introdução da competição no setor público; uso de práticas de gestão do setor privado; ênfase na disciplina e na utilização dos recursos, cortando custos e procurando maior eficiência e economia (HOOD, Christopher. Public management for all seasons? *Public Administration*, Londres, vol. 69, nº 01, p. 3-19, 1991).

[22] RONCONI, Luciana Francisco de Abreu. 2008. 279f. Tese (Doutorado em Sociologia Política) – Universidade Federal de Santa Catarina, Florianópolis, 2008.

10. O IMPACTO DA GOVERNANÇA NA REGULARIZAÇÃO FUNDIÁRIA URBANA

tas e ações no sentido de uma reforma administrativa que culmine num controle mais efetivo da sociedade sobre o Estado Administrativo.

A introdução da ideia da governança implica a ressignificação da própria gestão pública focada na interação de diversos atores em torno da explicitação e promoção do interesse coletivo. Considerar a gestão pública na perspectiva da governança é entender um novo formato da relação entre Administração Pública e sociedade que adeque os meios administrativos aos objetivos de desenvolvimento inclusivo e sustentável, enfatizando a cidadania social, em termos de democracia e efetividade.

Nesse cenário, a governança vem a ser a viabilização de uma esfera pública de cogestão dos recursos públicos para aproximar a sociedade da Administração Pública com a elaboração de um consenso cidadão, pelo qual a representação política tradicional e diferentes atores e organizações podem elaborar programas de ação e de políticas públicas coordenadas e articuladas num processo que leve à construção coletiva de soluções.

De maneira genérica, a gestão pública compartilhada que permite ao povo compreender e participar do funcionamento do sistema administrativo para uma realização efetiva dos programas públicos realiza um arranjo institucional que aproxima o cidadão das fontes de condução dos assuntos da Administração Pública. Essa concepção de governança pública é lastreada em um projeto político democratizante, em que a abertura da Administração Pública ao cidadão é vista como imprescindível para a consolidação da democracia.

Essa democratização da função administrativa, com a promoção da governança, incorpora um compartilhamento de decisões com a sociedade civil em favor da cidadania, com canais de construção coletiva das escolhas administrativas, tendo o Estado como condutor do processo. Uma gestão pública fundamentada em critérios de eficiência, eficácia e efetividade, constitucionalmente vinculada e compartilhada na interação entre atores públicos e privados.

5. Características da Governança Pública (Modelo de Gestão)

Em relação à contribuição, podemos afirmar que as características instrumentais e substanciais da governança pública levam à construção de um ambiente propício para a regularização fundiária, pois amplia a

NOVOS PARADIGMAS DA REGULARIZAÇÃO FUNDIÁRIA URBANA

perspectiva de participação dos cidadãos-clientes à escolha ou controle dos bens ou serviços, para uma participação que reflita a influência dos membros da sociedade na gestão pública como cidadãos. Ela substitui as relações hierárquicas entre Estado e sociedade e amplia os mecanismos para formação de preferências e para deliberação em torno da explicitação e promoção do interesse coletivo.

Ao se permitir uma relação mais estreita entre o Estado e a sociedade, com interatividade e proximidade, deixa de existir a hierarquia, enquanto *design* de organização na administração dos negócios públicos, rompendo com a tradição *top-down*, e transforma-se numa relação de cooperação e colaboração entre Estado, mercado e sociedade civil, em que o compromisso com o valor público traz para a administração pública o dever de gerir com envolvimento do público na programação do seu agir administrativo pelas políticas públicas[23].

A observação da governança pública em funcionamento mostrou-se um importante elemento paradigmático[24] no desenvolvimento do sentido legítimo da regularização fundiária, não apenas pelas suas características estruturais, especialmente com a ideia de maior aproximação da sociedade nas decisões da administração pública, mas também com os imperativos administrativos da *good governance* direcionados a orientar os gestores públicos dos países na realização de uma condução responsável, eficiente e eficaz da máquina pública.

O aspecto instrumental abrange autoridade, gestão, relações/interações, políticas e instituições[25], ou seja, técnicas de um desenvolvimento futuro. Tal aspecto é inserido no contexto da "governança" como nova geração de reformas que recebe os insumos das novas tecnologias sociais

---

[23] MATIAS PEREIRA, José. *Governança no setor público*. São Paulo: Atlas, 2010, p. 109.

[24] VILLAS BÔAS FILHO, Orlando. *As transformações da regulação jurídica na sociedade contemporânea: a governança como paradigma* (resenha do livro *La gouvernance. Un outil de participation*, de André-Jean Arnaud. São Paulo: Revista Direito GV, 2016).

[25] BARRET, Pat. *Better practice public sector governance. Australian National Audit Office (ANAO)*. 2003. Disponível em: <http://www.anao.gov.au/uploads/documents/>. Acesso em: 14 mar. 2016; KAUFMANN, Daniel; KRAAY, Aart Kraay. *Governance indicators*: Where are we, where should we be going? The World Bank, 2008.

10. O IMPACTO DA GOVERNANÇA NA REGULARIZAÇÃO FUNDIÁRIA URBANA

e implementam ações e medidas flexíveis e com arranjos formais e informais[26], que atendam aos interesses das pessoas e instituições.

Trata-se de uma estrutura de organização com identidade própria para uma conexão sociopolítica[27], que abrange as tradições e as instituições pelas quais a autoridade de um país é exercida, com mecanismos e processos de tomada de decisões e implementação de políticas públicas, por meio de uma disposição articulada de pessoas e grupos com diferentes interesses e expectativas para resolução de problemas comuns[28].

Nesse cenário, são duas as características estruturais nas quais se baseia a governança como exercício da autoridade política, econômica e administrativa para gerir os assuntos do país e contribuir para a ideia de transparência: *proximidade* e *interatividade*.

A interatividade é uma dinâmica conjunta e compartilhada entre Estado, setor privado, terceiro setor e sociedade civil, visando o desenvolvimento sustentável, e o Estado assume o papel de produzir o bem público em conjunto com outros atores[29]. Nesse cenário da interação, apesar da realização colaborativa na governança pública, o Estado surge como coordenador na elaboração e implementação das políticas públicas[30].

---

[26] ORGANISATION FOR ECONOMIC CO-OPERATION AND DEVELOPMENT (OECD). *Initiative on capitalizing on endogenous capacities for conflict prevention and governance. Compilation of working documents presented at the Initiative's launching workshop.* OECD, 2005, vol. 2.

[27] PROCOPIUCK, M.; FREY, K. Redes de políticas públicas e de governança e sua análise a partir da websphere analysis. *Revista de Sociologia e Política*, Curitiba, vol. 17, nº 34, p. 63-83, 2009.

[28] WORLD BANK. *Thailand Data at a Glance.* 2005. Disponível em: <http://devdata.worldbank.org/AAG/tha_aag.pdf>; UNITED NATIONS DEVELOPMENT PROGRAMME. *Reconceptualizing Governance.* New York: United Nations Development Programme, 1997; UNITED NATIONS DEVELOPMENT PROGRAMME. *Governance for Sustainable Human Development.* 2005. Disponível em: <http://www.undp.org.in/hdrc/shdr/shdr/SHDR/sk-6.pdf>.

[29] RONCONI, L. F. A.; DEBETIR, E.; DE MATTIA, C. Conselhos gestores de políticas públicas –Potenciais espaços para a coprodução dos serviços públicos. *Contabilidade, Gestão e Governança*, Brasília, vol. 14, nº 3, p. 46-59, set.-dez. 2011; HEIDEMANN, F. G.; KISSLER, L. Governança púbica: Novo modelo regulatório para as relações entre Estado, Mercado e Sociedade. *Revista de Administração Pública*, Rio de Janeiro, 40, maio-jun. 2006, p. 483.

[30] SECCHI, Leonardo. Modelos organizacionais e reformas da administração pública. *Revista de Administração Pública*, Rio de Janeiro, vol. 43, p. 347-369, mar.-abr. 2009.

NOVOS PARADIGMAS DA REGULARIZAÇÃO FUNDIÁRIA URBANA

Nesses casos, o termo "governança" é empregado para expressar uma dimensão pluralista consubstanciada em uma relação recíproca entre diversos atores, estruturas e institucionalidades que reflete as particularidades da sociedade contemporânea. Enfim, a "governança", como estado de interações entre atores, funciona como um processo[31] contínuo pelo qual é possível acomodar interesses conflitantes ou diferentes e realizar ações cooperativas[32].

No contexto da interação entre governo, sociedade e setor privado, a "governança" traduz-se efetivamente por um domínio das redes em políticas públicas, em que o Estado assume uma capacidade de influência nas negociações, além de parcerias com os membros dessas redes[33].

A "governança" como rede significa uma multiplicidade de atores estatais e não estatais que desenvolvem a concepção e a implementação das políticas públicas. Não há exercício unilateral de poder[34], mas ações coordenadas de interesses para resolução de problemas e tomada de decisões políticas, a fim de possibilitar o planejamento contínuo e harmonioso de novas estruturas de coordenação social e de interação entre atores públicos e privados[35].

A mesma articulação entre diferentes atores não restrita às instituições do Estado foi reconhecida no âmbito internacional, à medida que

[31] PIERRE, Jon; PETERS, B. Guy. *Governance, politics and the state.* New York: St. Martin's Press Inc., 2000.

[32] COMISSÃO sobre Governança Global. *Nossa comunidade global.* Rio de Janeiro: Fundação Getulio Vargas, 1996.

[33] PETERS, B. G.; PIERRE, J. Governance without Government? Rethinking Public Administration. *Journal of Public Administration Research and Theory: J-Part*, vol. 8, nº 2, p. 223-243, Apr. 1998.

[34] THORELLI, H. Networks: between markets and hierarchies. *Strategic Management Journal*, vol. 7, nº 1, p. 37-51, 1986.

[35] *"Governance* é caracterizado pelo envolvimento no processo de fazer política, das autoridades estatais e locais, bem como o setor de negócios, os sindicatos de trabalhadores e os agentes da sociedade civil, tais como ONGs e os movimentos populares" (KAZANCIGIL, Ali. A regulação social e a governança democrática da mundialização. In: MILANI, Carlos; ARTURI, Carlos; SOLINÍS, Germán (orgs.). *Democracia e governança mundial –* que regulações para o século XXI. Porto Alegre: Ed. Universidade/UFRGS/Unesco, 2002, p. 266-29; CZEMPIEL, Ernst-Otto. Governança e democratização. In: ROSENAU, James nº *Governança sem governo*: ordem e transformação na política mundial. Tradução de Sergio Bath. São Paulo: Imprensa oficial do Estado, 2000, p. 363-392.

10. O IMPACTO DA GOVERNANÇA NA REGULARIZAÇÃO FUNDIÁRIA URBANA

o mundo se torna mais e mais globalizado, não obstante exista desigualdade política e resistência nacionalista, uma gestão que possa acomodar, coordenar e até resolver os problemas que se tornam cada vez mais transnacionais denominada governança internacional[36].

A convergência dos atores, grupos sociais e instituições envolvidos na ação pública com a finalidade de definir objetivos comuns implica na construção conjunta de políticas públicas ensaiada no gerencialismo, afastando a sociedade dos efeitos negativos da tradição *top-down*, que se desenvolveu no bojo das democracias representativas[37].

[36] LEE, Yuan-Tseh. Challenges Facing Human Society in the 21st Century. In: BURAWOY, Michael (ed.). *Facing an Unequal World*: Challenges for a Global Sociology. Taiwan: Institute of Sociology, Academia Sinica, 2010, vol. 1, p. 28-34. Disponível em: <http://www.ios.sinica.edu.tw/cna/download/proceedings/02. Lee.Opening.pdf>. Acesso em: 15 mar. 2016; KRAHMANN, Elke. National, Regional and Global Governance: One Phenome non or Many? *Global Governance*, vol. 9, p. 323-346, 2003; MARKOFF, John. Globalization and the Future of Democracy. *Journal of World-Systems Research*, vol. 5, nº 2, 1999. Disponível em: <http://jwsr.ucr.edu/archive/vol5/number2/v5n2_split/jwsr_v5n2_markoff.pdf>. Acesso em: 15 mar. 2016; FILKELSTEIN, Lawrence S. What is global governance? *Global Governance*, nº 1, p. 367-372, 1995.

[37] Na democracia representativa, advinda do próprio governo representativo que começou a surgir a partir das revoluções liberais ocorridas no século XVIII, não somente para colocar solução ao problema da causa demográfica, mas também para consolidar a forma aristocrática de governo, em que a participação popular é indireta, periódica e formal, por via das instituições eleitorais que visam disciplinar as técnicas de escolha de representantes do povo, a sua estabilidade reside na manutenção do método democrático com a escolha daqueles que tomam as decisões, pelos votos do povo, em eleições periódicas e livres. Falar em democracia representativa é falar em um modelo de bases formais, em que a razão da eleição é ser um mecanismo de suficiência democrática. Além de um sistema de transferência do poder, a legitimidade política está na vontade do povo que dá origem ao poder. A democracia representativa é, por sua vez, caracterizada por três elementos componentes de sua essência: a) elemento subjetivo: o governo é exercido por representantes eleitos pelo povo; b) elemento formal: a escolha dos governantes é submetida a um regime jurídico de escolha, a eleição; c) elemento material: a representação é exercida por um prazo e por pessoas que agem na qualidade de representantes em nome do povo (PATEMAN, Carole. *Participação e teoria democrática*. Rio de Janeiro: Paz e Terra, 1992, p. 25; SILVA, José Afonso da. *Poder Constituinte e poder popular*: estudos sobre Constituição. São Paulo: Malheiros, 2002, p. 47; TOCQUEVILLE, Alexis de. *A democracia na América*. São Paulo: Martins Fontes, 2005, vol. I, p. 303; "Advém a democracia representativa" (SANTANA, Jair Eduardo. *Democracia e cidadania*: O referendo como instrumento de participação política. Belo Horizonte: Del Rey, 1995, p. 39-40).

NOVOS PARADIGMAS DA REGULARIZAÇÃO FUNDIÁRIA URBANA

A proximidade parte da premissa de superação do papel da administração pública com a tarefa apenas de execução de decisões, para a ideia de uma gestão compartilhada com a formação de redes que, numa conjugação ordenada, formulem políticas públicas para realização de objetivos socialmente relevantes.

A governança é parte de um processo de repensar e refazer o Estado Moderno[38], surgindo como um modelo de gestão da complexidade caracterizado por uma coordenação recíproca de interesses com estruturas congruentes com os processos do mundo real[39].

A compreensão dessa forma de agir administrativo supõe a inserção de sua análise num contexto condizente com os reclames do novo milênio, sem afirmações fictícias de que a ordem jurídica é emanada exclusivamente do Estado, e, depois, que uma administração interna no estilo hierárquico e unilateral é suficiente em suas determinações e prescrições.

Já o aspecto substancial está assentado na implementação de valores democráticos no exercício do poder, resultando em ações públicas transparentes e responsáveis, a fim de que possam melhorar a eficiência e a credibilidade da organização[40]. Trata-se de vetores de legitimidade[41] e idoneidade para gerar e manter a crença de uma boa governança[42].

---

[38] BEVIR, Mark. *Democratic governance*. New Jersey: Princeton, 2010.

[39] JESSOP, Bob. *The governance of complexity and the complexity of governance*: preliminary remarks on some problems and limits of economic guidance. Lancaster: Department of Sociology, Lancaster University, 1999. Disponível em: <http://www.comp.lancs.ac.uk/sociology/papers/Jessop-Governance-of-Complexity.pdf>. Acesso em: mar. 2016.

[40] WEINGARTNER NETO, Jayme. Ministério Público, boa governança e gestão estratégica. *Revista do Ministério Público*, 137, p. 106-107, jan.-mar. 2014.

[41] A legitimidade corresponde à ordem ético-política que representa uma ordem legitimada pela estabilização do poder em torno de valores consensualmente aceitos (MOREIRA NETO, Diogo de Figueiredo. *Legitimidade e discricionariedade*: novas reflexões sobre os limites e controle da discricionariedade. Rio de Janeiro: Forense, 1998, p. 5).

[42] CANOTILHO, José Joaquim Gomes. *Brancosos e interconstitucionalidades*: itinerário dos discursos sobre a historicidade constitucional. Coimbra: Almedina, 2006, p. 327; BENTO, Leonardo Valle. *Governança e governabilidade na reforma do Estado*: entre a eficiência e a democratização. Barueri: Manole, 2003, p. 85; KISSLER, Leo; HEIDEMANN, Francisco G. Governança pública: novo modelo regulatório para as relações entre Estado, mercado e sociedade? *Revista da Administração Pública*, vol. 40, nº 3, maio-jun. 2006, p. 482; LANE, J.-E. *New public management*. Londres: Routledge, 2000; BANDEIRA, Pedro S. Participação, articulação

10. O IMPACTO DA GOVERNANÇA NA REGULARIZAÇÃO FUNDIÁRIA URBANA

A boa governança se refere aos princípios substantivos que tornam a administração do país transparente, responsável, eficiente e justa no quadro da relação interativa entre o Estado, a sociedade, o setor privado e público em geral[43]. Transpondo princípios para a gestão dos recursos públicos na interação dinâmica entre atores diferentes, promove-se a boa governança, assegurando o primado do Direito, melhorando a eficiência e a responsabilização do setor público e combatendo a corrupção, como elementos essenciais de um quadro em que as economias podem prosperar[44].

Nesse cenário, a "boa" governança consubstancia-se na implementação de boas práticas de gestão pública em forma de princípios ou diretrizes que funcionam como vetores do agir administrativo na condução responsável dos recursos econômicos e sociais de um país. Não há uniformidade a respeito da enunciação das referidas diretrizes fundamentais para reforçar o atendimento dos objetivos coletivos de uma sociedade. Associadas à ideia de regulações justas e consistentes na estrutura do agir administrativo, essas diretrizes apontam para uma otimização no desempenho administrativo com a devida responsabilização dos gestores públicos[45].

---

de atores sociais e desenvolvimento regional. In: BECKER, Dinizar F.; BANDEIRA, Pedro S. *Desenvolvimento local-regional* – determinantes e desafios contemporâneos. Santa Cruz: Edunisc, 2000, vol. 1, p. 23-128; "governança se refere à maneira através da qual os agentes e instituições públicas adquirem e exercem sua autoridade para o provimento de bens e serviços públicos, incluindo a oferta de serviços essenciais, infraestrutura e um ambiente favorável ao investimento – corrupção é um produto de uma governança frágil" (WORLD BANK. *Strengthening World Bank Group engagement on governance and anticorruption,* 2007, p. 67. Disponível em: <http://siteresources.worldbank.org/EXTPUBLICSECTORANDGOVERNANCE/Resources/GACStrategyPaper.pdf>. Acesso em: 22 fev. 2012.

KISSLER, Leo; HEIDEMANN, Francisco G. Governança pública: novo modelo regulatório para as relações entre Estado, mercado e sociedade? *Revista de Administração Pública,* Rio de Janeiro, vol. 40, nº 3, maio-jun. 2006.

[43] BOONMI, T. Good governance: a strategy to restore Thailand. In: MCCARGO, D. (ed.). *Reforming Thai Politics.* Copenhagen: NIAS Publishing, 2002, p. 31.

[44] FUNDO MONETÁRIO INTERNACIONAL. *The IMF's Approach to Promoting Good Governance and Combating Corruption – A Guide. International Monetary Fund.* Disponível em: <www.imf.org>. Acesso em: 2012.

[45] BENTO, Leonardo Valles. *Governança e governabilidade na reforma do Estado.* Barueri: Manole, 2003, p. 85.

NOVOS PARADIGMAS DA REGULARIZAÇÃO FUNDIÁRIA URBANA

Matias-Pereira afirma que as relações éticas, de conformidade, transparência e prestação responsável de contas, são os elementos que compõem a boa governança, sem os quais o desenvolvimento não se caracteriza. Streit e Klering sustentam ser a boa governança uma nova prática de gestão, em que a ênfase se dá nos aspectos da participação, transparência, integridade e *accountability*. Rhodes[46] acentua que a boa governança está relacionada a um serviço público eficiente, competitivo, com descentralização administrativa e com *accountability* sobre os recursos públicos. Trata-se de uma perspectiva relacionada às ações do Banco Mundial e do Fundo Monetário Nacional no sentido de responder às exigências de melhoria na eficiência e eficácia administrativas[47].

6. Impacto da Governança na Regularização Fundiária

No âmbito do impacto da governança na regularização fundiária, dentro do contexto da política de desenvolvimento urbano, executada pelo Poder Público municipal, conforme diretrizes gerais fixadas em lei, visando ordenar o pleno desenvolvimento das funções sociais da cidade e garantir o bem-estar de seus habitantes, existem dois desafios a serem enfrentados:

6.1. Falta de Interatividade e Proximidade

Diante da necessidade de pensar o problema do desenvolvimento urbano no sentido de aprimorar a noção de responsabilidade da Administração Pública diante da sociedade, sua análise é concretizada pela abertura da gestão pública à sociedade.

A abertura envolve um processo de melhoria na mediação dos interesses entre os atores sociais, políticos e econômicos e de suas ações locais, ou seja, a Administração Pública deve buscar uma harmonização consubstanciada em uma relação recíproca entre diversos atores, estruturas e institucionalidades que reflete as particularidades da sociedade contemporânea, de forma a acomodar interesses conflitantes ou diferen-

---

[46] RHODES, R. A. W. The new governance: governing without government. *Political Studies*, University of Newcastle-upon-Tyne, nº XLIV, p. 652-667, 1996.

[47] RAQUEL, Izabela. *Governança pública: A consolidação de uma matriz com atributos que caracterizam o tema, na perspectiva dos especialistas*. 2012. 175f. Dissertação (Mestrado em Administração) – Centro Socioeconômico, Universidade Federal de Santa Catarina, Florianópolis, 2012).

10. O IMPACTO DA GOVERNANÇA NA REGULARIZAÇÃO FUNDIÁRIA URBANA

tes e realizar ações cooperativas[48] no pleno desenvolvimento das funções sociais da propriedade urbana e da cidade (gestão democrática, equitativa e justa).

6.2. Falta de Controle sobre o Território Urbano (Ocupação Ilegal Fundiária)

Tendo como pano de fundo a busca do crescimento das cidades com equidade e sustentabilidade, percebe-se a ocupação irregular da cidade justificada em três eixos incompatíveis com o regime formal da governança lastreado nos seguintes parâmetros normativos:

1) *Ocupação mercenária:* há uma disputa da terra urbana como mercadoria, com especulação sobre os terrenos, culminando na segregação da população de baixa renda, e o não cumprimento da função social da propriedade. Gera-se um mercado informal imobiliário criador de tragédias urbanas[49];

2) *Ocupação livre:* há uma falta de fiscalização na ocupação urbana, agravada por obstáculos burocráticos e formais na regularização, especialmente para a população de baixa renda. Com as dificuldades econômicas, as pessoas ficam obrigadas ao uso e ocupação de terrenos urbanos com restrição (ilegalidade da posse ou propriedade), provocando desenvolvimento urbano desordenado com aglomerados informais. A dificuldade no acesso à terra urbanizada é agravada pela incapacidade do poder público, seja técnica ou política, em criar políticas satisfatórias que priorizem a paisagem urbana;

3) *Ocupação arbitrária:* além da falta de medidas concretas que visem implementar a ideia do desenvolvimento urbano com equidade e sustentabilidade, detecta-se a falta de habilidade do Poder Público

---

[48] COMISSÃO sobre Governança Global. *Nossa comunidade global.* Rio de Janeiro: Fundação Getulio Vargas, 1996.

[49] No processo de crescimento urbano, a lógica do mercado imobiliário propicia a divisão da cidade em cidade legal e cidade ilegal (MARICATO, E. As ideias fora do lugar e o lugar fora das ideias. In: ARANTES, O.; VAINER, C.; MARICATO, E. *A cidade do pensamento único:* desmanchando consensos. Petrópolis: Vozes, 2002; ROLNIK, R. *A construção de uma política fundiária e planejamento urbano para o país – avanços e desafios.* 2006. Disponível em: http://www.ipea.gov.br/portal/images/stories/PDFs/politicas_sociais/ensaio1_raquel12.pdf. Acesso em: 1º jul. 2012).

NOVOS PARADIGMAS DA REGULARIZAÇÃO FUNDIÁRIA URBANA

em ações coordenadas de interesses para resolução de problemas e tomada de decisões políticas, a fim de possibilitar o planejamento contínuo e harmonioso de novas estruturas de coordenação social e de interação entre atores públicos e privados[50], com vistas à acessibilidade da terra urbana e políticas habitacionais legítimas.

A falta de controle decorre da ausência de Políticas Públicas[51] de Desenvolvimento Urbano com Crescimento Sustentável, exigência da governança que pressupõe a processualização no agir administrativo.

A formulação e a execução das políticas públicas[52] estão inseridas no compromisso dos Poderes Legislativo e Executivo com os direitos fundamentais na condição de servidor do bem público em atendimento às demandas sociais. O reconhecimento desse compromisso configura um dever constitucional dos referidos Poderes, funcionando como veículo juridicizado de planejamento da ação estatal. Nesse contexto, a constru-

[50] *"Governance* é caracterizado pelo envolvimento no processo de fazer política, das autoridades estatais e locais, bem como o setor de negócios, os sindicatos de trabalhadores e os agentes da sociedade civil, tais como ONGs e os movimentos populares" (KAZANCIGIL, Ali. A regulação social e a governança democrática da mundialização. In: MILANI, Carlos; ARTURI, Carlos; SOLINÍS, Germán (orgs.). *Democracia e governança mundial* – que regulações para o século XXI. Porto Alegre: Ed. Universidade/UFRGS/Unesco, 2002, p. 266-29; CZEMPIEL, Ernst-Otto. Governança e democratização. In: ROSENAU, James nº *Governança sem governo*: ordem e transformação na política mundial. Tradução de Sergio Bath. São Paulo: Imprensa oficial do Estado, 2000, p. 363-392.

[51] "São programas de ação governamental que resultam de processos ou conjunto de processos – eleitoral, legislativo, administrativo, orçamentário, judicial – juridicamente regulados, visando a coordenar os meios à disposição do Estado e as atividades privadas, para a realização de objetivos socialmente relevantes e politicamente determinados" (BUCCI, Maria Paula Dallari. *Direito administrativo e políticas públicas.* São Paulo: Saraiva, 2002).

[52] "Sistematizações de ações do Estado voltadas para a consecução de determinados fins setoriais ou gerais, baseadas na articulação entre a sociedade, o próprio Estado e o mercado" (PIZZOLATTI, Rômulo. *O controle judicial do mérito da atividade administrativa.* Tese (Doutorado em Direito) – Universidade Federal de Santa Catarina, Florianópolis, 2001, p. 172); as políticas se classificam em: (1) políticas sociais, de prestação de serviços públicos essenciais, como saúde e educação; (2) políticas sociais compensatórias, tais como o seguro-desemprego; (3) políticas de fomento à economia; (4) reformas de base; e (5) políticas de estabilização monetária (LOPES, José Reinaldo de Lima. Direito subjetivo e direitos sociais: o dilema do Judiciário no Estado Social de Direito. In: FARIA, José Eduardo (org.). *Direitos humanos, direitos sociais e justiça.* São Paulo: Malheiros, 1999, p. 113-143).

10. O IMPACTO DA GOVERNANÇA NA REGULARIZAÇÃO FUNDIÁRIA URBANA

ção de uma política pública da regularização fundiária urbana é tratar o desenvolvimento urbano como crescimento sustentável:

I) Planejamento: a) levantamento de dados e informações sobre a área urbana a ser regularizada; b) estudos sobre o cenário urbano e suas necessidades; c) regularização documental; d) verificação das condicionantes sociais e ambientais[53];

II) Formulação da Política: é a apresentação de soluções[54], com definição de linhas de ação, programas e objetivos, ao problema da ocupação desordenada do solo urbano (problema de natureza socioambiental). Nessas soluções deve ser observado o pleno desenvolvimento das funções sociais da cidade e da propriedade urbana, mediante a regularização fundiária e urbanização de áreas ocupadas por população de baixa renda mediante o estabelecimento de normas especiais de urbanização, uso e ocupação do solo e edificação, consideradas a situação socioeconômica da população e as normas ambientais (art. 2º, XIV, do Estatuto da Cidade);

III) Tomada da decisão: é a definição dos recursos e prazo da ação estatal;

IV) Execução da política: é o direcionamento de recursos financeiros, tecnológicos, materiais e humanos para a implementação da política; a titularidade das áreas onde estão situados os loteamentos irregulares ou clandestinos, favelas e invasões determinará quais instrumentos econômicos, financeiros, jurídicos e políticos poderão ser utilizados na implementação do programa de regularização fundiária[55];

---

[53] INSTITUTO SOMA. *Regularização fundiária*. Disponível em: <http//:institutosoma.org.br>. Acesso em: 18 abr. 2017.

[54] Uma das soluções é a usucapião coletiva: "Os núcleos urbanos informais existentes sem oposição há mais de cinco anos e cuja área total dividida pelo número de possuidores seja inferior a duzentos e cinquenta metros quadrados por possuidor são suscetíveis de serem usucapidos coletivamente, desde que os possuidores não sejam proprietários de outro imóvel urbano ou rural" (art. 10 do Estatuto da Cidade).

[55] GALLO, Gabriela Neves. *Políticas públicas e regularização fundiária*. Disponível em: <https://www.unaerp.br/documentos/1089-politicas-publicas-e-regularizacao-fundiaria/file>. Acesso em: 17 abr. 2019.

NOVOS PARADIGMAS DA REGULARIZAÇÃO FUNDIÁRIA URBANA

V) Avaliação da política: é a análise do desempenho e dos resultados da política.

Conclusões

A Lei nº 13.465/2017, apesar de ter trazido regras e processos para incorporação dos núcleos urbanos informais ao ordenamento territorial urbano, não foi eficiente pelos seguintes motivos:

a) Não direcionamento à efetividade do bem comum: a falta de fiscalização e as dificuldades do desempenho administrativo em relação aos insumos disponíveis contribuíram para a não regularização de assentamentos informais;

b) Não busca da qualidade: a "nova" lei mantém o sistema instituído a partir de 2009 e promove alterações secundárias destinadas a facilitar a regularização. Não houve imposição pela Lei nº 13.465/2017 de um modo de atuar ao Estado que produzisse resultados favoráveis para uma gestão transparente dos bens públicos;

c) Desrespeito federativo: a Lei nº 13.465/2017 viola o modelo constitucional de política urbana, que atribui aos municípios a competência para legislar, entre outros aspectos, sobre assuntos de interesse local (art. 30, I), sobre o adequado ordenamento territorial (art. 30, VIII), a competência executiva em matéria urbanística e normativa atribuída ao plano diretor (art. 182), além de extrapolar a competência da União para editar normas gerais;

d) Desrespeito ao interesse público: a regularização dos assentamentos informais deve ter finalidade social, de forma a consolidar o direito à moradia, que é social e merece ser tratado no campo das garantias constitucionais. A privatização da cidade por meio da distribuição de títulos de propriedade caminha no sentido oposto aos objetivos fundamentais da República, relacionados à construção de uma sociedade livre, justa e solidária ao desenvolvimento nacional, à erradicação da pobreza e à redução das desigualdades sociais e regionais.

Referências

ALLO LOMBARTE, Artemi, "Buena administración", in *El Derecho Fundamental a una Buena Administración*, Madrid, INAP, 2004.

10. O IMPACTO DA GOVERNANÇA NA REGULARIZAÇÃO FUNDIÁRIA URBANA

ANDRADE, José Carlos Vieira de, *O Dever de Fundamentação Expressa de Actos Administrativos*, Coimbra, Almedina, 2007.

BANCO MUNDIAL, *Governance and Development*, Washington, World Bank, 1992.

BANDEIRA, Pedro S., "Participação, Articulação de Atores Sociais e Desenvolvimento Regional", in *Desenvolvimento Local-Regional* – Determinantes e Desafios Contemporâneos, Santa Cruz: Edunisc, 2000, vol. 1.

BARRET, Pat. *Better Practice Public Sector Governance. Australian National Audit Office (ANAO)*, 2003. Disponível em: <http://www.anao.gov.au/uploads/documents/>. Acesso em: 14 mar. 2016.

BENTO, Leonardo Valle, *Governança e Governabilidade na Reforma do Estado*: entre a Eficiência e a Democratização, Barueri, Manole, 2003.

BEVIR, Mark, *Democratic Governance*, New Jersey, Princeton, 2010.

BOONMI, T., "Good Governance: a Strategy to Restore Thailand", in *Reforming Thai Politics*, Copenhagen, NIAS Publishing, 2002.

BRASIL, *Plano Diretor da Reforma do Aparelho do Estado*, Brasília, MARE, 1995.

BRESSER PEREIRA, Luiz Carlos, *Reforma do Estado para a Cidadania*: a Reforma Gerencial Brasileira na Perspectiva Internacional, São Paulo, Ed. 34; Brasília, ENAP, 1998.

BUCCI, Maria Paula Dallari, *Direito Administrativo e Políticas Públicas*, São Paulo, Saraiva, 2002.

COMISSÃO sobre Governança Global, *Nossa Comunidade Global*, Rio de Janeiro, Fundação Getulio Vargas, 1996.

CANOTILHO, José Joaquim Gomes, *Brancosos e Interconstitucionalidades*: Itinerário dos Discursos sobre a Historicidade Constitucional, Coimbra, Almedina, 2006.

CASSESE, Sabino, "Il diritto alla buona amministrazione", *European Review of Public Law*, vol. 21, nº 3 (2009), pp. 1037 y ss.

CHEVALIER, J., *Science Administrative*, Paris, 2002.

COMISSÃO sobre Governança Global, *Nossa Comunidade Global*, Rio de Janeiro, Fundação Getulio Vargas, 1996.

CZEMPIEL, Ernst-Otto, "Governança e Democratização", in *Governança sem Governo*: Ordem e Transformação na Política Mundial, Tradução de Sergio Bath, São Paulo, Imprensa Oficial do Estado, 2000.

DOBIJA, Dorota. *Emergence of Corporate Contract Set, Governance and Accountability: Standing Orders of the East India Company*, 2008, pp. 1600-1621. Disponível em: <http://papers.ssrn.com/sol3/papers.cfm?abstract_id=1159928>. Acesso em: 19 mar. 2011.

DRUCKER, Peter, *Sociedade Pós-Capitalista*, São Paulo, Pioneira Editora, 1994.

FILKELSTEIN, Lawrence S. What is Global Governance? *Global Governance*, nº 1 (1995), pp. 367-372.

NOVOS PARADIGMAS DA REGULARIZAÇÃO FUNDIÁRIA URBANA

FREITAS, Juarez, *Discricionariedade Administrativa e o Direito Fundamental à Boa Administração Pública*, São Paulo, Malheiros, 2009.

FUNDO MONETÁRIO INTERNACIONAL. *The IMF's Approach to Promoting Good Governance and Combating Corruption – A Guide*. International Monetary Fund. Disponível em: <www.imf.org>. Acesso em: 2012.

GALLO, Gabriela Neves. *Políticas Públicas e Regularização Fundiária*. Disponível em: <https://www.unaerp.br/documentos/1089-politicas-publicas-e-regularizacao-fundiaria/file>. Acesso em: 17 abr. 2019.

GIUFFRIDA, Armando, *Il "Diritto" ad una Buona Amministrazione Pubblica e Profili Sulla sua Giustiziabili*, Torino, G. Giappichelli Editore, 2012.

HACHEM, D. W., *Tutela Administrativa Efetiva dos Direitos Fundamentais Sociais*, Tese de Doutorado, Universidade Federal do Paraná, Curitiba, 2014, 614 p.

HEIDEMANN, F. G. e KISSLER, L., "Governança Púbica: Novo Modelo Regulatório para as Relações entre Estado, Mercado e Sociedade", *Revista de Administração Pública*, Rio de Janeiro, 40 (2006), p. 483.

HOOD, Christopher, "Public Management for All Seasons?". *Public Administration*, Londres, vol. 69, n° 01 (1991), pp. 3-19.

INSTITUTO BRASILEIRO DE GOVERNANÇA CORPORATIVA. *Código das Melhores Práticas de Governança Corporativa*. Disponível em: <http://www.ibgc.org.br>.

–. *Governança Corporativa*. Disponível em: <http://www.ibgc.org.br>.

INSTITUTO SOMA. *Regularização fundiária*. Disponível em: <http//: institutosoma.org.br>. Acesso em: 18 abr. 2017.

JESSOP, Bob, *The Governance of Complexity and the Complexity of Governance*: Preliminary Remarks on Some Problems and Limits of Economic Guidance, Lancaster, Department of Sociology, Lancaster University, 1999. Disponível em: <http://www.comp.lancs.ac.uk/sociology/papers/Jessop-Governance-of-Complexity.pdf>. Acesso em: mar. 2016.

KAUFMANN, Daniel e KRAAY, Aart Kraay, *Governance Indicators*: Where are We, Where Should We Be Going?, The World Bank, 2008.

KAZANCIGIL, Ali, "A Regulação Social e a Governança Democrática da Mundialização", in *Democracia e Governança Mundial* – que Regulações para o Século XXI, Porto Alegre. Ed. Universidade/UFRGS/Unesco.

KRAHMANN, Elke, National, "Regional and Global Governance: One Phenome non or Many?", *Global Governance*, vol. 9, 2003, pp. 323-346.

KISSLER, Leo e HEIDEMANN, Francisco G., "Governança Pública: Novo Modelo Regulatório para as Relações entre Estado, Mercado e Sociedade?", *Revista da Administração Pública*, vol. 40, n° 3 (2006), p. 482.

LANE, J.-E., *New Public Management*, Londres, Routledge, 2000.

LEE, Yuan-Tseh, "Challenges Facing Human Society in the 21st Century", in *Facing an Unequal World*: Challenges for a Global Sociology, Taiwan, Institute of Sociology, Academia Sinica, 2010, vol. 1, pp. 28-34. Disponível em:

10. O IMPACTO DA GOVERNANÇA NA REGULARIZAÇÃO FUNDIÁRIA URBANA

<http://www.ios.sinica.edu.tw/cna/download/proceedings/02.Lee.Opening.pdf>. Acesso em: 15 mar. 2016.

LOPES, José Reinaldo de Lima, "Direito Subjetivo e Direitos Sociais: o Dilema do Judiciário no Estado Social de Direito", in *Direitos Humanos, Direitos Sociais e Justiça*, São Paulo, Malheiros, 1999.

MALLÉN, Beatriz Tomás, *El Derecho Fundamental a una Buena Administración*, Madrid, Instituto Nacional de Administración Pública, 2004.

MARICATO, E., "As ideias fora do lugar e o lugar fora das ideias", in *A Cidade do Pensamento Único*: Desmanchando Consensos, Petrópolis, Vozes, 2002.

MARKOFF, John, "Globalization and the Future of Democracy", *Journal of World--Systems Research*, vol. 5, nº 2 (1999). Disponível em: <http://jwsr.ucr.edu/ archive/ vol5/number2/v5n2_split/jwsr_v5n2_markoff.pdf>. Acesso em: 15 mar. 2016.

MATIAS-PEREIRA, J., *Governança no Setor Público*, São Paulo, Atlas, 2010.

MELLO, Gilmar Ribeiro de, *Governança Corporativa no Setor Público Brasileiro*, 2006, 119 f., Dissertação (Mestrado em Ciências Contábeis) – Faculdade de Economia, Administração e Contabilidade, Universidade de São Paulo, São Paulo, 2006.

MOREIRA NETO, Diogo de Figueiredo, *Legitimidade e Discricionariedade*: Novas Reflexões sobre os Limites e Controle da Discricionariedade, Rio de Janeiro, Forense, 1998.

ORGANISATION FOR ECONOMIC CO-OPERATION AND DEVELOPMENT (OECD), *Initiative on Capitalizing on Endogenous Capacities for Conflict Prevention and Governance. Compilation of Working Documents Presented at the Initiative's Launching Workshop*, OECD, 2005, vol. 2.

PATEMAN, Carole, *Participação e Teoria Democrática*, Rio de Janeiro, Paz e Terra, 1992.

PETERS, B. G. e PIERRE, J. "Governance without Government? Rethinking Public Administration", *Journal of Public Administration Research and Theory: J-Part*, vol. 8, nº 2 (1998), pp. 223-243.

THORELLI, H., "Networks: Between Markets and Hierarchies", *Strategic Management Journal*, vol. 7, nº 1 (1986), pp. 37-51.

PIERRE, Jon e PETERS, B. Guy, *Governance, Politics and the State*, New York, St. Martin's Press Inc., 2000.

PIZZOLATTI, Rômulo, *O Controle Judicial do Mérito da Atividade Administrativa*, Tese (Doutorado em Direito) – Universidade Federal de Santa Catarina, Florianópolis, 2001.

PRATS, Joan, "Derecho y Management en las Administraciones Públicas", *Ekonomiaz: Revista Vasca de Economía*, nº 26 (1993), pp. 130-143.

PROCOPIUCK, M. e FREY, K., "Redes de Políticas Públicas e de Governança e sua Análise a partir da *Websphere Analysis*", *Revista de Sociologia e Política*, Curitiba, vol. 17, nº 34 (2009), pp. 63-83.

NOVOS PARADIGMAS DA REGULARIZAÇÃO FUNDIÁRIA URBANA

RAQUEL, Izabela, *Governança Pública: A Consolidação de uma Matriz com Atributos que Caracterizam o Tema, na Perspectiva dos Especialistas*, 2012, 175f., Dissertação (Mestrado em Administração) – Centro Socioeconômico, Universidade Federal de Santa Catarina, Florianópolis, 2012.

REGO, G., *Gestão Empresarial dos Serviços Públicos* – Uma Aplicação ao Sector da Saúde, Porto, Vida Económica, 2008.

RHODES, R. A. W., "The New Governance: Governing without Government", *Political Studies*, University of Newcastle-upon-Tyne, nº XLIV, 1996.

RODRÍGUEZ-ARANA, Jaime. *El Derecho Fundamental a la Buena Administración en el Marco de la Lucha contra la Corrupción*, p. 19. Disponível em: <http://derecho.posgrado.unam.mx/congresos/ConIbeConMexDA/ponyprog/JaimeRodriguezArana.pdf>. Acesso em: 3 abr. 2015.

–, "La Buena Administración como Principio y como Derecho Fundamental en Europa", *Misión Jurídica* – *Revista de Derecho y Ciencias Sociales*, Bogotá, nº 6 (2013), pp. 23-56.

ROLNIK, R. *A construção de uma política fundiária e planejamento urbano para o país – avanços e desafios*. 2006. Disponível em: http://desafios2.ipea.gov.br/agencia/images/stories/PDFs/politicas_sociais/ensaio1_raquel12.pdf. Acesso em: 1º jul. 2012.

RONCONI, Luciana Francisco de Abreu, *A Secretaria Nacional de Economia Solidária: uma Experiência de Governança Pública*, Tese (Doutorado em Sociologia Política) – Universidade Federal de Santa Catarina, Florianópolis, 2008, 279f.

RONCONI, L. F. A., DEBETIR, E. e DE MATTIA, C., "Conselhos Gestores de Políticas Públicas – Potenciais Espaços para a Coprodução dos Serviços Públicos", *Contabilidade, Gestão e Governança*, Brasília, vol. 14, nº 3 (2011), pp. 46-59.

SANTANA, Jair Eduardo, *Democracia e Cidadania*: O Referendo como Instrumento de Participação Política, Belo Horizonte, Del Rey, 1995.

SECCHI, Leonardo, "Modelos Organizacionais e Reformas da Administração Pública", *Revista de Administração Pública*, Rio de Janeiro, vol. 43, nº 2 (2009), pp. 347-369.

SILVA, José Afonso da, *Poder Constituinte e Poder Popular*: Estudos sobre Constituição. São Paulo, Malheiros, 2002.

TOCQUEVILLE, Alexis de, *A Democracia na América*, São Paulo, Martins Fontes, 2005, vol. I.

TRINDADE, Luana Zanetti e BIALOSKORSKI NETO, Sigismundo. Uma Análise da Separação entre a Propriedade e a Gestão nas Cooperativas de Crédito Brasileiras. Disponível em: <http://www.brasilcooperativo.coop.br/downloads/Gecom/ebpc/II_EBCP_Luana_Zanetti_Trindade_e_Sigismundo_Bialoskorski_Neto.pdf>. Acesso em: 5 out. 2015.

UNITED NATIONS DEVELOPMENT PROGRAMME, *Reconceptualizing Governance*, New York, United Nations Development Programme, 1997.

–. *Governance for Sustainable Human Development*, 2005. Disponível em: <http://www.undp.org.in/hdrc/shdr/shdr/SHDR/sk-6.pdf>.

VALLE, Vanice Regina Lírio do, *Direito Fundamental à Boa Administração e Governança*, Belo Horizonte, Fórum, 2011.

VAN KERSBERGEN, Kees e VAN WAARDEN, Frans, "'Governance' as a bridge between disciplines: Cross-disciplinary inspiration regarding shifts in governance and problems of governability, accountability and legitimacy", *European Journal of Political Research*, 43, 2004, pp. 143-171.

VILLAS BÔAS FILHO, Orlando, *As Transformações da Regulação Jurídica na Sociedade Contemporânea: a Governança como Paradigma* (resenha do livro *La Gouvernance. um Outil de Participation*, de André-Jean Arnaud. São Paulo: Revista Direito GV, 2016).

WEINGARTNER NETO, Jayme, "Ministério Público, Boa Governança e Gestão Estratégica", *Revista do Ministério Público*, 137, jan.-mar. 2014, pp. 106-107.

WORLD BANK, *Governance and Development*, Washington, Oxford University Press, 1992.

–. *Strengthening World Bank Group Engagement on Governance and Anticorruption*, 2007, p. 67. Disponível em: <http://siteresources.worldbank.org/EXTPUBLICSECTORANDGOVERNANCE/Resources/GACStrategyPaper.pdf>. Acesso em: 22 fev. 2012.

–. *Thailand Data at a Glance*, 2005. Disponível em: <http://devdata.worldbank.org/AAG/tha_aag.pdf>.

11. Regularização Fundiária: Questões de Direito Urbanístico e o Papel do *Amicus Curiae*

LILIAN REGINA GABRIEL MOREIRA PIRES
MARIA DE FATIMA MONTE MALTEZ

Introdução

Inconteste que a industrialização e o crescimento desordenado das cidades resultaram em exclusão e segregação. Portanto, o direito à cidade nos impõe a necessidade de reorganizar o espaço urbano, eis que a cidade e sua forma e morfologia resultam de diversos agentes e fatores combinados no espaço e no tempo: o Estado, a dinâmica social e a econômica.

O crescimento desordenado das cidades brasileiras nas últimas décadas, aliado à política de urbanização que não leva em consideração a população de baixa renda, resulta na existência dicotômica da cidade formal e da cidade real/ilegal, com a proliferação de assentamentos informais e a urbanização espontânea sem qualquer intervenção do Estado.

Tais processos espontâneos são resultado do desrespeito à lei civil vigente por empreendedores privados, quando instalam os loteamentos, ou dos assentamentos que acontecem espontaneamente, sem qualquer intervenção pública, e que ocorrem em áreas não utilizadas tanto pelo Poder Público quanto pelo proprietário privado. Normalmente são áreas localizadas em regiões sem interesse do capital imobiliário ou em locais de preservação ambiental, alagadiços, de risco. A consequência lógica das referidas ocupações é o surgimento de localidades desprovidas de

NOVOS PARADIGMAS DA REGULARIZAÇÃO FUNDIÁRIA URBANA

urbanização[1] e com qualidade de habitação inexistente, totalmente afastadas do conceito de moradia digna.

Não por outra razão, a regularização fundiária está diretamente ligada ao conceito de dignidade da pessoa humana e ao exercício da cidadania e, quando executada para atender ao conceito de moradia digna, resulta em melhoria da qualidade de vida do cidadão e fundamento para o desenvolvimento sustentável. Inconteste que a industrialização e o crescimento das cidades resultaram em exclusão e segregação. Consequentemente, o direito à cidade impõe medidas para reorganizar o espaço urbano.

A formação de núcleos informais de moradia, além de submeter seus ocupantes a condições indignas de habitação, acaba por trazer, na maioria das vezes, reflexos negativos ao meio ambiente e à coletividade ao redor, revelando a necessidade de todos os agentes se empenharem no sentido de promover a melhoria da qualidade de vida e a dignidade da pessoa.

Importante rememorar que a Política Urbana foi instituída na Constituição Federal de 1988, em seus arts. 182 e seguintes, gizando que compete ao município executar a política de desenvolvimento urbano e ordenar o pleno desenvolvimento das funções sociais da cidade, garantindo o bem-estar de seus habitantes. O Estatuto da Cidade (Lei federal nº 10.257/2001) estabelece as diretrizes da política urbana e apresenta a regularização fundiária[2] como instrumento jurídico e político dessa política. A Lei federal nº 13.465/2017, conversão da controvertida Medida Provisória nº 759/2016, disciplina a regularização fundiária rural e urbana.

Considerando as peculiaridades da matéria urbanística, as discussões sobre o tema serão comumente especializadas e reclamam a colaboração de profissionais com *expertise* sobre o assunto. Por essa razão, importante saber de que forma é admitida a participação de terceiro, *amicus curiae*, no nosso sistema processual, à luz da Lei nº 9.868/1999 e da Lei nº 13.105/2015.

---

[1] Região urbanizada é aquela que tem acesso aos serviços de mobilidade urbana, saúde, educação, saneamento básico etc.

[2] "Art. 4º (...) IV – (...): q) regularização fundiária; r) assistência técnica e jurídica gratuita para as comunidades e grupos sociais menos favorecidos; (...) t) demarcação urbanística para fins de regularização fundiária; u) legitimação de posse.

§ 1º Os instrumentos mencionados neste artigo regem-se pela legislação que lhes é própria, observado o disposto nesta Lei".

11. REGULARIZAÇÃO FUNDIÁRIA: QUESTÕES DE DIREITO URBANÍSTICO E O PAPEL...

A colaboração desse terceiro, a partir de sua *expertise* e representatividade, pode contribuir para que o julgador profira decisões mais justas, porque lastreadas em elementos úteis a ele transmitidos como forma de melhor compreender a controvérsia e suas implicações, diante dos diversos interesses envolvidos. Para tanto, é bem-vinda a colaboração de especialistas das mais diversas áreas do conhecimento, conforme seja o objeto da controvérsia e desde que demonstrada a utilidade de suas informações.

Visando compreender o papel do *amicus curiae* e o modo como se dá sua participação no processo (situações autorizadoras, legitimidade para intervir, momento da intervenção e atuação), busca-se nesta breve abordagem destacar a especial relevância de sua colaboração no campo do Direito Urbanístico, como nas questões relativas à regularização fundiária urbana, em face da Constituição Federal e da Lei nº 13.465/2017, diante da complexidade das situações e especificidade do tema.

1. O *Amicus Curiae*
1.1. O Amicus Curiae e o Art. 138 da Lei nº 13.105/2015
O Código de Processo Civil (Lei nº 13.105, de 16.3.2015) trouxe importantes inovações ao sistema processual brasileiro, entre elas a regulação da participação do *amicus curiae* como nova forma de intervenção de terceiros em processo pendente (art. 138[3]), embora a possibilidade de sua atuação já fosse admitida em nosso ordenamento jurídico[4].

---

[3] "Art. 138. O juiz ou o relator, considerando a relevância da matéria, a especificidade do tema objeto da demanda ou a repercussão social da controvérsia, poderá, por decisão irrecorrível, de ofício ou a requerimento das partes ou de quem pretenda manifestar-se, solicitar ou admitir a participação de pessoa natural ou jurídica, órgão ou entidade especializada, com representatividade adequada, no prazo de 15 (quinze) dias de sua intimação.
§ 1º A intervenção de que trata o *caput* não implica alteração de competência nem autoriza a interposição de recursos, ressalvadas a oposição de embargos de declaração e a hipótese do § 3º.
§ 2º Caberá ao juiz ou ao relator, na decisão que solicitar ou admitir a intervenção, definir os poderes do *amicus curiae*.
§ 3º O *amicus curiae* pode recorrer da decisão que julgar o incidente de resolução de demandas repetitivas".

[4] Exemplificando: (i) art. 31 da Lei nº 6.385/1976; (ii) art. 118 da Lei nº 12.250/1978; (iii) art. 7º da Lei nº 9.868/1999; e (iv) art. 6º da Lei nº 9.882/1999.

NOVOS PARADIGMAS DA REGULARIZAÇÃO FUNDIÁRIA URBANA

O juiz, ao aplicar o ordenamento jurídico, deverá atender "às exigências do bem comum, resguardando e promovendo a dignidade da pessoa humana e observando a proporcionalidade, a razoabilidade, a legalidade, a publicidade e a eficiência", conforme expresso no art. 8º do Código de Processo Civil de 2015.

Trata-se de dever do juiz para cujo cumprimento pode contribuir o *amicus curiae* ("amigo da corte"), na medida em que, conhecendo com profundidade a questão posta em juízo, tem como lhe fornecer subsídios facilitadores da compreensão da controvérsia e, assim, contribuir para a sua convicção. A esse terceiro cabe prestar informações e trazer elementos técnicos sobre a matéria discutida (questões de fato e/ou de direito que contribuam para a convicção do julgador) em prol de uma solução mais adequada, considerados os interesses sociais e do Estado, ou seja, interesses que extrapolam os limites subjetivos.

Segundo Cássio Scarpinella Bueno[5], a admissão pelo Código de Processo Civil da "força criativa da interpretação" (art. 8º) justifica a intervenção do *amicus curiae*, permitindo "maior controle da qualidade e da valoração dos fatos e das normas jurídicas a serem aplicadas", de modo a legitimar e democratizar as decisões judiciais. Trata-se "de evidente concretização da *vertente democrática* que alicerça nosso Estado Constitucional (art. 1º, *caput*, da CF)"[6].

A intervenção e a função do *amicus curiae* como sujeito relevante na formação do contraditório em processos que transcendam a esfera subjetiva são admitidas sempre que houver interesse institucional[7] em que o terceiro integre o debate da questão posta em juízo. Esse terceiro inter-

---

[5] BUENO, Cássio Scarpinella. *Manual de direito processual civil: inteiramente estruturado à luz do novo CPC – Lei nº 13.105, de 16.3.2015*, São Paulo: Saraiva, 2015, p. 160.

[6] MARINONI, Luiz Guilherme; ARENHART, Sérgio Cruz; MITIDIERO, Daniel. *Curso de direito processual civil. Tutela dos direitos mediante procedimento comum.* 2ª ed. São Paulo: Revista dos Tribunais, 2016, vol. 2, p. 105.

[7] Para Cássio Scarpinella Bueno, o *interesse institucional* "deve ser compreendido de forma ampla, a qualificar quem pretende ostentar o *status* de *amicus curiae* em perspectiva metaindividual, apta a realizar interesses que não lhe são próprios nem exclusivos como pessoa ou entidade. São, por definição, interesses que pertencem a grupo (determinado ou indeterminado) de pessoas que, por isso mesmo, precisam ser considerados no proferimento de específicas decisões; o *amicus curiae*, é esta a verdade, *representa-os* em juízo como *adequado portador* deles que é" (Ob. cit., p. 161).

vém no processo não para defesa de interesse seu (por isso chamado de terceiro atípico), mas de um interesse maior, embora difícil seja assegurar sua total neutralidade. Discute-se sobre a exigência de imparcialidade do *amicus curiae*, alguns entendendo que a ele se aplicam as regras de suspeição e impedimento do juiz (arts. 144 a 145 do CPC), outros concluindo no sentido de que se exige, sim, a *ausência* de interesse jurídico, pois seu papel está voltado à defesa de um posicionamento, mas, com relação a este, não há como ser imparcial.

Daniel Amorim Assumpção Neves[8] esclarece que a figura do *amicus curiae* tem origem no direito romano, desenvolvendo-se no direito norte-americano como colaborador da Corte, desinteressado. Neste ponto, porém, salienta que demandar total desinteresse "seria o suficiente para aniquilar completamente essa forma de participação na ação direta de inconstitucionalidade". Ou seja, necessário reconhecer que, atuando esse terceiro como sujeito que contribui para a qualidade da decisão a partir de seus conhecimentos sobre a matéria, "ao menos o interesse para a solução da demanda no sentido de sua manifestação sempre existirá", daí serem incomuns manifestações totalmente neutras.

Destacando a ampliação da possibilidade de participação do *amicus curiae* com o advento do CPC/2015, admitida em processo que revele a presença dos pressupostos objetivos, alternativos, de *relevância da matéria, especificidade do tema* ou *repercussão social da controvérsia* (art. 138, *caput*), Carlos Augusto de Assis[9] ressalta que o sistema processual, ao privilegiar o contraditório e a cooperação, afora adotar mecanismos de fixação de tese, acabou por atribuir ao *amicus curiae* papel relevante. É o que se verifica, de fato e por exemplo, com relação à revisão do precedente, diante dos reflexos que dela podem decorrer (ora bons, ora prejudiciais para o jurisdicionado), impondo atenção ao modo como se dará a alteração e às consequências que pode sofrer o jurisdicionado que se orientou a partir do posicionamento anterior, consolidado e vinculante. Dessa forma, o art. 927, § 2º, do CPC admite que essa revisão seja "precedida de audiências públicas e da participação de pessoas, órgãos ou

---

[8] Neves, Daniel Amorim Assumpção. *Manual de direito processual civil*. 10ª ed. Salvador: JusPodivm, 2018, p. 372.

[9] Assis, Carlos Augusto de et al. *Teoria geral do processo contemporâneo*. 4ª ed. São Paulo: Atlas, 2019, p. 397.

NOVOS PARADIGMAS DA REGULARIZAÇÃO FUNDIÁRIA URBANA

entidades com representatividade adequada que possam contribuir para a rediscussão da tese", ou seja, o *amicus curiae*.

Em suma, evidenciando-se a relevância da matéria, a especificidade do tema ou a repercussão social da controvérsia, poderá o *amicus curiae*, presentes os pressupostos subjetivos, ingressar no processo para, com sua *expertise*, colaborar com a Corte, a fim de que se dê à controvérsia solução mais adequada.

Para melhor entender como e em que condições se dá a intervenção desse terceiro e qual seu papel no processo, importa conhecer essa figura conforme as normas processuais.

Sobre a legitimidade para atuar como *amicus curiae*, o art. 138, *caput*, do CPC admite a atuação da *pessoa natural* como *amicus curiae*, podendo enquadrar-se nessa condição cientistas, professores e outros profissionais que atuem no estudo ou defesa da matéria objeto da controvérsia, com notável saber e reconhecida idoneidade, de modo a poder contribuir positivamente com o julgador. Não se mostra razoável que, comprovadas tais condições, se impeça a intervenção, considerando a importância de ampliação do debate, diante de sua contribuição específica.

Admite, também, a intervenção de *pessoa jurídica, órgão ou entidade especializada* quando houver "pertinência temática entre o interesse institucional da pessoa jurídica e a causa de pedir presente no processo, sem, todavia, revelar direito propriamente seu, direto ou indireto", como diz Arruda Alvim[10], tais como sindicatos, institutos (públicos e privados), órgãos de classe, defensorias públicas e outros.

Não basta que o *amicus curiae* se enquadre como sujeito potencialmente apto a atuar como colaborador da Corte, é preciso que tenha representatividade adequada (art. 7º, § 2º, da Lei nº 9.868/1999 e art. 138, § 2º, do CPC), isto é, condição de, como terceiro, contribuir efetivamente para o bom resultado do julgamento[11]. O *amicus curiae* deve trazer

---

[10] ALVIM, Arruda. *Novo contencioso cível no CPC/2015*. São Paulo: Revista dos Tribunais, 2016, p. 115.

[11] Segundo Arruda Alvim: "É preciso destacar, nesse particular, que se houver *interesse jurídico* próprio do terceiro, seja em razão da influência da lide sobre a relação mantida por ele e a parte contrária à tese que pretende defender, seja porque o resultado da demanda o atingirá no plano empírico, impossível será o deferimento da intervenção como *amicus curiae*, já que haverá interesse dele próprio (direto ou indireto) na solução do conflito, afastado por

11. REGULARIZAÇÃO FUNDIÁRIA: QUESTÕES DE DIREITO URBANÍSTICO E O PAPEL...

subsídios fáticos ou jurídicos que se mostrem relevantes para dirimir a questão posta em juízo[12].

A representatividade exigida para a admissão do *amicus curiae* certamente evita o ingresso de elevado número de terceiros e, caso haja pedidos de intervenção com representatividade similar que venham a prejudicar a celeridade do processo, deve-se admitir o ingresso daquele que demonstrar ter poder de representação mais abrangente.

Essa contribuição, atrelada à presença de um interesse institucional, se dará por meio de informações, esclarecimentos e pareceres ofertados no processo e que se mostrem úteis para auxiliar na convicção do julgador, permitindo que se chegue à melhor solução da controvérsia. Tal participação pode "se relacionar tanto à instrução probatória, quanto ao próprio embasamento jurídico de que se valerá o magistrado para julgar a causa"[13].

O modo de intervenção do *amicus curiae* no processo pode ser *provocado*, quando houver solicitação do juiz ou relator (de ofício) ou quando requerida por uma das partes, e, ainda, *voluntário*, quando a iniciativa da intervenção for do próprio terceiro, efetivando-se sua admissão por meio de decisão interlocutória irrecorrível, sem que a intervenção do terceiro resulte em alteração de competência (art. 138, *caput* e § 1º, do CPC)[14].

---

completo da defesa de seus *fins institucionais*. É dizer: em tais circunstâncias o terceiro terá interesse próprio em que autor ou réu saiam vitoriosos, ocupando plano coadjuvante da tese, em si, que também pretende seja adotada (Ob. cit., p. 118-119).

[12] Sobre esse pré-requisito, o STF já se posicionou como inexistente em pessoa natural e jurídica de direito privado: "(...) o Supremo Tribunal Federal, quer em sede de controle normativo abstrato (ADI 3.615-ED/PB, Rel. Min. Cármen Lúcia – ADI 5.022-MC/RO, Rel. Min. Celso de Mello, *v.g.*), quer no âmbito de fiscalização incidental de constitucionalidade instaurada em sede de recurso extraordinário com repercussão geral reconhecida (RE 566.349/MG, Rel. Min. Cármen Lúcia – RE 590.415/SC, Rel. Min. Joaquim Barbosa – RE 591.797/SP, Rel. Min. Dias Toffoli, *v.g.*), não tem admitido pessoa física ou natural na condição de 'amicus curiae', tanto quanto tem igualmente recusado o ingresso, nessa mesma condição, de pessoa jurídica de direito privado que não satisfaça o requisito da representatividade adequada" (STF, RE 659.424/RS, Rel. Min. Celso de Mello, j. 09.12.2013).

[13] ALVIM, Arruda. Ob. cit., p. 115.

[14] O STF, ao indeferir o pedido de intervenção, afirmou que "compete ao relator admitir ou não pedido de manifestação de terceiros, na qualidade de *amici curiae*, nas ações de controle concentrado de constitucionalidade, tendo como norte a relevância da matéria e a

Recorrível é apenas a decisão que indefere a intervenção, cuja decisão deve conter os fundamentos que demonstrem não estarem presentes os requisitos para tanto. Caberá *agravo de instrumento* no caso de indeferimento pelo juízo de primeiro grau e *agravo interno* se a decisão de inadmissibilidade for do relator (arts. 1.015 e 1.021 do CPC).

Quanto ao momento da intervenção (não definido na norma processual), pode ocorrer em todas as esferas desde que a questão não tenha sido resolvida por decisão transitada em julgado e desde que sua atuação se mostre útil, pois receberá o processo no estado em que se encontra. Assim, o "amigo da corte" pode intervir: (i) enquanto não proferida a sentença; (ii) em havendo apelação, antes do encaminhamento do recurso à mesa para julgamento; e (iii) proferido o acórdão, se interposto recurso especial e/ou recurso extraordinário, antes de colocados em pauta para julgamento nos tribunais superiores, conclusão a que se chega, pois, "sendo o *amicus curiae*, efetivamente, aquele que busca influenciar a formação da decisão, sentido lógico não haveria admitir seu ingresso depois desse momento"[15].

Preocupou-se o legislador em atribuir ao órgão jurisdicional o dever de definir os poderes do *amicus curiae* (art. 138, § 2º, do CPC), o que significa estabelecer as possibilidades e os limites de sua atuação, de modo a evitar que se instaure discussão no processo sobre o que o terceiro pode ou não se manifestar[16].

O *amicus curiae* não se confunde com o perito judicial, que tem a atribuição de comprovar ou atestar fatos, enquanto aquele se manifesta sobre as questões fáticas ou jurídicas relevantes, interpretando-as segundo sua *expertise* na matéria.

Ressalta Arruda Alvim[17] que não se pode admitir que o *amicus curiae*, cuja manifestação deve estar atrelada a matéria de interesse social, venha a atuar em questões diversas, aproximando seus poderes aos das

representatividade adequada dos postulantes (artigo 7º, § 2º, da Lei Federal 9.868/1999 e artigo 138, *caput*, do Código de Processo Civil), bem como a conveniência para a instrução da causa e a duração razoável do processo (artigo 5º, LXXVIII, da Constituição Federal)" (STF, ADI 5.086/DF, Rel. Min. Luiz Fux, j. 28.02.2018).

[15] ALVIM, Arruda. Ob. cit., p. 123.

[16] BUENO, Cássio Scarpinella. Ob. cit., p. 163.

[17] ALVIM, Arruda. Ob. cit., p. 123.

11. REGULARIZAÇÃO FUNDIÁRIA: QUESTÕES DE DIREITO URBANÍSTICO E O PAPEL...

partes e "afastando-se do intuito do instituto, que é ampliar o contraditório no tocante às questões relevantes".

O legislador optou por não conferir ao *amicus curiae* poderes para recorrer (total ou parcialmente) da decisão que der solução à controvérsia em sentido contrário ao entendimento por ele defendido, autorizada apenas a interposição de embargos de declaração (art. 138, § 1º, do CPC), exceção feita com relação às decisões proferidas em *incidente de resolução de demandas repetitivas* (§ 3º). Tal vedação é criticada por alguns doutrinadores sob o argumento de que não atende ao interesse institucional que leva à intervenção desse terceiro no processo[18].

1.2. O Amicus Curiae e o Art. 7º, § 2º, da Lei nº 9.868/1999

O art. 102, I, *a*, da Constituição Federal de 1988 atribui competência originária ao Supremo Tribunal Federal para declarar a inconstitucionalidade da lei ou ato normativo federal ou estadual que venha a contrariar (formal ou materialmente) preceitos ou princípios constitucionais (competência essa também para a declaração de constitucionalidade de lei ou ato normativo federal). Com a Carta Magna de 1988, ampliou-se substancialmente o número de legitimados para propositura de ação direta de inconstitucionalidade e ação declaratória de constitucionalidade (art. 103[19]), de forma a tornar dominante o controle concentrado de constitucionalidade[20].

---

[18] Posicionando-se a respeito, Cássio Scarpinella Bueno dispõe que o "ideal seria permitir expressamente que o *amicus curiae* recorrente, não só com relação ao indeferimento de sua intervenção, mas também em prol do interesse ('o *interesse institucional*') que justifica a sua intervenção. Até porque, bem entendida a razão de ser da sua intervenção, pode ser que as informações por ele aportadas ao processo não tenham sido devidamente compreendidas pelo magistrado, a justificar a sucumbência autorizadora do recurso, a exemplo, aliás, do que se dá no chamado recurso de terceiro prejudicado (art. 996, parágrafo único)" (Ob. cit., p. 162).

[19] "Art. 103. (...) I – o Presidente da República; II – a Mesa do Senado Federal; III – a Mesa da Câmara dos Deputados; IV – a Mesa de Assembleia Legislativa ou da Câmara Legislativa do Distrito Federal; V – o Governador de Estado ou do Distrito Federal; VI – o Procurador-Geral da República; VII – o Conselho Federal da Ordem dos Advogados do Brasil; VIII – partido político com representação no Congresso Nacional; IX – confederação sindical ou entidade de classe de âmbito nacional".

[20] Para Gilmar Ferreira Mendes: "Ao ampliar de forma marcante, a legitimação para propositura da ação direta de inconstitucionalidade (CF, art. 103), a Constituição Federal de 1988

243

NOVOS PARADIGMAS DA REGULARIZAÇÃO FUNDIÁRIA URBANA

Georges Louis Humbert[21] ensina que num Estado Democrático de Direito a elaboração, a interpretação e a aplicação das normas jurídicas exigem observância "das disposições basilares predispostas na ordem suprema *constitucional*", pois nela se sustenta o Direito Positivo.

Para que se alcance esse objetivo, não resta dúvida ser positiva a ampliação de legitimados para propor ação direta de inconstitucionalidade, mas também se mostra relevante que os julgadores tenham condições de dar solução adequada às matérias levantadas como violadoras da Constituição Federal e, para isso, muito pode contribuir o *amicus curiae*.

No controle abstrato de constitucionalidade, a participação do *amicus curiae* se dá em *ação direta de inconstitucionalidade* por comissão ou omissão (art. 7º, § 2º, da Lei nº 9.868/1999), na *ação declaratória de constitucionalidade* e na *ação de descumprimento de preceito fundamental* (art. 6º da Lei nº 9.882/1999)[22].

O art. 7º da Lei nº 9.868/99, em seu *caput*, veda a intervenção de terceiros na ação direta de inconstitucionalidade. Porém, o § 2º da norma permite a participação do *amicus curiae* se o relator concluir ser relevante a matéria e tiver o postulante representatividade (órgãos ou entidades), "por despacho irrecorrível"[23].

---

reduziu o significado do controle de constitucionalidade incidental ou difuso, permitindo que, praticamente, todas as controvérsias constitucionais relevantes fossem submetidas ao Supremo Tribunal Federal mediante processo de controle abstrato de normas (...) Portanto, parece quase intuitivo que, ao ampliar, de forma significativa, o círculo de entes e órgãos legitimados a provocar o Supremo Tribunal Federal, no processo de controle abstrato de normas, acabou o constituinte por restringir, de maneira radical, a amplitude do controle difuso de constitucionalidade" (*Moreira Alves e o controle de constitucionalidade no Brasil*. São Paulo: Celso Bastos Editor, 2000, p. 15).

[21] HUMBERT, Georges Louis Hage. *Curso de Direito Urbanístico e das Cidades*. Rio de Janeiro: GZ Editora, 2017, p. 30-31.

[22] Tratando da existência de normas esparsas prevendo a figura do *amicus curiae*, inclusive a Lei nº 9.868/99, Eduardo Talamini afirma: "O art. 138 do CPC/2015 aplica-se a todas elas subsidiariamente" (*Amicus curiae no CPC/15*. 1º.03.2016. Disponível em: <https://www.migalhas.com.br/dePeso/16,MI234923,71043-Amicus+curiae+no+CPC15>. Acesso em: 10 mar. 2019).

[23] O art. 7º, § 2º, da Lei nº 9.868/99 refere-se a "despacho", o que serviu de fundamento para alguns julgados do Supremo Tribunal Federal, que afirmam tal irrecorribilidade (tanto para a decisão que admite a intervenção quanto para a que indefere) exatamente por se tratar o ato, segundo a norma, de mero "despacho". Muitos são, contudo, os julgados da

11. REGULARIZAÇÃO FUNDIÁRIA: QUESTÕES DE DIREITO URBANÍSTICO E O PAPEL...

Assim, restou positivada a participação do "amigo da corte" no processo de controle de constitucionalidade, de modo a permitir que o Supremo Tribunal Federal decida as causas dessa natureza "com pleno conhecimento de todas as suas implicações ou repercussões", além de conferir "caráter pluralista e democrático (CF de 1988, art. 1º, parágrafo único) ao processo objetivo de controle de constitucionalidade"[24].

Diversos são os julgados afirmando que, apesar da visão tradicional de processo objetivo, o controle concentrado e abstrato de constitucionalidade não deve se limitar apenas

> (...) ao mero cotejo de diplomas normativos, mas também deve considerar o cenário fático sobre o qual incide a norma objurgada, ampliando o acesso à jurisdicional constitucional a novos atores que, em alguma medida, sejam afetados em sua esfera jurídica.
>
> Com efeito, o *telos* precípuo da intervenção do "amicus curiae" consiste na pluralização do debate constitucional, com vistas a municiar a Suprema Corte dos elementos informativos possíveis e necessários ou mesmo trazer novos argumentos para o deslinde da controvérsia, superando, ou senão amainando, as críticas concernentes à suposta ausência de legitimidade democrática de suas decisões.
>
> No novo cenário de democratização da jurisdição constitucional, a habilitação de entidades representativas se legitima sempre que restar efetivamente demonstrado, *in concrecto*, o nexo de causalidade entre as finalidades institucionais da entidade postulante e o objeto da ação direta[25].

O importante papel do *amicus curiae* no processo de controle abstrato de constitucionalidade é lembrado por Carlos Augusto de Assis[26], que salienta a "necessidade de dar voz aos diversos setores da sociedade", especialmente porque nos processos objetivos não se identifica "propriamente uma parte passiva", de forma que a intervenção desse terceiro

---

Corte admitindo, como exceção, a interposição de *agravo interno* contra a decisão do relator que inadmite a intervenção do *amicus curiae*.

[24] MEIRELLES, Hely Lopes; WALD, Arnoldo; MENDES, Gilmar Ferreira. *Mandado de segurança e ações constitucionais*. 37ª ed. São Paulo: Malheiros, 2016, p. 479.

[25] STF, ADPF 449/DF, Rel. Min. Luiz Fux, j. 21.11.2017.

[26] ASSIS, Carlos Augusto de et al. Ob. cit., p. 396.

NOVOS PARADIGMAS DA REGULARIZAÇÃO FUNDIÁRIA URBANA

permitirá a instauração de "efetivo contraditório (expressão do pluralismo e democracia)".

Para Renato Gugliano Herani[27], esse terceiro é o "fio condutor da pluralidade e democratização do debate constitucional", o que legitima as decisões proferidas pelo Supremo Tribunal Federal, enquanto Tribunal Constitucional, como já afirmou a Corte[28].

No processo instaurado em ação direta de inconstitucionalidade questiona-se até quando o *amicus curiae* pode intervir, havendo entendimento no sentido de que "tal postulação há de se fazer dentro do lapso temporal fixado para apresentação das informações por parte das autoridades responsáveis pela edição do ato"[29], e outro concluindo que a intervenção pode ocorrer antes da liberação do processo para julgamento nos tribunais superiores, eis que o objetivo de sua intervenção é exatamente influenciar no julgamento[30].

Em agravo regimental, que teve como relator o Ministro Luiz Fux[31], assim restou decidido:

> *In caso*, a agravante postulou o ingresso no feito em momento posterior à liberação do processo para julgamento, o que caracteriza pedido extemporâneo, conforme jurisprudência sedimentada desta Corte. A admissão do *amicus curiae* nas ações de controle concentrado de constitucionalidade

---

[27] HERANI, Renato Gugliano. *A prova da inconstitucionalidade das leis na Justiça Constitucional brasileira*. Tese (Doutorado em Direito) – Pontifícia Universidade Católica de São Paulo, São Paulo, 2012, p 298. Disponível em: <https://sapientia.pucsp.br/bitstream/handle/6018/1/Renato%20Gugliano%20Herani.pdf>. Acesso em: 6 dez. 2018.

[28] Decidiu o STF: "A admissão de terceiro, na condição de *amicus curiae*, no processo objetivo de controle normativo abstrato, qualifica-se como fator de legitimação social às decisão do Supremo Tribunal Federal, enquanto Tribunal Constitucional, pois viabiliza, em obséquio ao postulado democrático, a abertura do processo de fiscalização concentrada de constitucionalidade, em ordem a permitir que nele se realize, sempre sob uma perspectiva eminentemente pluralística, a possibilidade de participação formal de entidades e de instituições que efetivamente representem os interesses gerais da coletividade ou que expressem os valores essenciais e relevantes de grupos, classe ou estratos sociais. Em suma: a regra inscrita no art. 7º, § 2º, da Lei nº 9.868 – que contém a base normativa legitimadora da intervenção processual do *amicus curiae* – tem por precípua finalidade a pluralizar o debate constitucional" (STF, ADI 2.130/SC, Rel. Min. Celso de Mello, j. 20.12.2000).

[29] MEIRELLES, Hely Lopes; WALD, Arnoldo; MENDES, Gilmar Ferreira. Ob. cit., p. 479.

[30] ALVIM, Arruda. Ob. cit., p. 115.

[31] STF, AgReg na ADPF 449/DF, Rel. Min. Luiz Fux, j. 18.05.2018.

11. REGULARIZAÇÃO FUNDIÁRIA: QUESTÕES DE DIREITO URBANÍSTICO E O PAPEL...

tem por escopo tão somente o fornecimento de subsídios para o aperfeiçoamento da prestação jurisdicional, não podendo implicar em prejuízo ao regular andamento do processo.

Esse é o entendimento adotado pelo Supremo Tribunal Federal num posicionamento majoritário, flexibilizado apenas excepcionalmente, ou seja, se houver justificativa relevante para a admissão tardia do *amicus curiae*.

Considerando os efeitos decorrentes de decisão que venha a decretar a inconstitucionalidade da lei, há que se considerar a conveniência da participação do *amicus curiae* nas audiências públicas, como forma de tornar efetiva e produtiva a participação popular a partir das informações e subsídios que esse *expert* pode fornecer, além de propiciar economia e celeridade processual. Nesse sentido, Renato Gugliano Herani[32], ao tratar da prova oral da inconstitucionalidade, salienta que sua manifestação pode se dar na audiência pública e na sustentação oral[33].

O doutrinador reflete se, tendo o *amicus curiae* atuado em ambos os atos, terá a manifestação por quem o representa caráter de testemunho técnico, isto é, com força probatória, concluindo que os critérios formais adotados pela lei (relevância da matéria e representatividade adequada) revelam tratar-se de "pessoas possíveis de atribuir *valor demonstrativo* e de *averiguação* às razões fáticas orais de quem por elas fala na jurisdição constitucional".

Quanto à possibilidade de o *amicus curiae* recorrer da decisão, o posicionamento do Supremo Tribunal Federal é no sentido de que esse terceiro não tem legitimidade recursal nos processos de controle de constitucionalidade[34], ressalvada a possibilidade de *agravo interno* para o caso de decisão que indefere o pedido de intervenção do terceiro.

---

[32] HERANI, Renato Gugliano. Ob. cit., p. 298.

[33] Muito se discutiu sobre a possibilidade de o *amicus curiae* sustentar oralmente, admitindo-se, "em casos específicos, que a decisão na ação direta de inconstitucionalidade seja subsidiada por novos argumentos e diferentes alternativas de legitimação da interpretação da Constituição Federal" (MEIRELLES, Hely Lopes; WALD, Arnoldo; MENDES, Gilmar Ferreira. Ob. cit., p. 480).

[34] "Agravo regimental no recurso extraordinário com agravo. Insurgência oposta pelo *amicus curiae* admitido nos autos. Inadmissibilidade. Posição processual que não lhe permite interpor recursos contra as decisões proferidas no respectivo processo. 1. É pacífica a juris-

NOVOS PARADIGMAS DA REGULARIZAÇÃO FUNDIÁRIA URBANA

De qualquer forma, parece-nos que os embargos declaratórios devem ser admitidos mesmo nos processos de controle concentrado e abstrato de constitucionalidade, pois tal recurso (que, via de regra, não tem caráter infringente) visa aprimorar o julgado ao permitir que contradições e equívocos sejam sanados e omissões sejam supridas. Assim, o art. 138, § 1º, do CPC confere a esse terceiro legitimidade para os embargos de declaração.

2. Conflitos Urbanísticos

Não são poucas as questões envolvendo a construção de uma cidade diante dos diversos interesses envolvidos, como o direito à moradia, ao trabalho, à mobilidade e ao lazer, que são tutelados pela Constituição Federal e por uma malha de normas voltadas às garantias fundamentais do cidadão, para o que comumente se mostra inevitável a interligação com outras áreas do conhecimento, além do Direito.

Muitas vezes a compatibilização dessas proteções não se mostra tarefa fácil, deparando-se nossos tribunais não só com o conflito entre normas ou controvérsias acerca de sua aplicação ou violação, mas também com a colisão de princípios e a necessidade de dar solução ao caso mediante observância da proporcionalidade e da razoabilidade.

Numerosos são os litígios concernentes às diretrizes adotadas pelo Estatuto das Cidades e Planos Diretores municipais, orientados pelas normas constitucionais de políticas urbana e ambiental.

O conflito fundiário, envolvendo área urbana ou de uso urbano (uso urbano em região rural), está intimamente ligado ao direito à cidade e à função social desse espaço, razão pela qual deve ser pronta e eficientemente enfrentado, analisando-se, dentre outras questões, a função da propriedade, o direito de posse e propriedade, o direito à moradia e as diretrizes do Plano Diretor da cidade.

No Brasil, mostra-se crescente a preocupação com o direito à moradia, promulgando-se ao longo dos anos normas voltadas à regularização do uso do solo, mediante a *concessão real de uso* (Decreto-lei nº 271/1967),

---

prudência desta Corte no sentido de que o *amicus curiae*, conquanto regularmente admitido nos autos, carece de legitimidade para interposição de recursos nas ações de controle concentrado de constitucionalidade" (STF, AgReg no RE 857.753/MG, Rel. Min. Dias Toffoli, j. 05.05.2017).

248

a *concessão de uso para fins de moradia* (Medida Provisória nº 2.220/2001) e a *legitimação da posse urbana* (Lei nº 11.977/2009).

A Lei nº 13.465/2017 (conversão da Medida Provisória nº 759/2016) dispõe sobre a regularização fundiária rural e urbana, além da liquidação de créditos concedidos aos assentados da reforma agrária, da regularização fundiária no âmbito da Amazônia Legal e da instituição de regras voltadas a aprimorar os procedimentos de alienação de imóveis da União (art. 1º).

A nova lei trouxe debates sobre sua correta aplicação, seus limites e retrocessos, inclusive questionando-se sua constitucionalidade perante o Supremo Tribunal Federal por meio de três *ações diretas de inconstitucionalidade*, propostas pela Procuradoria-Geral da República – PGR (ADI 5.771), pelo Partido dos Trabalhadores – PT (ADI 5.787) e pelo Instituto de Arquitetos do Brasil – IAB (ADI 5.883), das quais figura como relator o Ministro Luiz Fux.

Em tais medidas são apontadas, além de inconstitucionalidades formais, violações à Constituição Federal de natureza material, principalmente quanto (i) às políticas urbana e ambiental; (ii) à conservação e destinação do patrimônio público; (iii) ao direito de propriedade e sua função; (iv) ao modelo constitucional de delegação dos serviços notariais e de registro; e (v) à violação ao sistema de controle e fiscalização atribuído ao Poder Judiciário. Em muitos pontos são coincidentes as alegações das três autoras.

Pleitearam o ingresso nas ações propostas, na qualidade de *amicus curiae*, a Defensoria Pública do Estado de São Paulo (por meio do seu Núcleo de Habitação e Urbanismo e Núcleo de Segunda Instância), o Sindicato das Empresas de Compra, Venda, Locação e Administração de Imóveis Residenciais e Comerciais do Estado de São Paulo (Secov-SP) e a Associação das Empresas de Loteamento e Desenvolvimento Urbano no Estado de São Paulo (Aelo-SP). Na ação proposta pelo IAB intervieram, também, o Colégio Registral do Rio Grande do Sul e o Instituto de Registro Imobiliário do Brasil (IRIB), e, na ação da PGR, também a Comissão Pastoral da Terra (CPT).

3. O Papel do *Amicus Curiae*
3.1. Nas Ações Diretas de Inconstitucionalidade
Diante das noticiadas *ações diretas de inconstitucionalidade* da Lei nº 13.465/2017 e dos pleitos de intervenção de terceiros na quali-

NOVOS PARADIGMAS DA REGULARIZAÇÃO FUNDIÁRIA URBANA

dade de *amicus curiae*, interessa-nos, especialmente, o art. 7º da Lei nº 9.868/1999, que autorizou a participação do *amicus curiae* nos processos de controle concentrado de constitucionalidade.

Como visto, o *amicus curiae* não tem relação ou interesse direto próprio no deslinde da controvérsia, cabendo-lhe prestar informações úteis, com vistas a uma decisão/solução justa e adequada.

A participação do *amicus curiae* nas questões fundiárias tem se mostrado relevante nos debates em que se discute a inconstitucionalidade ou não da lei ou ato normativo, como se viu quando da intervenção da Defensoria Pública de São Paulo no processo em que foi questionada a constitucionalidade da Medida Provisória nº 2.220/2001, que dispôs sobre a Concessão de Uso Especial para Fins de Moradia (CUEM) como instrumento para regularização fundiária de imóveis públicos. O terceiro posicionou-se contra o entendimento de que à União estava vedado legislar sobre o uso de bens públicos de outros entes federativos. Considerada relevante a intervenção, realizou-se novo julgamento, concluindo o Órgão Especial do Tribunal de Justiça de São Paulo, por maioria, pela constitucionalidade da Medida Provisória, adotando a tese da Defensoria Pública: a referida concessão está prevista no art. 183 da Constituição Federal, de modo que a norma questionada limitou-se a regulamentar um instituto previsto na Constituição.

Dessa forma, evidencia-se a importância dos terceiros que intervieram nas três *ações diretas de inconstitucionalidade* contra a Lei nº 13.465/2017, propostas pelo PGR, pelo PT e pelo IAB.

Ao admitir a intervenção, na qualidade de *amicus curiae*, da Defensoria Pública do Estado de São Paulo, do Colégio Registral do Rio Grande do Sul e do Instituto de Registro Imobiliário proposta pelo IAB (ADI 5.883), o Ministro Luiz Fux concluiu quanto à representatividade:

> Com efeito, o *telos* precípuo da intervenção do *amicus curiae* consiste na pluralização do debate constitucional, com vistas a municiar a Suprema Corte dos elementos informativos necessários ou mesmo trazer novos argumentos para o deslinde da controvérsia. Assim, a habilitação de entidades representativas se legitima sempre que restar efetivamente demonstrado o nexo de pertinência entre as finalidades institucionais da entidade e o objeto da ação direta.

11. REGULARIZAÇÃO FUNDIÁRIA: QUESTÕES DE DIREITO URBANÍSTICO E O PAPEL...

In casu, verifica-se que há pertinência temática entre a regularização fundiária urbana – questão de fundo debatida nos autos – e o resguardo da legislação disciplinadora dos serviços registrais e defesa dos interesses de pessoas de baixa renda, que corresponde às atribuições institucionais dos postulantes, com a devida representatividade.

Os intervenientes trouxeram argumentos voltados a demonstrar terem como contribuir para o julgamento, consideradas suas atividades e finalidade institucionais, daí o reconhecimento pelo relator do presente "nexo de pertinência".

A Defensoria Pública do Estado de São Paulo defendeu sua intervenção alegando poder contribuir para o debate diante de sua experiência na área, inclusive por ter participado da discussão que envolveu a Medida Provisória nº 759/2016 (MP que deu origem à lei que tem questionada sua constitucionalidade), requerendo ao final que lhe fossem facultadas a apresentação de memoriais e a sustentação oral quando do julgamento.

O Instituto de Registro Imobiliário do Brasil[35] alegou que suas finalidades institucionais têm nexo de pertinência com o objeto da ação, tendo como principais objetivos "o estudo e a pesquisa de normas jurídicas referentes ao registro de imóveis" e o "assessoramento de autoridades públicas e órgãos governamentais no que diz respeito aos temas da especialidade registral imobiliária", razão pela qual participou da criação do Operador Nacional do Sistema de Registro Eletrônico (ONR), que constitui ente parestatal, compatível com a ordem constitucional.

O Colégio Registral do Rio Grande do Sul[36] justificou seu ingresso afirmando que, como entidade que reúne os Registradores Públicos, atua no "resguardo da legislação disciplinadora dos serviços registrais", representa "os interesses profissionais dos associados perante o Poder Público", além de assessorar os "Poderes do Estado no que tange aos assuntos afetos aos Registros Públicos".

Já o Sindicato das Empresas de Compra, Venda, Locação e Administração de Imóveis Residenciais e Comerciais do Estado de São Paulo e a Associação das Empresas de Loteamento e Desenvolvimento Urbano no

---

[35] STF, ADI 5.883/DF, Rel. Min. Luiz Fux, evento 62 do processo eletrônico.
[36] Ibidem, evento 38 do processo eletrônico.

NOVOS PARADIGMAS DA REGULARIZAÇÃO FUNDIÁRIA URBANA

Estado de São Paulo[37] afirmaram ter representatividade diante das atividades por elas desenvolvidas; a primeira, na representação e defesa dos interesses individuais e coletivos (extra e judicialmente), e a segunda, por representar expressivo número de empresas do setor imobiliário, além de auxiliar "na geração de novos bairros e cidades, garantindo moradias", ambas mantendo parceria com a Associação de Notários e Registradores, voltada ao estudo de "proposição de alterações de Normas de Serviços da Corregedoria-Geral da Justiça, no Capítulo das atividades notariais e registrais".

Por fim, a Comissão Pastoral[38] da Terra ressaltou que atua junto ao povo do campo, enfrentando situações ligadas à regularização fundiária, de modo que pode trazer "o olhar de quem realizou e realiza inúmeros projetos, que vão ao encontro de efetivar a Constituição Federal de 1988". Protestou a Comissão pela apresentação de memoriais, documentação, parecer de especialistas e sustentação oral, além de requerer a designação de audiência pública com a participação de "especialistas e autoridades na matéria em comento para discussão dos aspectos científicos e sociais pertinentes".

Analisando-se o teor da Lei nº 13.465/2017 (seus objetivos, abrangência, procedimentos e os relevantes reflexos sociais advindos de suas normas), diante dos argumentos trazidos pelas autoras das ações diretas de inconstitucionalidade, é possível compreender de que modo esses terceiros podem contribuir, considerados seus interesses institucionais e o conhecimento que têm da matéria objeto da controvérsia.

O "amigo da corte", detentor de conhecimento profundo das matérias que envolvem a Lei de Regularização Fundiária, pode, sim, trazer informações relevantes para a Corte, como: (i) pareceres jurídicos relacionados ao direito ambiental-urbanístico, ao direito de propriedade e outras matérias inseridas no campo do direito, inclusive relativas aos registros públicos; (ii) esclarecimentos ligados à biologia, que mensurem a potencialidade de dano que a ausência de estudo técnico-ambiental prévio ou mesmo de outros estudos pode causar; (iii) esclarecimentos no campo da engenharia e arquitetura, relevantes para avaliar condições a serem observadas para a regularização de moradias e

---

[37] Ibidem, evento 69 do processo eletrônico.
[38] STF, ADI 5.771/DF, Rel. Min. Luiz Fux, evento 21 do processo eletrônico.

252

11. REGULARIZAÇÃO FUNDIÁRIA: QUESTÕES DE DIREITO URBANÍSTICO E O PAPEL...

implantação de loteamentos, considerados os Planos Diretores das cidades, entre tantas outras contribuições.

3.2. Em Casos Concretos

Cynthia Thomé[39], ao tratar da função social da cidade, destaca que seu espaço não concentra apenas atividades de produção e comércio, mas "também é palco de relações sociais muitas vezes geradoras de conflitos urbanos", estando grande parte deles diretamente ligada à forma como se dão a ocupação, o uso e a formação do solo.

Dessa forma, nossos tribunais têm enfrentado discussões envolvendo situações concretas e de impacto social, diante do dever de proteção e preservação do meio ambiente, do desenvolvimento sustentável, do direito à moradia digna, do direito de construir, do direito de propriedade e sua função social, entre outras questões ligadas ao Direito Urbanístico.

Há que se considerar a possibilidade de, em caráter excepcional, admitir-se a participação do *amicus curiae* em processo subjetivo que envolva conflito urbanístico e/ou ambiental, diante de situação concreta que se mostre complexa e relevante a ponto de justificar a contribuição de um especialista para que se chegue a uma solução adequada, de modo a evitar desdobramentos sociais negativos.

Para os conflitos relacionados à regularização fundiária, a Lei nº 13.465/2017, ao tratar dos objetivos da Reurb, estimula, em seu art. 10, V e XII, a resolução extrajudicial de conflitos (soluções consensuais), autorizando a "participação dos interessados nas etapas do processo de regularização fundiária". Ainda, ao dispor sobre a demarcação urbanística a ser realizada pelo Poder Público a partir de "levantamento da situação da área a ser regularizada e na caracterização do número urbano informal a ser regularizado" (art. 19), a Lei adota no procedimento uma fase de mediação para o caso de impugnação (parcial ou total) da área demarcada, que deverá observar a Lei nº 13.140/2015[40], além de facultar

---

[39] THOMÉ, Cynthia. Direito urbanístico. *Caderno Jurídico*, São Paulo: Escola Paulista da Magistratura, ano 18, nº 16, jan.-mar. 2017, p. 64-65.

[40] Lei da Mediação, que dispõe sobre a mediação entre particulares, como meio alternativo de solução das controvérsias, bem como sobre a autocomposição de conflitos no âmbito da administração pública.

NOVOS PARADIGMAS DA REGULARIZAÇÃO FUNDIÁRIA URBANA

o "emprego da arbitragem", se infrutífera a mediação (art. 21, §§ 3º e 4º). Busca o legislador, como se vê, alcançar a solução dos litígios fora do âmbito do Poder Judiciário.

Conclusões

O Direito Urbanístico vem, ao longo do tempo, evoluindo em sua importância diante da preocupação, cada vez maior, de realizar a concretização da função social da cidade e da função social da propriedade.

Não se pode olvidar, porém, que os problemas advindos do crescimento desorganizado dos centros urbanos, somado ao descaso das autoridades em implementar políticas públicas eficientes e, pior, observar os ditames legais, acabam por gerar conflitos de tal forma relevantes e complexos que exigem a união de esforços no sentido de resolvê-los ou mesmo minimizar os danos deles decorrentes.

Desse modo, os operadores de direito, pautados na legislação pertinente, reconhecem a relevância da participação do *amicus curiae* em processos objetivos de controle de constitucionalidade, que comumente envolvem matérias relevantes e com alto grau de especificidade e complexidade (sendo exemplo a intervenção nos processos que discutem a constitucionalidade da Lei nº 13.465/2017), bem como nos processos subjetivos, se presentes os pressupostos para a intervenção desses terceiros.

O papel do *amicus curiae* como colaborador especialista e com representatividade adequada é, sem dúvida, de capital importância para a melhor solução dos mais diversos conflitos que podem surgir no campo do Direito Urbanístico, pois os esclarecimentos prestados, desde que úteis, permitirão melhor compreensão e valoração dos fatos, atribuindo-lhes a consequência jurídica correta. Dessa colaboração pode se socorrer o julgador mediante a intervenção de profissionais de diversas áreas do conhecimento, à luz da matéria controversa, sempre buscando a união de esforços em prol de uma decisão/solução justa e menos danosa aos envolvidos.

Em conclusão, a ampliação do contraditório advinda da atuação do *amicus curiae* vem de encontro à busca do controle de qualidade e justiça das decisões, de modo que, no campo do Direito Urbanístico, contribui para garantir o bem-estar dos habitantes (moradia, trabalho, recreação e mobilidade) e, consequentemente, para o Estado Democrático de Direito.

Referências

Alvim, Arruda, *Novo Código de Processo Civil*, São Paulo, Revista dos Tribunais, 2016.

–, *Novo Contencioso Cível no CPC/2015*, São Paulo, Revista dos Tribunais, 2016.

Assis, Carlos Augusto de, Caraciola, Andrea Boari, Dellore, Luiz, Fernandes, Luiz Eduardo Simardi e Souza, André Pagani de, *Teoria Geral do Processo Contemporâneo*, 4ª ed., São Paulo, Atlas, 2019.

Bueno, Cássio Scarpinella, *Manual de Direito Processual Civil*: Inteiramente Estruturado à Luz do Novo CPC – Lei nº 13.105, de 16.3.2015, São Paulo: Saraiva, 2015.

Herani, Renato Gugliano, *A Prova da Inconstitucionalidade das Leis na Justiça Constitucional Brasileira*, Tese (Doutorado em Direito) – Pontifícia Universidade Católica de São Paulo, São Paulo, 2012. Disponível em: <https://sapientia.pucsp.br/bitstream/handle/6018/1/Renato%20Gugliano%20Herani.pdf>. Acesso em: 6 dez. 2018).

Humbert, Georges Louis Hage, *Curso de Direito Urbanístico e das Cidades*, Rio de Janeiro, GZ Editora, 2017.

Marinoni, Luiz Guilherme, Arenhart, Sérgio Cruz e Mitidiero, Daniel, *Curso de direito processual civil*. Tutela dos direitos mediante procedimento comum, 2ª ed., São Paulo, Revista dos Tribunais, 2016, vol. 2.

–, *Curso de Processo Civil*, 3ª ed., São Paulo: Revista dos Tribunais, 2017, vol. 2.

Meirelles, Hely Lopes, Wald, Arnoldo e Mendes, Gilmar Ferreira, *Mandado de Segurança e Ações Constitucionais*, 37ª ed., São Paulo, Malheiros, 2016.

Mendes, Gilmar Ferreira, *Moreira Alves e o Controle de Constitucionalidade no Brasil*, São Paulo, Celso Bastos Editor, 2000.

Neves, Daniel Amorim Assumpção, *Manual de direito processual civil*, 10ª ed., Salvador, JusPodivm, 2018.

–, *Novo CPC: Código de Processo Civil*: Inovações, Alterações, Supressões Comentadas, São Paulo, Método, 2015.

Talamini, Eduardo. Amicus curiae *no CPC/15*. 1º.03.2016. Disponível em: <https://www.migalhas.com.br/dePeso/16,MI234923,71043-Amicus+curiae+no+CPC15>. Acesso em: 10 mar. 2019.

Thomé, Cynthia, "Direito Urbanístico", *Caderno Jurídico*, São Paulo, Escola Paulista da Magistratura ano 18, nº 16 (2017).